四特 教育系列丛书 SITEJIAOYUXILIECONGSHU

U0636319

难忘的教育 经典故事

萧枫　姜忠喆◎主编

特约主编：　庄文中　　龚　玲

主　　编：　萧　枫　　姜忠喆

编　　委：　孟迎红　　郑晶华　　李　菁　　王晶晶　　金　燕

刘立伟　　李大宇　　赵志艳　　王　冲

王锦华　　王淑萍　　朱丽娟　　刘　爽

陈元慧　　王　平　　张丽红　　张　锐

侯秋燕　　齐淑华　　韩俊范　　冯健男

张顺利　　吴　姗　　穆洪泽

左玉河　　李书源　　李长胜　　温　超

范淑清　　任　伟　　张寄忠　　高亚南

王钱理　　李　彤

"四特"
教育系列丛书

吉林出版集团有限责任公司

图书在版编目(CIP)数据

难忘的教育经典故事/《"四特"教育系列丛书》编委会编著. -- 长春:吉林出版集团有限责任公司,2012.4

("四特"教育系列丛书/庄文中等主编. 在故事中升华经典)

ISBN 978-7-5463-8666-9

Ⅰ. ①难… Ⅱ. ①四… Ⅲ. ①中小学教育-通俗读物 Ⅳ. ①G63-49

中国版本图书馆 CIP 数据核字(2012)第 044140 号

难忘的教育经典故事

责任编辑	孟迎红	
责任校对	赵 霞	
开 本	690mm×960mm 1/16	
字 数	250 千字	
印 张	13	
版 次	2012 年 4 月第 1 版	
印 次	2018 年 2 月第 1 版 第 2 次印刷	
出 版	吉林出版集团股份有限公司	
发 行	吉林音像出版社有限责任公司	
	吉林北方卡通漫画有限责任公司	
地 址	长春市泰来街 1825 号	
	邮 编:130062	
电 话	总编办:0431-86012906	
	发行科:0431-86012770	
印 刷	北京龙跃印务有限公司	

ISBN 978-7-5463-8666-9　　　　定价:39.80元

前　言

学校教育是个人一生中所受教育最重要组成部分,个人在学校里接受计划性的指导,系统地学习文化知识、社会规范、道德准则和价值观念。学校教育从某种意义上讲,决定着个人社会化的水平和性质,是个体社会化的重要基地。知识经济时代要求社会尊师重教,学校教育越来越受重视,在社会中起到举足轻重的作用。

"四特教育系列丛书"以"特定对象、特别对待、特殊方法、特例分析"为宗旨,立足学校教育与管理,理论结合实践,集多位教育界专家、学者以及一线校长、老师们的教育成果与经验于一体,围绕困扰学校、领导、教师、学生的教育难题,集思广益,多方借鉴,力求全面彻底解决。

本辑为"四特教育系列丛书"之《在故事中升华经典》。

这是一部写给老师的书,因为故事中蕴含着慈爱、和谐、人性的教育方式;这也是一部写给学生的书,因为故事中洒满老师们对学生的温暖、感动、爱意、执着、顽强与刚毅……

教育是一门科学,也是一门艺术,是塑造人心智的高超艺术。对于教育人人都有自己的看法,而这本书中的观点能给人以许多启示。本书还汇集了众多著名教育学家、知名教师的经典教育文论,共同领略著名专家学术研究风范,引领我们进入教改理论与实践前沿,分享最新研究成果,把握创新教学理念脉搏,感悟前瞻性的教学思想。

教育,润物无声,是一种智慧、一种境界、一种追求。教育的这种智慧,这种境界,这种追求,虽然无声无形,但却有踪迹可寻。在教育实践中,那一个个平凡却并不平淡的片段,或呈现出教师解决问题的教育智慧;或记录着教师走出困惑的教学经历;或展现出教师奉献爱心的热忱。回顾那一个又一个生动的教育实践,既是一个沉淀的过程,也是一个升华的过程。

本辑共20分册,具体内容如下:

1.《师生情难忘》

如果我们的人生有一段华美的乐章,那一定来自老师教给我们的7个音符!一天天,一年年,我们在校园里茁壮成长。从懵懂孩童到青春飞扬,然后进入社会大舞台搏击人生。老师谆谆教诲的深情,是我们前行的灯火,给我们温暖、力量和信念……本书选录了100篇发生在师生之间的真情故事。这些平凡而真切的故事,让我们感动,让我们沉思,让我们回忆,让我们心怀敬意和感激……

2.《记忆深处》

翩翩红叶,徐徐飘落,总不忘留给土地柔软与肥沃;涓涓泉水,潺潺流淌,总不忘带给岸边甘甜与欢歌。享受"师生"情,奉献真诚心!让我们把握这份情,让心灵浸润在肥沃的土壤,开出绚烂的花朵;让我们紧守这份爱,让生命谱写圣洁的乐曲,唱出青春的赞歌。

在坎坷的人生道路上，是谁为我们点燃了一盏最明亮的灯；在荆棘的人生旅途中，是谁甘做引路人为我们指明前进的方向……是您，老师，把雨露洒遍大地，把幼苗辛勤哺育！无论记忆多么久远，每当想起老师，依然激情难耐；每当面对熟悉的老师，那一瞬间，那一件小事……总是激起我们对老师久蓄于心的感激……

3.《成长足迹》

这是发生在校园里的平凡而又感人至深的师生故事。因为爱，所以在教育的天空下，才会发生这么多感人的故事，这些也是对教育生命的审问、感怀和确认。这是一部写给老师的书，因为故事中蕴含着慈爱、和谐、人性的教育方式；这也是一部写给学生的书，因为故事中洒满老师们对学生的温暖、感动、爱意、执着、顽强与刚毅……

4.《悸动的心灵》

追忆往事并不是轻而易举的事情，在漫长的教育生涯中发现自己最难忘的某一个瞬间，其实也就像重新获得一种生存的意义一样美妙。这些教育故事也许并不是教育的解决之道，但却是对教育生命的审问、感怀和确认。也许我们更应该在教育中活出自己，也许我们既活在未来更活在无限的过去，在这些纷繁复杂却又素朴平凡的场景中，有最乐意的付出，有泪水和智慧，更有日日夜夜用心抒写因而温润无比的爱。

5.《春暖花开》

教育是一门科学，更是一门艺术。执著并献身于教育，不仅需要大步向前，也需要回头反思。回顾那一个又一个生动的教育实践，既是一个沉淀的过程，也是一个升华的过程。走进本书，这里全是暖暖的爱。

6.《孩子的微笑》

教育，润物无声，是一种智慧、一种境界、一种追求。教育的这种智慧，这种境界，这种追求，虽然无声无形，但却有踪迹可寻。在教育实践中，那一个个平凡却并不平淡的片段，或呈现出教师解决问题的教育智慧；或记录着教师走出困惑的教学经历；或展现出教师奉献爱心的热忱。

7.《故事里的教育智慧》

本书主要关注家庭教育、学校教育及社会教育中家长与孩子、教师与孩子、孩子与孩子之间的故事，它的特色是小故事蕴含大道理。其宗旨是：讲述真实的教育故事，研究深切的教育问题，创生新锐的教育思想，激活精彩的教育行动。其风格是：直面真实，创新为本和故事体裁。

8.《难忘的教育经典故事》

根据家长、教师和孩子的困惑，用各种形式的教育故事讲述一些很明白的道理，引导人用智慧的手段促进人的成长。这些故事或来自国外的或来自一线教学的实践，对于教育类人群均具有启发性。一个个使教师深思的小故事，一个个让学生向善的小故事，让我们教师真正领会生命教育的内涵。从现在开始关注生命的成长，关注人类的发展，关注社会的进步。

9.《中国教育名家印记》

在人类文明的进程中，数不清的教育大家，手擎着大旗，浓书着历史，描绘着蓝图，才有了今日教育的巨大进步。他们站在教育的殿堂里，发出的宏音，留下的足印，历史永远都不应该忘记，也不会忘记。

本书编者放眼中国教育进程，遴选出对教育产生重大影响的国内近百位教育名家，对其生平、教育思想、学术成果等进行介绍评说。

10.《外国教育名家小传》

在人类文明的进程中，数不清的教育大家，手擎着大旗，浓书着历史，描绘着蓝图，才有了今日教育的巨大进步。他们站在教育的殿堂里，发出的宏音，留下的足印，历史永远都不应该忘记，也不会忘记。

本书编者放眼人类教育进程，遴选出对教育产生重大影响的近百位世界教育名家，对其生平、教育思想、学术成果等进行介绍评说。

11.《随手写教育》

什么是良好的教育？教育是诗性的事业？性教育何去何从？是否应该把儿童世界还给儿童？假设陈景润晚生40年……本书汇聚了中国最佳教育随笔，对于和教育相关的各个方面问题都有所畅谈，对于教育者和被教育者来说都有所裨益。

12.《我心思教育》

本书涉及到了教育学众多的重要领域和主题，包括教育的真义、教育的价值、教育与社会、教育与生活、课程与教学、道德教育、师生关系、教师的学习与成长等等。它力图用感性的文字表达理性的思考，用诗意的语言描绘多彩的教育世界，以真挚的情感讴歌人类之爱，以满腔的热情高扬教育的理想与信念。

13.《教育新思维》

本书站在教育思想的前沿，以既解放思想又科学审慎的态度，兼用独特的视角，论述了近年的教育理论新说，涉及"教育呼唤'以人为本'"、"公民教育"、"素质教育新解读"、"教育公平与政府责任"、"创新人才培养"、"文化传承与创新"、"教育家办学"等热门话题。这些文章，不避偏，不畏难，遵循教育发展规律和中小学生身心发展规律，引领教育理念和教育实践，反思教育行为误区，无不闪烁着思想和智慧的光芒。对于渴望提升自身理论素养的教育工作者来说，这本书值得一读。

14.《名家名师谈教育》

本书使读者在学习和掌握教育理论的同时，领略到文章的理趣、情趣和文趣，既有助于深厚教师的文化底蕴，又有助于帮助广大教师确立对于教育的理想与信念；既有助于培养和激发广大实践工作者的理论兴趣，又能帮助教师生成教育的智慧和提升广大读者对于生活的热爱与柔情。

15.《世界眼光看教育》

本书荟萃了多位世界级教育思想巨擘的主要思想。从皮亚杰的发生认识论、维果茨基的文化—历史理论、布鲁纳的结构主义，加德纳的多元智能一直到诺丁斯的关怀教育思想等等，现当代世界教育思想的发展脉络清晰、准确而完整。

本书既有思想评介，又有论著摘录，无论教育研究人员还是一线教育工作者，均可非常便捷而精准地从中获得思想大师们的生动启迪,加深对当代教育发展特质的深切理解,是教育、教研、教学工作者不可多得的必备工具书。

16.《大师眼中的教育》

这不是一本以教育专家的身份、眼光、学养来谈教育的书。本书各篇文章提供了许多新史实、新观点,为我国教育史和教育理论工作者长期以来对某些历史人物评价的思维定势提供了新的清醒剂。

17.《教育箴言》

名人名言是前人留给我们的精神财富和智慧结晶。阅读它,不仅能丰富知识,陶冶情操,更能为我们的人生之路指引方向。该书着重论述三方面的内容:教育——造福人类的千秋伟业;教师——人类灵魂工程师、育人的典范;师德——塑造教师灵魂的法宝。

18.《百家教育讲坛》

这是一本兼具思想性、可读性和经典价值的教育智慧读本。书中介绍了孔子、卢梭、爱因斯坦、康德、梁启超、杜威、蔡元培、叶圣陶等几十位古今中外思想家、科学家、教育家关于教育的精彩论述,集中回答了教育的本质、教学的艺术、知识之美、教师的职业生活、儿童的成长等问题。探幽析微,居高声远,让我们直窥教育本原之堂奥。归真返璞,正本清源,你会发现,教育,原来可以如此朴素而美好。

19.《名师真经》

本书从专家心理学研究出发,以新教师到专家教师这一成长过程为线索,剖析了教师在专业化发展中出现的主要问题与阶段性特征,动态性是展现了教师成长的内在原因与实质,并有针对性地提出了促进新教师成为专家教师的系列化教学理念、观点与方法,这有助于教育研究者与实践工作者深入理解教师专业发展的规律,有利于在观念层面上树立科学的教师人才观,以制定行之有效的教师培养方法与措施。

20.《师道尊严》

本书意在激励教师以站着的方式获得成功。全书讲述了站着成长的精神、站着成长的思想、站着成长的基础、站着成长的学问和站着成长的行动。全书力求字字诉说教师成长之心声,篇篇探寻教师优秀之根本,章章开启教师幸福之道路。

由于时间、经验的关系,本书在编写等方面,必定存在不足和错误之处,衷心希望各界读者、一线教师及教育界人士批评指正。

编者

C 目 录
ONTENTS

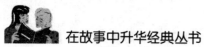

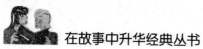

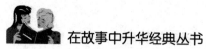

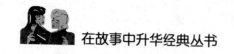

康有为创设的"万木草堂"

在中国近代史上，康有为占有重要地位"晚清人物数康梁"，这里的"康"、即是指康有为，"梁"指他的学生梁启超。

康有为（1858～1927年）是广东南海县人，后人称他南海先生。早年受封建主义教育，21岁时游历香港，看到香港的繁华景象，感到洋人治理国家有办法，于是决心向西方寻求真理。经过多年的学习、研究，康有为接受了资产阶级民主主义文化，产生了变法维新思想。

为了给变法维新培养人才和制造理论根据，康有为于1890年在广州长兴里创设万木草堂，开始讲学，并著书立说。

万木草堂的课程包括"中学"和"西学"，"中学"是儒孔学、佛学、宋明理学等课程；"西学"是外国语和西方自然科学、社会科学。康有为要求学生每天作"札记"，练习演说，每隔一天有体操，每当假期组织学生游历，把西方一些先进教学方式引进中国。

康有为教法有独创性

康有为是一位学贯中西的教育家。他认为"欲任天下之事，开中国之新世界"，最重要的莫如教育。他于1891年（光绪十七年辛卯）在广州长兴里"万木草堂"开始讲学。

他要求学生每日做札记，每月的初一、十五练习演说，每间一日有体操，每年假时从事游历。在教学组织方面，他自为总教授、总监督，另选学生中三人或六人为学长，等于助教职务，分助各科。又委一人专司图书室和仪器室。工作安排得井井有条。他每日在讲堂讲书四、五小时，每论一学，论一事，必上下古今以究其沿革得失。又引欧美以比较证明之。所以他的学生视野广阔，思想自由，知识丰富。他热心诚恳并善于激励和启发学生。比如他讲演，如大海潮，如狮子吼，学生听了终身不忘。他讲课经常反复说明，使听者涣然冰释，怡然理顺，心悦诚服。他在长兴讲学四年，培植维新派的骨干分子不少，陈千秋、梁启超就是他的大弟子，各释助他著有《新学伪经考》、《孔子改制考》及著名的《大同书》等。

一次别开生面的讲演

我国维新运动中杰出的思想家和教育家梁启超，对于教育兴趣特别重视。他在1922年4月对直隶教育联合研究会会员讲演，题为《趣味教育与教育趣味》。

他首先鼓励从事教育事业的人，应该把教育看作唯一有趣味的工作。他说："在教育界立身的人，应该以教育为唯一的趣味……个人若是在教育上不感觉有趣味，我劝他立刻改行。"又说："教育事业正如种花一样，教育者与被教育者的生命，是合并为一的。教育名所用的心力丝毫不会枉费。所以我们要选择趣味最舅而最长的职业，再没有别样比得上教育。"他根据"教学相长"的关系，提出"两重趣味"问题。他认为，从事教育职业的人，一面教，一面学，两件事完全打成一片。所以别的职业是一重趣味，教育家是两重趣味。他还自问自答地说："孔子为什么'学而不厌，诲人不倦'呢？就因为孔子领略得个中趣味。"

他讲演的另一方面是谈注重培养学生的学习兴趣。他认为教育家最重要的是培养学生具有某种学习的兴趣，或者进一步加深培养学生某种原有趣味。他说："教育事业，从积极方面说，全在唤起趣味；从消极方面说，要十分注意不可以摧残趣味。"他举出不能唤起学习趣味的事：第一是注入式教法，第二是课目太多太杂、走马看花的学习，激发不起兴趣，效率必等于零。

梁任公的演讲引起了研究会会员的莫大趣味，认为对巩固教育专业思想和激发学生学习积极性，很有好处，很可宝贵。

朱剑凡毁家兴办女校

在长沙城西北隅的泰安里，有一座富丽堂皇的大住宅，相传唐代刘蜕曾居于此，雅号"蜕园"。宅后带有宽阔的苏州式园林。园林中有亭台楼阁，奇花异卉，苍松翠柏，真是山色水光，景色俱佳。

这座大宅第的主人朱剑凡，痛恨清朝政府的腐朽黑暗，痛恨帝国主义对我国的野蛮侵略，决心走教育救国之路。他特别同情遭受多重压迫、得不到受教育权利和机会的女子。因此，立志开创湖南的女子教育。1905年5月1

日，毅然将自己的宏大宅院美丽园林腾了出来，兴办女学。由于清政府歧视妇女，不许办女校，故称"周氏家塾"。后又得到好友徐特立的通力合作，几年间学校发展到有四百余名学生。1910 年，正式定名周南女子师范学堂。朱剑凡任校长，徐特立任小学部主事兼师范部主任。

辛亥革命后，朱剑凡又将自己在老家宁乡分得的田产房屋，与老兄换取蜕园的另一部分，然后正式立契把所有房屋、园林计面积 447 方丈捐给学校作为永久校产。同时又另出巨金购得地皮 628 方丈开拓学校规模。仅此二项合银元达 11 万余元。在筹资中，他还动员夫人魏湘若把嫁奁及私蓄都拿了出来。他家财权全由母亲掌管，开始时，母亲不乐意花钱办学，为此，朱剑凡有一次竟长跪母亲膝前，终于打动了母亲的心。朱剑凡这种毁家兴学的精神使伟大的民主革命家黄兴受了感动，1913 年，黄兴也慷慨捐银千两。徐特立同志曾高度评价说，朱剑凡是宦家少爷，毁家兴办女学，坚持教育救国，实为我国罕见人物。

1932 年，朱剑凡先生患胃癌逝世，葬于上海公墓。1953 年，党和政府为了表彰他对中国人民革命事业和教育事业的贡献，将他的遗骨运到北京，葬在八宝山革命公墓，与夫人魏湘若合穴。熊瑾玎秉笔书写了 1932 年张唯一同志撰写的悼词，作为墓志铭。其文曰：

"树植女校，肇公之业；拥护革命，竟公之节；全公业者，有夫人之懿德；成公志者，公已寄期望于嗣哲。物化歇墟，魂萦新国，公之精神其不灭！"

丘逢甲的"念台精舍"

出生台湾的丘逢甲，不仅是杰出的爱国诗人，而且还是一位爱国教育家。早在中日甲午战争前，他在台湾就把主要精力放在讲学上。台湾被日本割让，内渡大陆后，满清朝廷冷落他，让他回原籍广东揭阳。这时，他面对朝政日益腐败、国势日趋衰弱的严酷现实，深感振奋民气、启发民智是拯救国难的良策之一。因此，他不顾环境的险恶，坚持办教育。先后主讲于潮州的韩山书院、潮阳的东山书院、澄海的景韩书院。在主讲这些旧式书院的过程中，他力图进行教学内容的改革，注重联系中外史实，向学生介绍新思潮和西方文明，积极引导青年关心国家命运，启发青年学子的爱国热情。谁知改革引起了书院当权者和社会上守旧势力的不满和反对。为此，他深感欲培养新人才，必须创办新式学堂。于是，他在1899年的冬天，离开了旧式书院，联合温仲和、何寿朋、温丹铭等几位志同道合的朋友，在汕头筹办"岭东同文学堂"。为了募集资金，丘逢甲于1900年春专程到新加坡、马来西亚，悉心操劳，废寝忘餐，得到广大爱国侨胞的热情赞助。他一心想培养有志于为祖国富强而效劳的进步青年，同他的同事们研究决定，采用新式的教学内容和先进的教学方法，开设了格致、化学、生理卫生、经学、史学、算学等课程。还聘请日本学者熊泽来学堂兼课，着重介绍东西方文明。他自己向学生演讲，总是灌输祖国统一、收复台湾的思想。他有时插入自己所写的爱国诗篇作乡土教材。比如他向学生解释他的房舍取名"念台精舍"，在诗中一再表白自己的心境：

　　　亲友如相问，吾庐榜"念台"。

　　　全输非定局，已溺有燃灰。

　　　弃地原非策，呼天倘见哀。

　　　十年如未死，卷土定重来。

　　他对学生说，他的房子标榜为思念台湾，他不承认台湾的割让已成定局，他认为把祖国宝岛——台湾放弃是极不策略、不得人心的，他决心卧薪尝胆十年，一定卷土重来复土雪耻，一再叮嘱海峡两岸人民要记住自己都是炎黄的子孙。

　　由于这所学堂以崭新的面貌出现于汕头，所以粤东地区的先进青年都纷纷投考，一时出现纷至沓来的喜人景象。惠州、潮州、梅州地区在辛亥革命时期涌现了一批仁人志士，其中有不少就是出于这所学校。教育界同人推举他为广东教育总会会长，许多有志的青年都仰慕丘逢甲，纷纷上门或投书拜他为师。一时丘逢甲声名大进，社会各界人士视他为广东最有威望的教育家之一。

自编工科教科书的创始人——刘仙洲

　　旧中国的高等教育带有浓厚的半殖民地色彩。当时大学工科讲课用外文

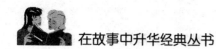

口述，教材用外文教科书。著名的工程教育家刘仙洲说："中国人教中国人，恒用外文课本，有时更用外国语讲解，长此不易，我国学术永无独立之期，国将不国。"基于这种认识，刘仙洲自1918年开始任教，就始终坚持用汉语讲课，并发奋编写中文教材。他教哪一门，就编哪一本；他教了几门，也就编了几本。到1924年止，就编写了《机械学》、《蒸汽机》、《内燃机》、《普通物理学》、《农业机械学》等六种中技教科书；1928年到1948年，又先后编写了《机械原理》、《热机学》、《画法几何》等九本大学教科书。这些著述是我国最早用中文编写的工科教科书。刘仙洲是我国自编工科教科书的创始人，他为创立和发展我国现代机械工程学做出了重要贡献。

屡试不第造诣深——戴震

戴震曾从师著名大儒江永，有机会读江永所著《群经补义》等书，日久博学能文，但六次参加进士会试，还是屡试不第，名落孙山。可他没有灰心丧气，毫不介怀。他自己就曾讲过："仆17岁时，有志闻道。"而这个"道"，就是在"通民之欲，体民之情。故学成，而民赖以生"。这种志向的理论，体现了朴素的唯物论观点，称得上18世纪我国思想界一颗灿烂的明珠。戴震有了它，不像某些人样的，屡试不中就没世无闻。他却更加热心研求自然科学。他家境清贫，18岁那年随父亲到江西南丰做贩布的生意。在贩布期间，他抱着"处处有学问"的态度，帮助父亲算账，开始对数学感到兴趣，22岁那年，就写成了《筹算》一书。他清贫志不移，有一个时期，父亲在外经商未归，家中已经断炊。恰好他家和一家面铺相隔不远，店主戴子良同情他家贫好学，经常把打面条余下来的零星面屑子，送给他补助日食。他在这艰难的日子里，写成了《屈原赋注》。最后，清乾隆看重他的学问，赐他一个进士出身，授予一个庶吉士的头衔，还派他任编纂《四库全书》的纂修官。他纂修了天文、算学、地理等自然科学书籍，给我国人民留下了宝贵的精神财富。

贫病交迫，笔耕不止

王船山不满清廷统治，晚年隐居在石船山的湘西草堂。这是一个像船形的山岗，荒凉而险要，平时不大有人来往。他非常满意这个冷落的地方，定居下来，一连17年，从事教学，发愤著书。他在这间草堂正中墙上，挂了一副对联："六经责我开生面，七尺从天乞活埋"，意思是说，他决不辜负天赐他的七尺之躯，要埋头著作，使"六经"在他手里别开生面。他以这副对联来勉励自己坚持研究工作。这期间，虽然经常饥寒交迫，又加上身体衰弱多病，真是困苦极了。到最后几年，他更患了严重的气喘咳嗽病，躺在床上，起床举手，都很不方便。但他把笔墨纸砚放在床旁，仍坚持写作，不愿浪费一点时间。纸窗白屋，风雨飘摇，贫病交迫，笔耕不止，王船山写成了100本《遗书》，共700万字的文章。

王船山将逝世的时候，曾给自己题了"碑铭"："抱刘越石之孤愤，而命无从致；希张横渠之正学，而不能企；幸全归于兹邱，固衔恤以永世。"刘越石是东晋将领刘琨，是一个著名的抗敌英雄，他率领孤军，转战中原，最后牺牲了。张横渠即宋代思想家、唯物主义哲学家、著名教育家张载。王船山非常推崇这两个人。他谦虚地认为自己不如刘琨和张载。从短短的几句碑铭里，可以看到王船山一生坚持讲学、著述，源出于他的爱国主义和唯物主义思想。

闻一多的"里应外合"

1944年5月3日晚上，在昆明的西南联大新舍南区十号教室里，曾经举行过一次"五四"历史座谈会。在周炳琳、张奚若等发言之后，闻一多发言："刚才张奚若先生说辛亥革命是形式上的革命，'五四'是思想革命，正中下怀。但是你们现在好像是在审判我，因为我是在被革的系——中文系里面的。不过我要同你们里应外合！"他还说："封建社会的东西全是要不得的。我相信，凭我的教书经验和心得，它是实在要不得的。中文系的任务就是要知道它的要不得，才不至于开倒车。"

闻一多的"里应外合"，就是说钻进"中文"——中国文学或中国文化——里面去革中文的命。闻一多要"里应外合"革中文的命是有根据的。那时搞中文系的人谁有这种"里应外合"的抱负？旧式的卫道者不用说，就拿一些搞"国文"的新式学者来说，月月都在那儿祖述桐城，甚至还在赞扬八股。

闻一多搞中文是为了"里应外合"来完成"思想革命"。这就是他的治学的根本态度。为了要得虎子而身入虎穴，绝不是身入虎穴去为虎作伥。他在写考证文字的时候照例使用文言，但他认为"未能免俗"，他梦想着要用白话文来写考证文字。他虽然在古代文献里"游泳"，但他不是作为鱼而游泳，而是作为鱼雷而游泳的。他有目的地钻了进去，没有忘失目的地又钻了出来。

网罗众家，兼容并包

蔡元培在北大当校长时，因他素来相信学术上的派别是相对的，不是绝对的，所以每一种学科的教员，即使主张不同，若都是"言之成理，持之有故"的，就让他们并存，使学生有自由选择的余地。最明显的，是胡适之与钱玄同等绝对的提倡白话文学，而刘申叔、黄季刚仍极端维护文言文学，那时候就让他们并存。蔡元培相信为应用起见，白话文必要盛行，他也常常作白话文，也替白话文鼓吹。然而他也声明：作美术文，用白话也好，用文言也好。他打比方说，例如我们写字，为应用起见，自然要写行楷，若如江艮庭的用篆隶写药方，当然不可；若是为人写斗方或屏联，作装饰品，即写篆隶章草，有何不可？

开大学招收女生的先河

蔡元培先生素来主张男女平等的。1920 年，有女学生王兰、奚浈等要求进北大，北大校长蔡元培以考期已过，姑且录为旁听生。到了暑假招考，就正式招收女生。有人问他："兼收女生是新法，为什么不先请教育部核准？"蔡先生说："教育部的大学令，并没有专收男生的规定；从前女生不来要求，所以没有女生，现在女生来要求，而程度又够得上，大学就没有拒绝之理。"这是男女同校的开始，开了大学招收女生的先河。后来各大学都兼收女生了，而教育部也默认了。

"穷的是金钱而不是聪明与智慧"

1926 年的一天，厦门大学学生自治会五个学生干部去看鲁迅先生。鲁迅了解到学校里的工友和邻近农民的小孩很多都没有机会上学。他很关心这件事，对学生们说："你们能不能帮助他们，把他们组织起来，办个平民学校，让他们也有机会读书呢？教员么，你们自己可以兼。没有教室，能不能借间大房子？"

平民学校办起后，在成立大会上，鲁迅先生虽然只讲了五分钟话，但言简意赅，入木三分："你们都是工人和农民的子女，你们因为贫苦，所以失学，所以须到这样的学校来读书。但是，你们穷的是钱，而不是聪明与智慧。你们贫民子弟，一样是聪明，一样有智慧。你们能下决心，能奋斗，一定能成功，有光明的前途。没有人有权力叫你们永远被奴役，没有命运会注定叫你们永远做穷人。你们不要小看自己，以为自己是贫民子女，所以才到这平民学校来。"这满腔热情的语言，如春风细雨滋润着孩子们的心田，使他们永远铭记不忘。

就在这个会上，有个留美教授竟胡诌了麻痹并奴役劳动人民的一段谬论："这学校之有益于平民也，例如底下人认识了字，送信不会再送错，主人就喜欢他，要用他，有饭吃……"鲁迅听了，立即愤然离席而去，以示抗议。

"改过迁善"的新规章

张伯苓当南开中学校长时，对学生的要求很严格。一次上"修身课"，讲清知过必改的道理后，当众宣布了"改过迁善"的新规章：学生犯了错误后，先由管理员召去进行劝导，"使之立志改悔"，有所认识后再发给"立志改过"竹签，随身携带，如真正改正了错误，再行收回竹签。当天又写三条标语："过而不改是谓过矣。""过则勿惮改。""子路人告之有过则喜。"写完后马上贴在墙上，与全体学生共勉。这样一来，以后犯错误的人果然减少了许多。

"你还要经受锻炼"

1924年2月的一天晚上，一位青年客人，几年不见的老朋友来拜望教育家李大钊。

他一迈进李先生的书房，就介绍说自己刚从欧洲回来，说完长长地叹了一口气。李大钊感到有些意外，便问他："你刚从外国回来，有什么不顺心的事呀?"

那朋友坦率地说:"一回到祖国,我就觉得一身晦气甩不掉,好像一块大石头压在我的心上一样的沉重!"接着他叙述了一些使他不愉快的事,什么他从德国回来,由苏联转道,越到中国内地心境越暗淡,越不愉快。站台上来来往往的人,尽是些面黄肌瘦,满身灰垢或弯腰曲背的同胞,难怪人家说咱们是"东亚病夫"!他甚至说:"这些中国人真是连欧洲的乞丐也不如。看到这种情形,我觉得当一个中国人太不光彩了!"

年轻客人叙述自己的感怀时,很觉得理直气壮。李大钊坐在椅子上,只是侧耳静听,没有说一句话。青年人以为李大钊很赞成他的看法,便又继续说道:"与其这样不光彩地活下去,我觉得还不如当一个欧洲文明国家的亡国奴。我现在只有两条路可走:一条是入外国籍,另一条是自杀!"

听到这些刺耳的话,李大钊再也不能忍耐了。尽管他们好几年没有见面,但他对这样的老朋友是不讲客气的,他从座位上稍稍欠起身来,激动地对青年朋友问道:"我问你,把中国的老百姓糟踏成这个样子,难道是我们老百姓自己的过失吗?"青年客人被问得一时回答不上来。李大钊接着又说:"一个青年志士到外国去留学,无非是想给危亡的祖国谋一条出路。如果让西方的资产阶级思想把自己腐蚀了,那不如不去。——你盼望祖国强盛起来是好的,'不愿做中国人'的亡国奴思想,却绝对要不得。用自杀来逃避现实,更是一种怯懦的做法。"李先生这一番义正辞严的话,使这位青年不安地低下了头。

沉默了一阵,李大钊才又恢复了往常那种亲切而慈祥的神态,慢声慢语地说:"我们的责任就是打倒腐败卖国的军阀政府,建设起一个繁荣昌盛的新中国。为了实现这个愿望,你还需要在革命工作中经受锻炼。"

不久,李先生介绍该青年到南方参加了革命。这位青年对李先生的中肯批评心悦诚服,愉快地接受了新的工作。

抨击"积瘁损年华"的教育制度

杨昌济在湖南省立第一师范学校授课时,十分关心学生的健康。当时由于学校伙食太差,授课钟点过多,学生负担太重,学生的体质都较弱,有个叫伍震环的学生竟得病逝世。于是,他抓住这个活材料出了一道作文题:《试应用斯宾塞尔体育论批评湘省学校》，试图引导学生认识和揭露学校工作中存在的严重缺点。后来，另一个学生易咏畦又病逝，毛泽东等同学便发起召开了追悼会，杨昌济表示支持。学生们利用祭文、挽联等形式，表达自己对腐败现实的不满。杨昌济也写了挽联："遗书箧满，铁笔痕留，积瘁损年华，深悲未遂平生志；湘水长流，岳云依旧，英灵怀故国，没世宁灰壮士心。"挽联控诉了"积瘁损年华"的旧教育制度，唤起了学生们的觉悟。

学生爱戴老校长

张伯苓以他毕生精力献身于祖国的教育事业，开创各类学校，尽心竭力、惨淡经营 50 余年，为国家培养了大批栋梁之才，可谓弟子遍海内，桃李满门庭。他先后创办了南开中学、南开大学、南开女中、重庆南开中学。获得广大学生的爱戴。

当年南开流传着一句话，叫做"南开有个张校长。"

这是在张伯苓先生 70 寿辰时，他的学生——我国人民艺术家老舍和著名戏剧家曹禺，合写了一首贺词中出现的句子：

> 知道有个中国的，
>
> 便知道有个南开。
>
> 这不是吹，也不是唠，
>
> 真的，天下谁不知，
>
> 南开有个张校长。

这首贺词，表达了两位南开老校友对老校长的热爱和赞颂之情。

南开还流行过四句顺口溜："国共两部长，合作抬校长。师生情谊重，佳话山城扬。"它写的是什么佳话呢？

抗日战争期间，国内闻名的"南开"中学部迁到重庆的沙坪坝来了。有一天，"南开"壁报上登出了一篇文章，题为《坝上佳话》，文末就写上了上面的四句顺口溜。佳话说的是：1944 年 10 月的一天，"南开"中学部校园内花团锦簇，喜气洋洋。这里正在庆祝"南开"建校 40 周年和校长张伯苓 70 寿辰。来宾有门下桃李、闻人高士、政府官员，加上本校众多师生，校园里处处是摩肩接踵的人群，欢声笑语此起彼伏。

来宾中最引人注目的是笑容满面、衣着朴素的校友、中共代表团首席代表周恩来同志。他和张伯苓先生一边谈话一边步出室外，恰遇另一校友、国民党中央常委张厉生向他们走来，三个人便聚在一起谈开了。这时，周恩来同志一眼瞥见门外停有一乘"滑竿"，立即提议请张伯苓校长坐上去。老校长一时不知何意，但仍乐呵呵地坐了上去。周恩来又转身邀请张厉生一起去抬，张厉生毫不犹豫，两人马上把张校长抬了起来，沿着大花圃绕了一圈。坐在"滑竿"上的老校长大笑不止，抬"滑竿"的两位当年的学生亦汗涔涔地高兴非常，引得大家一齐鼓掌欢呼："好，好！"

　　青年时代，周恩来、张厉生在"南开"同窗共读；留学法国时又同住一室上下铺。后来他们虽然走上了不同的政治道路，却从未影响彼此学谊。此时正当国共第二次合作抗战时期，周、张二位同任国民党军委会政治部副部长。今天他们合抬老校长为学校"双庆"助兴，正是他们尊敬师长和珍视友谊的体现，所以人们视为佳话。

　　南开在临近解放时，还秘密传递过一封11个字的香港来信：老同学飞飞不让老校长动。

　　这是南京解放后的一天，张伯苓在重庆接到的南开校友王恩东写来的。张校长一看信，心里就知道这是学生周恩来写来的。

　　张校长与周恩来同志的师生情谊是十分深厚的。周恩来同志称南开的创立者、老校长张伯苓是中国近代著名的爱国教育家。还多次说，要感谢南开，我取得的成绩就是和南开的教益分不开的。张伯苓也多次称周恩来是南开最好的学生。

　　抗战期间，周恩来在重庆领导八路军办事处工作，百忙中他几乎每个周末都到重庆南开中学，同张校长和师友们会面，宣传共产党的政策和抗日统一战线的主张，指明救国方向。

　　这次来信，是周恩来对老校长的关照和爱护。张伯苓因此对国事更加豁然开朗，下决心不落反动派圈套。这时，蒋介石曾两次亲自登门，想让张伯苓离开重庆到台湾，并当面许诺：只要肯走，什么条件都可以答应。年老乘飞机如有顾虑，可在机舱设卧铺，夫人儿媳可以随行。对此，张伯苓不但没有答应，而且坚决要求辞去考试院院长一职。蒋介石离开重庆后，蒋经国再次催请张伯苓，并说："给先生留下一架飞机，几时想走就几时走！"张伯苓时时记住那封来信的叮嘱，以"不愿离开南开学校"为词拒绝了。

1949年11月重庆解放后，张伯苓希望回到北京，中央人民政府立即同意。1950年5月初，周总理亲自安排飞机接张伯苓夫妇，并让重庆军管会给予协助。张伯苓到北京后，周总理马上前去看望他，向他讲解放后的情况，说明人民政府的政策。

同年9月，张伯苓从北京返回南开旧址天津。临行前，周总理和夫人邓颖超热情欢送。张伯苓来到南开，目睹校园的一草一木，感到无比兴奋。他对家人说："从前办南开坎坷不平，以后就是平坦大道了，我还可以干20年。"

但1952年2月，张校长突患脑栓塞逝世了。周总理闻讯赶到天津张宅吊唁，并对在场的南开校友说："张校长的一生，是进步的、爱国的，他办教育是有成绩的，有功于人民的。"周总理参加了治丧委员会，赠送了花圈，白色缎带上写着"张伯苓师千古，学生周恩来敬挽"。

"板仓杨"铜牌

杨昌济住在长沙时，寓所门上挂着一块一尺来长、三寸多宽的铜牌，上面用隶书镌刻着"板仓杨"三个大字。在五年多的时间里，这块铜牌随着他从河东到河西，又从河西到河东，先后换了四五个地方。不管这块铜牌挂在哪里，都吸引着一批批的青年学生寻迹而来，登门求教。早在1913年，后来成为著名革命烈士的柳直荀就寄居在他家里。之后，毛泽东、蔡和森、陈昌同志等，每逢星期日，相率到杨先生家里去讲学问道。他们或则请杨先生解答课题中的难点，或则共同探讨人生的重大问题，或则纵论天下大势。杨昌济在岳麓山的寓所，专门辟了一间客房，便于毛泽东等人前往他家学习和讨论。大家吃饭时坐下来一大桌，去留都十分随便，不分彼此，亲如一家。杨昌济通过学校和寓所同学生接触，对学生十分了解，结成了亲密的师生友谊，成为新民学会的精神导师。他慧眼识英才，特别寄希望于毛泽东、蔡和森。在他逝世前不久写给章士钊的信中，曾经恳切地说："吾郑重语君，二子海内人才，前程远大，君不言救国则已，救国必先重二子。"

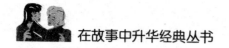
鲁迅怎样做指导者

鲁迅曾多次提出必须废除封建家长制式的师生关系。他说："长者须是指导者，协商者，却不该是命令者。"他自己是怎样实践的呢？

1911年，鲁迅先生在绍兴山会初级师范当校长。他每晚都要在校内巡视，督促学生认真自修，及时休息。

一天晚上，熄灯铃敲过以后，几个调皮学生把灯燃得更亮，用被单蒙在身上舞狮子，"钦冬钦，钦冬钦！"边唱边耍。玩得正欢的时候，几个旁观的同学看见鲁迅来巡视寝室，鞋子也没脱，连忙钻进了被窝，装着睡觉。几个舞狮子的同学突然感到旁观助威者静了下来，掀开蒙在身上的被单，看见校长已经站在面前，吓得面红耳赤，呆若木鸡。他们想一定要挨批评了。哪知鲁迅并没有斥责大家，而是和气地说："可以睡了，明天到操场上去玩个痛快。"

鲁迅走了，有的学生伸出了舌头，有的说："校长这样尊重我们，我们也要自重。"大家忙着整理被子，熄灯睡觉。一时宿舍宁静异常。

鲁迅先生的教育实践告诉我们：只有建立亲如朋友的师生关系，才能使学生愉快地、自觉地接受教育。

鲁迅对违反校规的学生，总是耐心教育，从不简单粗暴。就是对于严重违犯纪律的学生，他也总是循循善诱，不轻易给予组织处分。他在山会师范任校长时，有一次，经过仔细调查，发现有几个学生夜间溜出校外，到亲戚家去打小牌。第二天，鲁迅就把这几个学生叫到跟前，严肃地对他们说："你们是师范生，将来要做先生的，应该养成遵守纪律的良好习惯。我如果开除了你们，你们的名誉也要受影响，再过几个月你们就要毕业了，我实在替你们可惜。"于是，学生承认了错误。鲁迅和蔼地说："只要能改，这次就不给处分，但每人都要把这次错误写一篇日记。"

最早评述毛泽东的人

毛泽东同志在湖南第一师范读书时，给他影响最深的是伦理学教员杨昌济。杨先生先后在日本和英国留学10年，具有爱国思想，他潜心研究教育与哲学，探索做人的道理。归国时正逢辛亥革命，谭延闿想延揽他做教育司长，他不愿做官，只愿做个师范教员。愿从教育着手，为国家培养人才。毛泽东认为他是"一个道德高尚的人。他对自己的伦理学有强烈信仰，努力鼓励学生立志做有益于社会的正大光明的人"。杨昌济对毛泽东最欣赏。他在 1915 年 4 月 5 日的日记中写道："毛泽东言其所居之地为湘潭与湘乡连界之地，仅隔一山，人多务农。渠之父先亦务农，现业转贩；其弟亦务农，其外家为湘乡人，亦农家也，而资质俊秀若此，殊为难得。余因以农家多出异材，引曾涤生、梁任公之例以勉之。毛生曾务农二年，民国反正时又曾当兵半年，亦有趣味之履历也。"这是一段最早评述毛泽东的文字，而教育家杨昌济是最早评述毛泽东的人了。

带领师生虎口逃生

陈鹤琴创立了我国第一所国立幼稚师范后，遇到的最大危难就是"虎口逃生"。1944 年，日本帝国主义打进了江西，逼近泰和，国民党的达官贵人早就逃之夭夭了，哪管实验幼师师生的死活。女同学们急得抱头痛哭。陈鹤琴校长站出来对全体师生说："有我在，绝不会让你们这些年轻女学生落在日本人手上。"全体师生从泰和南下，过着紧张而凄凉的逃难生活。陈鹤琴四处奔走，亲自筹钱、筹粮、借船。在梅林江边，因为船不够，还有小山一样高的行李搁在埠头，等校长设法再雇一条船来装运。陈校长觉得有两百多师生等着他的"福音"，全部希望寄托在他一人身上，他在赣州城说尽了他不愿说的好话，忍受了常人所不能忍受的冷漠。后来意外地遇到了管制船舶机关的一个办事员，他对校长说："我读了您的大作《我的半生》，佩服你老先生奋斗的精神，无论怎样困难，一定分配一条船给你们。"陈校长的声誉换来了一条船。于是堆得小山一样高、搁在江边的行李有了归宿，拖带着婴孩跑不得路的教职员家属也可搭船走了。为了借钱，陈校长整天不顾危险在城里各处跑。教育部有 100 万块钱从重庆汇出，给赣州教育局直属各机关学校作迁移费用的，电报已收到，钱却没有。陈校长与有关人士以这 100 万元作抵押，向中央银行分行借，不肯！向裕民银行借，不肯！他只好向私人借，大家要钱逃难，也借不到。他设法向蔡总干事挪借基督教青年会流动金 30000 元，向圣公会教会经费中挪借了 50000 元，解决了物价飞涨的国统区逃难师生十多天

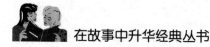

伙食费。

师生离开赣州到了雩都，钱早用完，大家又得饿肚子，盼望校长快来。谁知这次校长两手空空，没借到钱。他下车后见到全校师生，忍不住哭了，师范部的女生们也哭成一团。陈校长摇摇手安慰大家说："不要哭！不要哭！我们国家多灾多难，害得老百姓受了苦。但在困难面前不能低头，不能悲观，古人说，'多难兴邦'，也许这正是好事情哩！"他第一件事就是向县政府借米。奔走了几次，一次又一次遭到拒绝，最后他横下一条心赖在县政府不走，才借到四石糙米。

在雩都耽搁没多久，战局又紧张起来，雩都有陷入日本军队包围圈的危险。师生们又从雩都步行逃往宁都，雪大夜深，校长多方奔走，硬在宁都师范找到两间房子。大家没吃夜饭，饿了一夜。第二天是旧历除夕，校长直接向税局局长借了十万块钱，又向县政府借到 20 担谷子，粮管处副处长对校长说："我们三年来从没有借出过粮，今天是个特例，看你老教育家头发灰白了，如此为师生热心奔走，我们不忍心不借。"有钱有米，什么都好办了，派人买了稻草填地铺，又买了一口猪过年，这是逃难以来第一次尝到肉味，苦中作乐，欢欢喜喜过了一晚。正月初一，举行"团拜"，陈校长勉励师生们不忘记这逃难中的一个新年，保持"相依为命"、"同舟共济"精神。又说，中国人要好好革一下心，国家才会有希望。大意是：公私要分明，公事当私事做；从仿造到改造，从改造到创造；改造环境，服务社会；失败是成功之母，多一次失败，多一次经验；要准备付相当代价，没有牺牲，没有收获。最后他笑笑说："这是我送给大家的新年礼物。"

在宁都住了很久，战局渐渐平定，结果在广昌县的饶家堡找到六、七幢砖造柯堂，倒是个战时办学的好地方，至此，结束了一个半月的虎口逃生历程。

两封爱生情深的长信

梁启超和徐志摩都是中国近现代史上的著名人物。他们之间有着令人称羡的师生之谊。

徐志摩 23 岁时拜教育家梁启超为师。梁启超对才华横溢的徐志摩的关心爱护是十分感人的。

徐志摩禀赋聪异,不但文采斐然,而且英文尤长。梁启超对他怀着极大的希望。当1918年徐志摩赴美留学时,梁启超亲笔手书达2000余字,作为临别赠言。它不是一篇塞责应酬的文字,而是一篇修学问修道德的宝箴,极富于哲理。梁启超认为学问、道德无非是能"尽人性,尽物性",就是探究和掌握主观世界和客观世界的本质和规律,能掌握这些本质和规律便"万物皆备于我矣"。不管人们对人性的说法多么纷纭,性善也好,性恶也好,性有善有不善也好,性无善无不善也好,人人都必须修学问修道德。否则,正如"人一日不两食则饥饿,岂惟口腹有饥饿,智识亦有饥饿,道德亦有饥饿。一日废学问,而智识之饥饿立见矣;一日废修养,而道德之饥饿立见矣"。信中强调了修学问修道德亦即实践的重要性,只要在修字上下功夫,人人都可以成为尧舜。这篇赠言给去追求知识的徐志摩以极大的启迪和鼓励。他在留美期间,多次写信给梁启超,纵谈对欧局大势的看法,抒怀对祖国的拳拳之情。以后徐志摩对中国新文学的贡献,无疑是对老师梁启超最好的告慰。

由于徐志摩接受了欧美的新式教育,有了更多的新思想,特别是在恋爱、婚姻上充满了单纯的理想,幻想着自由,主张"真幸福亦必自奋斗自求得来,真恋爱亦必自奋斗自求得来"。因此,他于1922年提出与前妻张幼仪离婚,这一举动遭到了家人的指责和梁启超的反对。梁启超写了封情意恳切的长信劝导他。信中谆谆教导志摩,不能以他人的痛苦换自己的快乐,梦幻的一切不仅得不到,反而以烦恼终生。信中提出"天下且有圆满之宇宙?"梁启超极尽心曲地表露了师长对弟子的一片爱护心情。但是徐志摩并没有听进去,他回答老师说:"呜呼,吾师!吾惟有于茫茫人海中求之,得之有幸,不得我命,如此而耳。"终于与前妻离了婚而和陆小曼结了婚。学生离婚后再婚,梁启超当然不能阻挠,并应徐志摩之请作证婚人。然而梁启超在祝贺之余,直言不讳地诚恳地告诫:"……我以先生和证婚人的双重资格,来训勉你俩,却要同偕到老,不必用应付前此'离婚者'的办法,再显身手……"这种证婚人的祝辞,可说前无古人,但给徐志摩的教益是深刻的,他再婚后没有重蹈以前的覆辙与此不无关系。徐志摩和梁启超是思想作风各异的人,但徐志摩

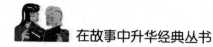
对梁启超是极为崇敬的，他在致英国哲学家罗素的信中，宣称梁启超是中国现代最伟大的学者。

"当学生没资格就当教授吧！"

老学者梁漱溟已经高寿90多了。他24岁那年投考北京大学，未被录取。他在投考北大前已在报上发表过多篇研究古印度哲学的文章，北大校长蔡元培看了深为折服。这次蔡校长了解他考试落榜了，深为惋惜。他说："梁漱溟想当学生没有资格，就请他到北大来当教授吧！"于是，打破清规戒律，聘请梁漱溟到北大执教。梁到北大后，不仅执教胜任，不久还写出《中西文化及其哲学》，轰动了中外学术界。而蔡元培慧眼识梁君，"当学生没资格就当教授"的新闻，也传为美谈了。

爱之能勿劳，忠焉能勿诲

蔡元培在北大任校长时，对青年是充分表现了他"爱之能勿劳，忠焉能勿诲"的情怀。只举一件小事为例吧！有一次，马神庙西斋内发生了一个男学生欺侮女学生的事。蔡先生听了大怒，把这个男生痛斥一顿，并召开学生大会，指出中国女子由于几千年的历史关系，有着某些弱点，男子对于这些弱点，决不应当利用，而是应当同情，应当予以帮助，在恋爱关系上所发生的种种问题，主要的应由男子负责。结果，这个男学生被开除了。但蔡先生却没有就此便把这个学生抛开不管，他一直注视着这学生此后的情形，还几次把他找到自己办公室里来谈话。这样热切的关心与不倦的教诲，终于把一个被人视为桀骜不驯的青年，感化而力求上进。这样一种处理事情的精神与办法，对于当时的学校教育震动很大。许多教师都提出要向蔡元培校长学习。学习他那种爱护学生不辞劳苦，忠诚地帮助学生不辞教诲的师德。

闻一多的独特教法

闻一多是获得西南联大、清华大学和青岛大学中文系学生特别欢迎的教授。

他的讲授法能做到满腔热情、爱憎分明。

一天，闻一多正在西南联大讲着杜甫的《三吏》、《三别》。他的面色苍白、情绪抑郁。他用深沉的声音，先吟诵了原诗，接着介绍杜甫写诗的背景。他说："当时的唐朝皇帝，就像今天的重庆国民政府一样，到处乱抓壮丁。……"他启迪同学说："杜甫所描写的谁能说是一千多年前的事情！你们仔细看看，这简直就是写的眼前抗战时期的事！"他又念了几句原诗，结合讲了一个比《石壕吏》更恶劣的故事：事情就发生在这个城市的近郊，几个流里流气的兵痞敲着锣四处吆喝："快来看电影！不要钱！国军请客……"善良的老百姓带着将信将疑的心情，慢慢向营房走去。突然大门被关上，场子里漆黑一片，军官们用电筒照着，从人群里挑出了20多个年轻的"壮丁"，用武装押走了。从此，妇啼儿号，村子里再也断不了哀号的声音！

他兀地站起来，怒斥道："这样无法无天，还成什么国家！这哪里是什么'国军'？这是土匪！不，比土匪还要坏！"

闻一多已经不是沉痛地在讲杜甫的《三吏》、《三别》，而是满怀激情创作了新的《三吏》、《三别》了。

闻一多在西南联大讲课，喜欢边讲授边展开讨论，气氛活泼，颇能做到教学相长。他欢迎同学们提出各种各样的问题，能当场回答的就及时回答，不能当场回答的，常常笑着说："你可把我考住了，这问题等我想一想，查一查资料再谈，行吗？"照例，下一次上课一定带来答案或有关的资料，解决了同学们悬而未决的问题。

闻一多对于考试也与众不同，他是主张改革的。他在清华大学中文系任教时，那时的学期考试，死记硬背的试题比较普遍。但闻一多不要求学生死读书，他认为重要的在于是否读懂了，是否领会了原作的精神。有一次学期考试，他针对所教的《庄子》，出了两道题目：一道是翻译几段《庄子》原文，一道是阐述庄子思想实质及其对中国知识分子的影响。这样的考试，要求学生理解实质，死记硬背是难以答出来的。

闻一多还喜欢采用个别指导法，平易近人地培养学生的读写能力。

1930年，诗人臧克家入了国立青岛大学中文系，得识闻一多先生。臧克家是带着武汉大革命失败之后的悲愤、抑郁心情进入大学的。他日夜苦吟，

身心交瘁。每成一诗，墨痕未干，就拿着它，带着一颗惴惴不安的心跑去向闻先生请教。一进他四壁图书的工作室，两人便兴奋地谈起来了，人对着人，心交着心。一团浓烈的诗的空气笼罩着他们。臧克家认为得意的句子，闻先生恰好在这个句子上划上两个红圈。闻先生对己对人，要求十分严格，得到他一个圈就不容易了，臧克家说："那时候，我的愉快，我的知己之感，何可言喻？这两个红圈，划到我心上去了。"

蔡元培重视读写和美育

对于教学改革，老教育家蔡元培是非常重视的。

他别具一格抓读写。

1901年，蔡元培35岁，8月～10月间，任南洋公学特班总教习。总教习负指导学生的责任。他的指导方法是：手写修学门类（政治、法律、外交、教育等）及每门应读的书目，以及阅读次序。每个学生自选一门或二门，依书目阅读；每日还要写读书札记，蔡先生亲自批改。每月命题作文一篇，也是亲自批改。每天晚上喊二、三位学生谈话，有时发问，有时要学生自述读书心得，或自述对时事的感想。正课之外，劝学生习日文，蔡先生亲自教授，并指导学生练习日文译为汉文。为了培养学生的讲读能力和启发群众的能力，蔡先生积极鼓励学生练习演说。蔡先生的读写训练，教导重心在于灌输爱国思想。例如他所出的作文题，就有《试列举春秋战国时爱国事实而加以评论》一类的题目。学生们读了书，就要写，分析综合，开启智慧，加以评论。这样读写结合，提高了阅读水平，写出了一些精彩的文章。

他十分重视美育

蔡元培担任北大校长时，美术教育不为人们所重视，可以说还是一个空白。可蔡先生不同，他十分重视美育。北大设有美学及美术史课程。那时，除中国美术史由叶浩吾先生讲授外，没有人肯讲美学。1921年，蔡先生亲自讲课，后因患足疾进了医院才停止。他在美育设施方面，曾设书法研究会，请沈尹默、马叔平先生主持。设画法研究会，请贺履之、汤定之先生授国画；比国楷次先生教授油画。设音乐研究会，请肖友梅先生主持。以上几个研究会的课目，都听学生自由选习。蔡先生为什么这样重视美育？他曾讲过："提出美育，因为美感是普遍性，可以破人我彼此的偏见；美感是超越性，可以破生死利害的顾忌，在教育上应特别注重。"

从"家"字谈到妇女解放

李大钊是我国传播马克思主义的先驱，中国共产党的创始人之一，也是一位很有影响的革命教育家。

1919年的秋天，他开始在北京女子高等师范学校的国文部教课。他在教学中很注意用启发式教学方法，培养同学们独立思考的能力。

有一次讲到关于妇女解放的问题。李大钊对于束缚妇女的"家"，从文字上作了一番解释。他向同学们提问："'家'字为什么是由'宀'和'豕'组合而成的呢？"同学们无言回答。他解释道："'宀'本是门字的意思，'豕'是猪的意思；'宀'和'豕'组合在一块儿，就变成了'家'字，这就表示：妇女们成年累月关在家里，喂猪养鸡，操劳家务。"

同学们一听都愤愤不平。有一位同学站起来问："先生，人们到什么时候才能不从父姓而从母姓呢？"

坐在第二排角落里的孙桂丹站起来，说了她自己的看法："先生，我看将来一定是女孩子从母姓，男孩子从父姓。你看这合理吗？"

李大钊先生笑了笑说："将来会有那么一天，人们愿意姓父姓就从父姓，愿意姓母姓就从母姓。可是依我看，无论从父姓或从母姓，都不能算是妇女解放的关键问题。只有妇女真正摆脱了家庭的生活琐事，参加了社会活动，并且有了自己独立的经济地位，才能真正得到解放。"

李先生这样的讲解，同学们都很信服。

"五力"和"一率"

梁启超具有超人的治学禀赋，可以综合归结为"五力"和"一率"。"五力"就是学力、胆力、精力、毅力和记忆力，"一率"就是效率。

梁启超的学力深厚。他的《饮冰室合集》，分《文集》、《专著》两部分，前者包括论文700余篇，诗话一种，诗词300余首；后者包括成书104种。此外尚有未刊原稿残稿多种，总共 700 万字左右。像这等专属文、史、政论方面的高产作家，在中国实属亘古少见。他既富有渊博的学识，又富有综合的才能，扼要钩玄，深入浅出。他的同时代的人如胡适、梁漱溟、陈垣、丁文江，都视任公如宾如师。蒋百里与徐志摩，竟持束修贽见，跪拜称弟子。所以，那时一般都认章太炎为南方学术界的泰山，梁任公为北方学术界的北斗。

梁启超的胆力惊人。1926 年，他病势已很严重，不得不割去一肾。但就在这时，他拟了一个《中国文化史》的写作提纲，全书范围极为广大，共分三部分、180 多个章目。关于这个巨大的写作计划，郑振铎曾经给它一个很高的评价：仅见此目，已知他著书的胆力足以"吞全牛"了。

梁启超精力极强，可连续三四昼夜不眠而精神仍不萎靡，焕发如故。他的晚年生活，精神颇感痛苦，即使在这种苦痛环境中，仍然孜孜不倦，埋头苦求，研究学问。他这种集中精力治学的态度，是根源于他早年的见地。梁启超于 1917 年在清华讲演就说过："人之精力，使能集中，则常超过其平时所不能至之限量。"他以自己目击的事对学生说，蔡松坡先生，体质极弱，可是去年在四川行营中，40 昼夜未尝解衣就寝。蔡先生部下的兵将，只有 3028 人，能与袁世凯军数十万人交战，战士精力充沛，自起义之日起，到息战之日止，没有打过一次败仗。这没有集中精力，能够做到吗？他着重说："古人有言，至诚所至，金石为开，信哉斯言也。"

梁启超治学毅力过人。这包括严格的自我克制，生活规律化，合理地利用时间等等。1928 年，他 56 岁了，肾病又复发，而且日益加剧。但他不肯空耗时日，在病床上著《辛稼轩年谱》以自遣。接着，他又发了痔疮，不得不住入协和医院。在病榻上读词曲消遣时，无意中获得《信州府志》等书数种，狂喜之至，以为这对著述有帮助，所以不等痔病痊愈，便携书出院，于 10 月 5 日回天津，侧身坐在病床上执笔，扶病继续写稿达七日之久，至 10 月 12 日，病情恶化，才搁笔卧床。不久赴北京医院病逝。梁启超生前刻苦勤勉，没有一日一时的怠惰。他的起居饮食全有一定时刻，生活极有规律，无论冬夏，五点起床，平时每日工作十小时。在工作时间，不接待宾客，偶有来访者谈话时刻，不能超过一小时，过了时间他会立即婉言辞却。在清华时，他的书斋门上挂有"除研究生外，无要事莫入"的招牌，梁启超的意思是：非倨傲也，光阴宝贵不得不然也。

梁启超有超人的记忆力。他聪明灵悟，脑力最敏，读一书过目成诵，加上他读的书，博、精、深，所以他写东西很少翻书查资料，资料全记在脑子里。1923 年春，梁启超为《清华周刊》写了《国学入门要目及其读法》。他当时正在忙于讲学，便利用去翠微山游历机会，没带一本资料，专凭记忆，花了三天工夫写成书目六类、共 150 余种，并说明阅读方法。

以上是"五力"，还有"一率"，就是治学的效率。由于梁启超具有"五力"，所以他的写作效率极高，"第一稿片刻即脱"。一经动笔，便一泻千里，涌汇成篇。1920 年初到 1922 年秋约两年半，他除在京、津、东南各大学巡回讲演外，利用课余时间写了 100 万字的著作。这里有一个故事：原清华大学社会系教授陈达曾当《清华学报》的总编辑，那时梁启超的次子梁思永在陈达曾班上做学生，有一次陈教授对梁思永说："你跟老太爷说，让他来篇稿子吧！"只说了几天，稿子来了，叫《近代学术之地理分布》，里面写了中国有史以来各学派的地理分布，各学派的内容和比较。各学派的代表人，这些人的下面又有几人，其生卒年月，著作名称，地理分布，如广东是什么派，浙江是什么派等等，真是洋洋大观。陈教授说："这篇东西，如果让我来写，起码得半年。"梁启超写作效率高得出了头，还闹了这么一个笑话：1918 年，他同蒋百里游欧洲，回来后，蒋百里写了一本名叫《欧洲文艺复兴时代史》的小书，请梁启超为这本书作个序。梁启超一口答应，便下笔写起来，觉得与其写一个泛泛而谈的序，不如取我国历史中类似之时代相印证，更加完善一些，于是既下笔而不能收，越写越多。序既写成，蒋百里一看，实在长得没法用，只好由梁启超自己题了书名《清代学术概论》单独出版。不仅如此，梁启超还"倒打一耙"，请蒋百里为他的书写个序。蒋百里只得写，开头写道："方震（蒋百里自称）编欧洲文艺复兴史，既竣，乃征序于新会（即梁启超），而新会之序，量与原书埒（lie，相等），乃别为《清学概论》而复征序于震……"后来，梁启超又进而把这本书扩充为《中国近三百年学术史》，全书共 25 万字，可称得上一篇空前绝后的长序了。

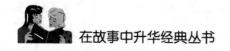

鲁迅的好学精神和读书方法

鲁迅的脑子，就是万有文库，取之不尽，用之不竭。这除了他有非凡的记忆力之外，就是他的勇于学习，好学不倦，以及十分注意读书方法。

鲁迅先生聚精会神地工作。为了如此，他的工作时间总是在深夜。有一天，差不多是深秋，天快暗了，他还在那里拿着笔写不完地写啊写啊！夫人许广平打算劝他休息一下，双手放在他的肩上，那晓得他却满脸的不高兴。本来，许广平那时是很孩子气，满心好意，遇到这么一来，真感觉到气也透不过来地难过。稍后，他给夫人解释："写开东西的时候，什么旁的事情是顾不到的，这时最好不理他，甚至吃饭也是多余的事。"

鲁迅的工作态度是兢兢业业、一丝不苟的。他亲手校对书稿时，每行的高低，每字的大小、偏正，全页的位置，他都一眼看出，严加改正，不惜再三变更，直到满意为止。至于字句的正误，那就更不必说了。所以，校稿时，也许使人觉得厌烦，但等到书一出版，是没有不满意的，没有不博得良好信誉的。

鲁迅研究学问有"坚持不懈"的精神。鲁迅认为需要学的某一种学问，便埋头专门钻研，坚持不懈。比如社会科学，原先他并不十分注意。但1927年是革命转折时期，严酷的阶级斗争现实，使鲁迅深深感到进化论思想的偏颇，由于革命的需要，他刻苦学习马列主义理论，读的书真是惊人。从1929年起，三四年间几乎每天手不释卷。这样刻苦学习的结果，他后来以杂文的形式多次发表对教育的评论和意见，痛击国民党反动派压制学生思想、镇压学生抗日救国运动的反动教育政策，深刻剖析了封建的买办的法西斯教育的实质。能一文刊露，群丑敛声。鲁迅先生终于用阶级观点看待问题，分析问题，逐步形成了共产主义世界观，成为伟大的共产主义战士。

鲁迅认为读书，不应无重点地乱读一气，什么书都去涉猎；就是同一本书，也不必每章每节"一视同仁"。有一次，他在指导清华大学文学系学生许寿裳的儿子许世瑛读《抱朴子》时就指出：该书"内篇"宣扬神仙方药、鬼怪迷信，是错误的，可以不读；"外篇"论述人间得失、臧否世事，有不少正确的言论，这就是要读的重点。

鲁迅这样的指导名之曰"重点进攻"读书法。平均使用力量，会白白地浪费时间和精力，只有采取"重点进攻"的方法，比平均使用力量收效会好得多。

戴震反对生吞活剥的学习方法

戴震在学习方法上，反对生吞活剥"食而不化"的办法，要求自学、自得。他说："苟知学问犹饮食，则贵其自化。记问之学，入而不化者也。"他还说："学不足以益吾之智勇，非自得之学也。犹饮食不足长吾血气，食而不化者也。"下面的故事是他反对生吞活剥的学习方法。

戴震读书有一个字都不含糊的精神。戴震从10岁到17岁，都在私塾读书。他对所读书中每个字的意义，都要弄得一清二楚。有一次老师教他读唐代杜甫的诗，其中的名句"窗含西岭千秋雪"，他总觉得老师对"含"字的讲解，没有满足他的要求。因此他反复琢磨展开想象。然后对老师说："含，嵌也。窗外之西岭，本来离窗很远。可是诗人一至窗口，西岭之雪峰便进入眼帘，像画中雪景，当窗供人赏玩。诗人用'含'，真是恰到好处。可见我们读古人之诗文，要反复玩味，一个字都含糊不得。"他这种刻苦钻研的精神，老师非常赞许。

戴震学习有"打破砂锅问到底"的毅力。戴震读私塾时，勤学好问，有时为了一个问题"打破砂锅问到底"。如老师戴苏和同他讲《大学》章句，到"右经一章"以下时，他就问老师，"你怎样知道这是孔子之言，曾子述之"呢？又怎样知道这是"曾子之意，而门人记之"呢？老师回答说："这些都是先代大儒朱熹所写的注解上讲的。"戴震听了就问老师："朱子是什么时候的人？"老师说："南宋。"于是他又问："孔子是什么时候的人？"老师回答说："东周。"于是他接着又问："宋朝相距周朝有多少时候？"老师说："将近两千年了。"戴震就追问："既然相隔这么遥远，朱熹怎么知道得这样清楚呢？"这位年过六旬、须发皆白的乡塾老师，虽然被戴震问得无言可答，但他并不生气，还表扬这个"勤学好问"的好学生。

戴震把"治学"与"劝农"结合起来。戴震是清朝时的一个书生，而他可贵的是认为记问之学难得消化，所以他很注重实践知识，曾把"治学"与

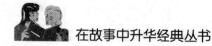

"劝农"联系起来。他研究纂修与农田水利有关的《河渠书》时，就亲自访问农民，参加劳动，仔细观察灌田蓄水的工作。在他写的题为《赢旋车记》里，写了下面一首赞美这水车的四言诗：

我稼我穑，时惟尔翼，我恬我息，时惟尔力。

篝车穰穰，佐我康食，铭尔之劳，终古不忒。

诗中对于水车能够减轻农民劳动强度的力量和效用，进行了热情的赞美，高度评价了劳动人民创造水车的聪明智慧。

闻一多的好学风

闻一多能成为现代诗人、学者，学术研究成就很大，主要在于他的勤奋好学、严谨治学的好学风。他曾在省城学习，却有点"结庐在人境，而无车马喧"的意境，住在游乐活动多的大城市，一直保持着乡下淳朴的作风，不随便上街闲游，也不轻易出去串门。上学回来有点空，不是读书，就是画画；有人找他玩或者打扰了他的学习，他常常引用岳飞的话："莫等闲，白了少年头，空悲切！"用以自勉也用以劝导同学。

"家骅醉书"，是闻一多专心致志学习的故事。闻一多辈名家骅。有一回，他在家里室外看书，一条大蜈蚣沿着天井边缘爬到他的脚边，又爬到他的鞋上，从旁边过的嫂子看到这情景惊叫起来："家骅，蜈蚣爬到你脚下啦！"他满不在意地用扇子扇了几下。蜈蚣受惊似的蛰（zhé，动物不食不动）伏了一会儿，又继续蠕动起来，眼看着就要咬到脚上来了。他侄儿赶忙跑上去，推开他，一脚把蜈蚣踩死。这下子可把闻一多浸沉在书本里正浓的兴味打断了。"你这小鬼，干什么胡闹！"他正要生气的时候，已经有些人围住哄笑起来。大家指着那条死去的毒虫说："要不是这小鬼，你的脚早就肿起来啦！"闻一多轻轻拍拍小孩的头，表示歉意，转身就钻进屋里读书去了。于是，"家骅醉书"趣事便传开了。

青年时，闻一多每个学期放假不休假。那时，他到北京进了清华学校。每年假期，他都要回到故乡——湖北浠水乡下读两个月书，他把家里的瓦房叫"二月庐"。他要利用假期学一些在洋学堂没有机会学习的知识。"书香门第"，祖传的书籍很多，只要辛勤攻读，就能探索到我们民族多年积下的智慧的珍宝。夏天，故乡的酷暑气候，人们谈虎色变，可是他的学习从不中断，常常开玩笑说："心静自然凉"。夜里，蚊子成群袭来，他还是若无其事地借着棉籽油灯光，自得其乐地学习。鄂东地区的冬天，也常滴水成冰，但他照常浸沉在祖国几千年浩如烟海的古籍中，怡然自得。最有趣的是：1922年，他新婚之夕，宾客盈门，他竟然照样在书斋读书，直到花轿来到，才把他拉出来参加婚礼。

清华大学的中文课堂学风不正，闻一多曾批评这种不景气的现象。因为清华大学是庚子赔款办的学校，当权者丧失了民族自尊心，注重英语是对的，但对中文另眼相看，具体表现不重视国文课，对国文教师很不尊重。在清华大学学习的闻一多，不满这种学风，在《清华周刊》上写了一篇文章，题目叫《中文课堂底秩序的一般》：

先生："今天要考试了。"满堂大哄，有的骂，有的笑，强狠的开门要走，和平的讲这学堂从来不兴月考。好容易经先生敷衍半天，才慢慢坐定了。先生刚把题目写完，屋后一个声音叫道："咳！混账吗，出这些题目哪做得完？"

闻一多坚决反对这种毫无礼貌、无理取闹的作风。为了维护正常的教学秩序，他不怕得罪这些同学，公开批评他们："天天喊改良中文，到今天中文课堂的情形就是这样。" "在英文课堂讲诚实，讲人格，到中文课堂便谲（jué，玩弄手段）骗欺诈，放肆嚣张，丑态恶声，比戏院、茶馆、赌博场还不如。才吃过一餐饭，便把那骗洋人的假面具扯破了，这样还讲改良、讲自治，不要愧杀人吗？"他谴责了这些胡闹的同学，同时也指出学校当局对造成这不正之风的主要责任。

闻一多做学问不图虚名。他在美国丹佛珂罗拉多大学美术系学画，学校规定还要他选修数学，他觉得这些基础课已在清华学过，现在远涉重洋到美国学画，时间多么宝贵，还要花在数学上他不同意。而学校表示不学不能毕业，他回答得很坦然："宁愿不要毕业文凭，也不愿学不愿学的东西。"朋友们劝他："这样要吃亏啊，拿不到学位啦?!"他一笑置之："我是来学画的，又不是来学'学位'的!"

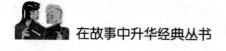

手不释卷的顾炎武

顾炎武自参加苏州起义和保卫昆山的两次抗清武装斗争失败后，长期过流浪生活。在游历中，他总是手不释卷，对于天文、历算、历史、舆地、音韵、金石、考古等，都有研究。他经常用两马轮骑，两骡载书随行，真的是无日不读书。每到重要地区，经过大山巨川名胜古迹，一方面就近向老兵退卒询问当地情况，一方面就打开所载书籍，相与对勘，摘录大要。正如他自己所说："有一疑义，反复参考，必归于至当；有一独见，援古证今，必畅其说而后止。"他的著述材料，大都是从实地调查而来的。他一生的著作，不下数十种，卷数达数百以上，大部分已被收入清《四库全书》。其中最重要的，有《日知录》、《亭林全集》等。

鲁迅教学备受欢迎

鲁迅教学是很受学生欢迎的，其原因很多。除了他学识渊博、教学民主外，就是能采取多种教学方法。

他经常采用讲故事的方法启发学生。"读书"与"吃菜"就是一例。

鲁迅在绍兴府中学堂任教时，学生周家枚有一天特地问鲁迅："豫才先生，我喜欢看小说。可是，拿起这本，放下那本，一本接一本，什么也没记住。这是什么缘故？我应当怎样读书？"

鲁迅先生没有正面回答看书的事，却讲了个饶有趣味的吃菜的故事：

从前，有个秀才，有一天忽然心血来潮，上馆子吃好菜。他一下子叫来了八种名菜和八大盘水果，摆满了一桌子。于是狼吞虎咽地吃起来。饱餐一顿后，便向别人炫耀说："我今天真是饱了口福，真多呐，一时也说不完。"别人问他："是些什么菜呀？"他愣住了："记不起来啦。"别人又问："是些什么味道呵？"他摸了摸嘴巴说："哎呀，也记不起来了。"听的人觉得好笑，可秀才还一个劲地申辩："你们不相信吗？我真的吃了许多。"逗得人们哄堂大笑。

周家枚听了鲁迅先生讲的故事，慢慢咀嚼回味，明白了一个道理：读书跟吃菜一样，不能贪多，囫囵吞枣，要一本一本细细品味，读通读懂，把它消化。从此以后，他一直把鲁迅先生讲的故事当作教诲，铭记在心，做到好读书还要求甚解。

鲁迅采用打比方的方法诱导学生，收效显著。1910 年 8 月，鲁迅在绍兴府中学堂担任学监。他在从事繁忙的教务工作的同时，还兼任三年级的植物学和四年级的生理卫生课。上课时，鲁迅从不照本宣科，总是把讲义往讲台上一放，就滔滔不绝地讲起来。他说话风趣，语言精练，或借助于图表，或助之以手势，或辅之以切身经历，把课讲得生动活泼。一次上生理卫生课，讲到口腔的构造，鲁迅先生在黑板上写了"细嚼缓咽"、"狼吞虎咽"八个字。接着说，人的牙龄共 32 个，分门齿、犬齿、臼齿三种。门齿扁宽如刀，利于切断；犬齿尖利如叉，利于吃肉；臼齿宽厚凹陷，如一具磨或捣臼，利于把食物捣成浆状。三者分工合作，对食物进行物理加工。口腔中的唾液含有淀粉消化酶，与食物拌和后，能使食物中的淀粉转化为糖，使胃易于消化吸收。这道理与酿酒须加白药一样。最后鲁迅又回到黑板上写的八个字说：所谓"细嚼缓咽"，就是充分利用牙齿和唾液的作用，帮助食物消化，促进身体健康；"狼吞虎咽"则忽视牙齿和唾液的功能，急于将食物吞下，导致消化不良，容易产生胃病。

这种注重理论联系实际，时而插以生动比喻的讲课方法，使学生听了兴味盎然，久久难忘。学期考试了，鲁迅出了一道"吃饭细嚼缓咽有何利益？"的题目，由于大家记忆深刻，回答都很完整，取得了良好的成绩。

带领学生参观访问，是鲁迅常采用的教学方法。鲁迅在《读书杂谈》一文中说过："必须和社会接触，使所读的书活起来。"他在府中学堂教学，就很注重实践活动。1910 年秋，鲁迅组织学校师生赴南京参观曾任两江总督端方举办的"南洋劝业会"。学校规定，前去参观的教职员学生每人交纳银洋十元，不足数由校方补贴。全校 32 个教职员和 220 个学生中，除极少数留守学校或其他特殊原因外，千方百计筹措了钱款，在鲁迅的带领下前去参观。展览会上陈列有浙江的丝织品，绍兴的老酒，广东的玻璃器皿，陕西的碑帖，等等，琳琅满目，丰富多彩。这次参观扩大了学生的眼界，增长了实际知识，大家纷纷说："百闻不如一见，南京一行胜读十年书，我们这些'井底蛙'，

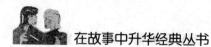

已由豫才先生带队游过汪洋大海了。"1911 年春，鲁迅又带领师生在禹陵访"窆（biǎn）石"，探"禹穴"，瞻仰大禹塑像，教育学生学习大禹为民治水，"三过家门而不入"的精神，并在禹庙的百步金阶上摄影留念。

还有一次参观访问，是在女师大。这次是在学生的热烈要求下进行的。

有一天，趁新的讲义还没有印出来，鲁迅先生正准备讲课时，课室前排的几个顽皮学生"捣乱"了："周先生，天气真好哪！"先生不理。"树枝吐芽哪！"还是不理。"周先生，课堂空气没有外面好哪！"先生笑了笑："那么下课！""不要下课，要去参观。""还没有到快毕业的时候呢，不可以的。""提前办理不可以吗？"学生越发来劲了。"到什么地方去？""随便先生指定吧！""你们是不是全体都去？"测验是否少数人的意见。全体起立，大家都笑了："先生，一致通过。"先生想了想，在黑板上写出"历史博物馆"几个字。大家都去了，博物馆在午门——是皇宫的一部分。原来这个博物馆是教育部直辖的，那时先生在教育部当佥事，所以管事人都很客气地招待学生参观各种陈列：有大鲸鱼的全副骨骼，各种标本，和古时用的石刀、石斧，泥人、泥屋。在一间大房子里还保存一架从外国飞到中国来的飞机。有各种铜器，有一个还是鲁迅先生用周豫才的名义捐出来的。鲁迅先生随处给学生们很简明的指导，所以同学们认为这堂参观课胜过他们读许多的书。

鲁迅讲课喜欢创造和谐的课堂气氛。20 年代，他在北京大学给学生讲《中国小说史略》中的《红楼梦》时，曾有过这么一段有趣的故事：

一次，他提问学生："你们爱不爱林黛玉？"

话音刚落，就有许多学生不假思索地信口回答。而其中却有一个学生反问道："周先生，你爱不爱？"

这时，鲁迅先生并不以为有失"师道尊严"，而是毫不迟疑地回答："我不爱。"

"为什么不爱？"那个学生又反问一句。

"我嫌她哭哭啼啼。"

鲁迅先生风趣的回答，顿时引得同学们哈哈大笑。在笑声中，他又侃侃而谈，循循善诱地引导学生去分析林黛玉的性格特点等新知识了。

鲁迅发人深省的指点，更为学生和同事所称道。冯至教授回忆当年先生在北大讲课时的情形说："鲁迅先生的教材是手编的《中国小说史略》，教法也并无奇特之处，也是念一遍后，然后再抽出几个问题讲一讲。就是在这样的指点中，学生们得到了不少的宝贵知识。"

怎样作指点呢？冯教授还特地举了他讲的两个例子：一、"汉唐宋诸统治较久的朝代，歌功颂德的作品多，乃因统治者已将不利于他们的文章查封了，毁灭了。"二、"一个强盛的朝代，极愿与外国文化交流；只有在本身有病的朝代才排斥外国文化输入。"这样指点，的确非常精彩；立论新奇、警辟而又中肯。谈的是历史，却使人想到现实；言谈微中，发人深省。

闻一多的宽广胸怀

闻一多一生，勇于对敌，也勇于自责。他的自责，包括他对待鲁迅、对待同行作者、对待自己的创作，以及对待子女等方面。从他的自责方面，都可看出他的宽广胸怀。

昆明筹备鲁迅逝世八周年纪念会时，闻一多毫不犹豫地投入这一工作。他回忆鲁迅逝世时，他能不避嫌疑悼鲁迅，用了陆游悼念杜甫的诗句"文章垂世自一事，忠义凛凛令人思"，表达钦敬哀悼之情。但那次没有结合自己，而这次与以前情况不同了，他明白，在抗战时的大后方来纪念鲁迅，不仅是对于一个伟人的悼念，而且是一种政治态度的表白，也是对昆明知识分子的一次测验。于是，他决定这次应该结合自己，他作了简短而有力的发言："……也还有一种自命清高的人，就像我自己这样的一批人。从前我们在北平，我们有一些自称'京派'的学者先生，看不起鲁迅，说他是'海派'。就是没有跟着骂的人，反正也是不把'海派'放在眼里的。现在我向鲁迅忏悔：鲁迅对，我们错了！骂过鲁迅或者看不起鲁迅的人，应该好好想想，我们自命清高，实际上是做了帮闲帮凶！现在，不是又有人在说什么闻××在搞政治了，以为这样就能把人吓住。可是时代不同了，我们有了鲁迅这样的好榜样，还怕什么？"

闻先生勇于对敌，也勇于自剖，其心胸如海，宏声永在。

闻一多见到什么有意义的学术见解，即使作者素不相识，也积极推崇。

他在清华大学撰作《岑嘉州系年考证》，将发表时，见到《岭南学报》有赖君写的《岑参年谱》一文，与自己的书稿的内容繁简深浅并不相同，但他仍然十分郑重地在文前加注说明，并称读到赖君这篇年谱，"如入空谷，而足音跫然，忽在我前，斯亦可喜也矣。若夫筚路蓝缕，先我著鞭，伟哉赖君，吾有愧色焉。"他引用《庄子》的话，说明看了《岑参年谱》，好像在空旷无人的境地，听到别人的脚步声那样欢喜。又引用《左传》中的"筚路蓝缕，以启山林"，意思是驾着柴车，穿着破旧衣服去开辟山林，形容赖君写作时创业的艰辛。对比之下，自己感到惭愧。闻一多重视人才也重视他人劳动，特别是推重同行作者，多么诚挚、谦谨和实事求是啊！

闻一多怀着爱国主义激情和科学精神从事中国文化的研究。他对自己的成就决不沾沾自喜，对于别人的过分的推崇，也总是抱着谦逊的态度。当年朱湘曾经为他的《死水》写过一篇评论，不但对他的新诗估价很高，也表彰了他在考据方面的工夫。他极其严肃地提出了"抗议"。他不喜欢这样的"捧场"，竟至断然说："除非我死了，否则，绝不同意发表这篇评论。"这篇评论不幸而言中，果然是在他殉难后，才由友人郑振铎同志在上海出版的《文艺复兴》杂志上刊出。这篇评论并非捧场之作，闻先生不同意发表，只能说明闻一多生前谦虚律己的风度。

闻一多在家里养着一些金鱼，他经常亲自换水喂食。然而，金鱼总是活不长久，他怅怅然说，这大概是气候和水不适合吧。可是已经上了小学的大儿子立鹤，却从老师那里学了不少的道理，他认为这是"不自由，勿宁死！鱼儿也是爱自由的呀！"这把做父亲的逗乐了，但也引起了他的深思：小学教师究竟比大学教授同现实密切多了。祖国真的到了"不自由，勿宁死"的时候了。

闻一多平日对待家人子女，注意防止早年经历的封建家庭的影响，要把新生的思想输入家庭。可是有一次，他因事心烦，打了正在吵闹的小妹几下，立即受到其他四个孩子的质问，他们反对这样的教育方式。闻先生非常内疚，很快就向子女们道歉，并且说："这都是传统家长作风和封建家庭教育的余毒，我正在纠正，但仍然有这种错误，是应该惭愧的。"孩子们被感动了，对爸爸更敬爱了。

梁启超气度谦逊

梁启超学识广博，功力深厚，但并不倨傲自负，倒是很有谦逊气度的。这从两件事情上可以看得出来。

清华国学院创立之始，在请不请当时留居国外的陈寅恪来校做导师的问题上，梁启超与校长曹云祥发生了意见分歧。梁启超极力推荐陈寅恪。

曹云祥问："陈寅恪是哪一国的博士？"梁启超说："他不是博士，也不是学士。"曹又问："他有没有著作？"梁启超说："也没有著作。"曹说："既不是博士，又没有著作，这就难了！"梁启超有点生气了，说："我梁某也是没有学位的人，著作虽称'等身'，但总共还不如陈先生寥寥数百字有价值。"他又补上一句："好吧，你不请，就让他留在国外吧！"接着，梁启超列举了柏林大学、巴黎大学几位名教授对陈先生的推崇。曹校长一听，才决定聘请陈寅恪来校任导师。于是，陈寅恪于1925年12月28日取道马赛回国。因父亲病耽误了时间，1926年7月始到校任职。

当时清华国学院的"四大导师"（梁启超、王国维、陈寅恪、赵元任），梁启超与王国维究竟谁居首席，学界是有不同看法的。但他自己很谦虚，在一次与学生的公开谈话中说："……教授方面，以王静安（王国维）先生为最难得。其专精之学，在今日儿为绝学，而其所谦称未尝研者。亦且高我十倍……王先生脑筋灵敏，精神忠实，方法精明，而自己又极谦虚，此诚国内有数之学者。故我个人亦深以得与先生共处为幸。"

但梁启超的谦逊气度并不是无原则的，他对于学术界的一些自为人师，而又轻率立论的不负责任现象，总是不肯放过的。1923年初，胡适曾轻率地为青年们拟了一个《最低限度的国学书目》，把《三侠五义》、《九命奇冤》等也列了进去。梁启超很不以为然，便应《清华周刊》之约，也拟了一个书目，并写了《治国学杂话》、《评胡适之的一个最低限度的国学书目》两篇文章，其中指出："胡君这个书目我是不赞成的，因为它文不对题。一张书目，名字叫做《国学最低限度》，里头有什么《三侠五义》、《九命奇冤》，却没有《史记》、《汉书》、《资治通鉴》，岂非笑话？""若说不读《三侠五义》、《九命奇冤》便够不上国学最低限度，不瞒胡君说，区区小子，便是没有读过这两部书的人。我虽自知学问浅陋，但说我连国学最低限度都没有，我却不服。"

主动改正差错

鲁迅对待创作的态度是够严谨的了。作品写好后，不看几遍，想几次，改几回，是从不交编辑部的。然而，他也出过错：1920 年 9 月，鲁迅在《新青年》上发表了他的小说《风波》，其中一处写了七斤的女儿在恐慌中打破了一只饭碗，次日，七斤拿到城里补好后说："因为缺口大，所以要 16 个铜钉，三文一个，一总用了 48 文小钱。"而在小说的结尾处却写成：六斤"捧着 18 个铜钉的碗，在土场上一瘸一拐的往来。"很明显，前后补碗用的"铜钉"数字是不统一的，其中必有一错。

后来，鲁迅自己发现了这个问题，便在 1926 年 11 月 23 日给李霁野同志写了一封信，要求改正。信上说："六斤象只有这一个补过的碗，钉是 16 或 18，我已记不清了。总之两数之一是错的，请改成一律。"又说："记得七斤曾说用了若干钱，将钱数一算，就知道是多少钉。倘其中没有七斤口述的钱数（手头无书，记不清了），则都改 16 或 18 均可。"

可见，鲁迅对待自己的错误是非常认真的，出了差错则主动要求改正。

鲁迅赞赏郑板桥的一副对联

鲁迅先生为人谦逊，严于解剖自己。这从他赞赏郑板桥的一副对联，可见一斑。

清代著名诗人、画家和书法家郑板桥，是有名的"扬州八怪"之一。既是"怪人"，人们常常认为他总是狂妄自大的人，其实他为人谦逊虚心，写作态度十分严谨。郑板桥还经常征求朋友对他作品的意见，特别尊重别人对他作品的批评。他曾写了一副对联，叫做"隔靴搔痒赞何益，入木三分骂亦精"。

后来，鲁迅先生看到了这副对联。他非常赞赏，他很佩服郑板桥虚怀若谷的宽广胸怀。1931 年，日本汉学家增田涉为了写作《鲁迅论》，到上海拜访鲁迅先生。鲁迅就特地亲笔书写了郑板桥的这副对联送给增田涉。也就是暗示增田涉，你既然要研究我，那么请你实事求是地加以评价，不要写那些隔靴搔痒的赞语。

"赞美的话不足道，批评的话才可贵"

丰子恺平日作画，喜欢从人民的日常生活中取材。但由于他是个大知识分子，题材来自生活来自劳动，间常不注意，就会出现缺点或毛病，好在他在"画师日记"里写着这样的话："赞美的话不足道，批评的话才可贵。"他善于倾听批评意见，所以，他仔细观察，画得惟妙惟肖了。

抗战前在浙江桐乡故乡时，丰子恺曾画过一个人牵着几只羊，每只羊的颈上都系着一根绳子。画好了挂在墙上，正好被帮他家挑水的青年农民看到了。他笑着说："牵羊的时候，不论几只，只要用一根绳子系着带头的那一只，其余的就都跟上来了。"丰先生听了恍然大悟，启发自己想起了杜处士的一个故事。他重画一张《牵羊》画以后，就把那故事讲给子女们听：从前有个杜处士，珍藏着一幅《斗牛图》，是唐朝名画家戴嵩的作品。有一天，杜处士把画拿出来挂在门上晒，一个过路的牧童看到了，说："画错了！画错了！"杜处士听了，心里想：一个乡下小孩竟敢批评起名画家来了，这还了得。便很不以为然地问错在哪里。那牧童说，两牛相斗，牛最着力的是两只角，由于用力，尾巴总是紧紧地夹在两股中间；画上的两只牛尾巴都翘起来，这不是画错了么？丰先生在结束故事时感慨地说："看来要画好画，不能光凭想象，必须仔细观察事物，还应该多向各种各样的人请教。"

他说到做到。有一次为了画一幅《背纤图》，他事先特地到河边去实地观察，发现来往货船走在最前面的纤夫大多是倒走的。经过了解，才知道倒走能够掌握航船的动向，可以随时通知其他的纤夫改变背法。他便按观察所得作了这幅《背纤图》。

丰先生为了听取意见，曾两次"偷听"别人的批评。有一年，丰先生住在嘉兴，有一天带女儿丰宛音等到烟雨楼去玩。当宛音剥吃南湖菱的时候，忽然听到邻座有几位游客提到丰先生的名字。宛音正要说话，父亲立刻示意叫她不要作声；他自己却急忙坐到那些茶客的背后去，"偷听"他们的议论。

其中有个人说："丰子恺画的人真怪，有的没有五官，有的脸上只有两条横线。这难道算是时髦吗？"其实这是丰先生受日本画家竹久梦二的影响，叫做"有意无笔"或"意到笔不到"。这样可以更含蓄，更耐人寻味，更给人以遐想的余地。但丰先生还是吸取了那位茶客的意见，从此在人物刻画上下了更多的功夫，注意通过生动的姿态来表达没有五官的面部的神情。

一字之师

1942年7月10日，朱老总约吴玉章游南泥湾，同行徐特立、谢觉哉、续范亭诸同志，都是老人，但兴致都很高。朱德同志带头写了纪游诗，续范亭和其余诸同志各有佳作，吴玉章特仿杜诗《北征》的体裁，写了一首《和朱总司令游南泥弯》的五言古诗，其中有"纵横百余里，'回乱'成荒地"。在抄写这首诗的时候，吴玉章的一位服务员张同志发觉"'回乱'成荒地"一句不妥。他说："回乱"虽然打了引号，但说"回乱"成荒地，仍把荒地的责任放到回民身上了。吴老非常赞赏他的意见。于是大家斟酌了一番，才把"'回乱'成荒地"改成了"'剿回'成荒地"。虽然只改动了一个字，意思却大不相同了。吴玉章说："古人有所谓一字之师，我看张同志就是我的一字之师。可见一个人必须随时随地向别人学习，而且活到老、学到老，才能不断取得进步，才能避免发生错误和及时纠正错误。"

实事求是地评论自己

吴玉章于1942年在延安曾给党中央写过一份自传。在这份自传的最后，吴玉章同志对他自己作了剖析和评论。

他说，我觉得我有些优点，但同时又是缺点。如我忠诚坦白，但因此常缺乏警惕性，易受人欺；有恒心毅力，但因此做事迟缓，不敏捷；志趣远大，但又因好大不顾实力，常常不能完成计划；特别是"党八股"的毛病深，写文章总是长而拙；我艰苦而耐劳，克己为人，往往因此不应让步者亦让步；我能好恶人，但不能"好而知其恶，恶而知其美"，特别在使用干部上常受其害；不为威胁，不为利诱，能知足安分，存心作一好人，能随时代潮流并进，心志纯洁，大公无私，17岁以前很沉默寡言，但以后又变为多言，现在还是有时不必多言而晓晓不已，有时应言而又隐忍不发。在会议时特别在参政会中，既无急智，又无辩才，因而碌碌无所表现。因我的心思迟钝，不能应付急变，虽然有例外，但并不多。我之愚有时为常人所不及，但这样愚有时反变为智。例如我姑母的一个儿子，又是我的姐夫，他常对我家说，我辛亥革命、"五四"运动、大革命时代的战友，有的飞黄腾达，有的退隐山林，只有我老死不变，茹苦含辛，朝夕的奔忙，既不为名，又不为利，真是愚不可及。是的，我数十年同事的"革命英雄"们至今还剩得几人？我奋斗不懈，为的是追求人生的真理，人类的解放，常人颇难了解，而我终于得到了人类最宝贵的马列主义，彻底了解了宇宙和人生的究竟，比那些糊涂一生的人快活得多。"求仁得仁"，我正以此自傲自慰，毕竟谁是聪明谁是愚笨呢？这也可以说，愚之极却开了智之门，又是辩证的真理。

吴玉章同志这段文字为我们提了一个学习实事求是地认识和评价自己的好教材。

坚持步行

1924 年，徐特立从法国勤工俭学回到长沙，当时有些人在想，这回徐老是留洋回国，一定得乘车坐轿。可是他还是步行回到长沙师范学校。刚进校门，门房的工友一见他就像久别的良友，一下子把徐老抱得紧紧的，还互相捶背拍肩。那时他已是湖南教育界有威望、深受群众爱戴的教育家。当时在长沙当校长的当教员的不坐车就坐轿，可徐老总是布衣粟食，坚持步行。徐老回忆起这些事，感触很深，他说："走路不但锻炼了身体，还保住了与群众密切联系的优良作风。"

一人之死而求多人之活

陶行知的母亲在 1934 年去世，他为过去治丧得了一点感想，写成一首小诗："富人一口棺，穷人一堂屋；讨得死人欢，忘却活人哭。"他认为有棺材睡的人不造林，栽树的人连茅草棚都没得住。他家未曾栽过几棵树，20 年来已用了九个棺材，至少有几十个人的板壁是被他们夺了来，以致露宿在霜天雪地之中，甚至于冻死。所以，这次治丧力求节俭，在晓庄唐氏地上设立纪

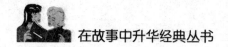

念苗圃，志在因母亲一人之死而求多人之活。

人体模特儿之争

美术教育家刘海粟，于1912年在上海创办了美术专科学校，担任副校长职务，将欧洲各国美术学校的人体模特儿为统一教程，运用到中国来。不料这一事件激起了巨大的画坛冲击波。封建卫道者将刘海粟视为十恶不赦的歹徒。但刘海粟正是站在这场冲击波前列的无畏斗士，他同封建顽固势力进行了整整十年的较量，最后以胜利而告终。这里只介绍其中斗争的两个回合。

第一个回合是笔战孙传芳。有一天，上海一家报纸登载《上海县长危道丰严禁美专裸体画》。刘海粟见报，愤怒写下《刘海粟函请孙、陈两长申斥危道丰》的标题，接着疾书信的主文，痛揭危道丰扼杀新事物的丑恶嘴脸。连夜着人送给申报馆史量才先生，请他大胆发表出来。

果然，这封致孙传芳、陈陶遗两总长函在申报发表了。当天，孙传芳正好由南京去杭州检阅军队，路过上海。危道丰与孙传芳曾是日本士官学校的同学，后来出于政治上的交易，危道丰被揽为亲信，趁迎驾之机，呈上当天报纸。且甩起乌纱帽来："联帅！上海的事，我不能干下去了，请另荐贤能吧。刚接任两星期，正值厉行整顿风化，刘海粟就指名辱骂，侮辱长官，这是不能不严惩的呀！"

孙传芳回到南京之后，不按往日挥一下军刀了事的做法，而是俨然摆出一点政治家的气度，写了一封信致刘海粟。大意如下：

"海粟先生文席：展诵来书，备承雅意，黻饰过情，抚循惭荷。生人模型，东西洋固有此式，惟中国则素重礼教，四千年前，轩辕衣裳而治，即以裸裎袒裼为鄙野。道家天地为庐，尚见笑于儒者，礼教赖此仅存，正不得议前贤为拘泥。凡事当以适国性为本。……美亦多术矣，去此模特儿，人必不议贵校美术之不完善。亦何必求全召毁，俾淫画淫剧易于附会，累牍穷辩不惮烦劳，而不能见谅于全国。业已有令禁止，为维持礼教，防微杜渐计，实有不得不然者。高明宁不见及，即望撤去，于贵校名誉，有增无减。如必沽过强辩，窃为贤者不取也。复烦口祉。孙传芳启。六月三日。"

这封信载于1926年6月10日上海新闻报。孙传芳以为，以他的权势，如此婉劝，刘海粟必会顺水推舟，俯首听命，模特儿风化一事，从此便完事了。然而，刘海粟针锋相对地回复一信：

馨远先生麾下：恭奉手谕，雒诵循环，敬悉钧座，显扬儒术，教尚衣冠，振纪提纲，在兹一举。粟束发爱书，砺经钻史，长而问业于有道君子，默识于微言大义……粟非木石之俦，敢不俯首承命。惟学术为天下公器，兴废系于历史，学迹在人间耳目，毁誉遑惜一时"

现行新学制，为民国 11 年大总统率同总理王宠惠、教长汤尔和颁布之者……夫佛法传自印度，印度所塑所画之佛像，类皆赤裸其体。西法相庄严，转见玉道，自传中土，吾国龙门大同云岗之间，佛像百千，善男善女，低回膜拜者，百千年，此袒裸之雕像，亦无损于佛法。矧今之人体模特儿，但用于学理基本练习，不事公开，当亦无损于圣道……学制变更之事，非局一隅；学术兴废之事，非由一人而定也。……为其认为非然者，则粟诚无状，累牍穷辩，干渎尊严。不待明令下颁，当先自请处分，刀锯鼎镬，所不敢辞！率尔布陈，伏维明察。

刘海粟这"礼尚往来"的信，情、理、气全在其中。立言虽极婉转，语气却很有力量，态度更是坚决的。孙传芳不曾料及刘海粟不给他面子，便露出军阀本相，图穷匕首见，发了一道"通缉刘海粟"的密令。同时密电上海交涉员许秋驷及领事团，交涉封闭上海美专，捉拿刘海粟到案。

第二个回合是一幕审判滑稽喜剧。上海县长危道丰关于模特儿案公开论战惨败了，便向法院控告上海美专副校长刘海粟，理由是侮辱长官。不料法官不予受理，认为此案不能确立。他只好以私人资格再次起诉，控告刘海粟侮辱人格，毁谤名誉。

刘海粟一看这情形，便立即去找陈霆锐、吴经熊两位律师，委托他们承当辩护。吴经熊的留欧同学是法院推事郑雯，经他们在上海一品香菜馆商量，要表面上罚一笔钱才能了结，而且这笔钱宣判过后也就完了。刘海粟说："好吧，只要不妨碍我的人格，不污蔑真理就行了。"

开庭那天，被告刘海粟入庭。旁听席上，坐满了美专师生，新闻记者，以及社会各界人士。另一边，是原告危道丰，他的证人姜怀素以及辩护律师。

原告诉述经过，提出证词，庭上针对上述理由，问了刘海粟姓名籍贯，便由郑雯推事问："你为何要败坏风化？"

刘海粟回答；"我只是提倡模特儿。这是美术学校教程上所必需的，不用不行，绝无败坏风化之理。"

"今天不是辩论模特儿的问题，主要一点是你侮辱了危道丰的人格，毁谤他的名誉。"

"我不曾这样。"

"强辩！危道丰是政府官吏，你在文章里骂他不学无术，招摇撞骗，这是铁证。"郑推事故意提高声调。

刘海粟反驳道："这两句话难道用得不恰当吗？所说的不学无术，是指艺术，假使他懂美术，就不会禁模特儿，说画模特儿是破坏风化了。至于其它学问，他有没有我不知道。他不懂艺术却是事实。"

旁听席上的美专学生，发出了一阵笑声。

"那么招摇撞骗呢？"郑推事又问，"危道丰身为上海县长，如何招摇？"

"正因为他是县长，才利用权势来封闭学校，还想抓人，这不是招摇是什么？"

刘海粟的一番话，使得原告的律师坐不住了，站起来说道；"被告骂危道丰狼狈为奸。狼狈是兽类，是凶恶的东西，两个字都从犭。刘海粟完全是存心侮辱长官人格。"

刘海粟看对方律师在字词上强辩，便以其人之道还治其人之身："兽名对于人，并无侮辱的意思。父母爱其子女，男的取名'家驹''阿狗'，女的取名'玉凤''小莺'。驹狗是兽，凤、莺是禽。又如麒麟童，是自己题的名字，难道自己也会侮辱自己吗？狼狈在这里不过是形容义罢了！"

连法官们也忍不住笑了，旁听席上更是一片嗤声。这一场审判，成了一幕非常滑稽的喜剧。法官最后的判决，是刘海粟被罚款50元。

郑推事向下问道："被告如不服本庭判决，有上诉的权利。刘海粟，你愿意上诉么？"

刘海粟粲然一笑："不必了。大丈夫行事，当磊磊落落，如日月皎然。人体模特儿之争几十年矣，听听社会的呼声吧，人民早就有了公判！"

人体模特儿冲击波到此总算平息下来。

李大钊在绞刑架下的演说

李大钊是我国传播马克思主义的先驱，他是第一位在中国大学讲坛上讲授马克思列宁主义的大学教授，他是五四运动的领导者之一，也是中国共产党的创始人之一。敌人怕他、恨他。1927年4月6日奉系军阀张作霖派遣宪兵、侦探、警察把他逮捕了。他被捕后曾多次被审讯。敌人对他施用了最野蛮的刑罚，甚至用竹签扎他的十个指甲，但他决不低头，表现了共产党人威武不屈的崇高气节。他在亲笔写的"供词"中，陈述了他一生为挽救国家和民族危亡，为解放天下劳苦大众而英勇斗争的经历。

4月18日，是李大钊和他的战友们英勇就义的日子。他是第一个走上绞刑架的。他从容、镇静，面不改色，临刑前还同敌人进行了一场激烈的斗争。面对反动法官、刽子手，李大钊大义凛然，作了最后一次简短的慷慨激昂的演说。他说："不能因为你们绞死了我，就绞死了共产主义，我们已经培养了很多同志，如同红花的种子，撒遍各地！我们深信，共产主义在世界、在中国，必然要得到光荣的胜利！"反动派把李大钊同志视为"罪魁祸首"，为了延长他的痛苦，刽子手们对别人只施刑20分钟，而对大钊同志施刑长达40分钟之久。

那天，有个学生张小梅，她背着书包上学去。刚好从刑场墙外路过，无意中碰到李大钊烈士遇害。当她认出第一个走上绞架的原来就是给他们上过团课的李先生，当听完这位李先生的共产主义的演说，她悲愤交加，当场就昏倒在地上了。这从一个侧面辉映出李大钊同志的品德和献身精神的感人之深。

徐悲鸿爱憎分明

美术教育家徐悲鸿爱憎分明，不畏权势，敢于向腐朽的黑暗势力作斗争，敢于蔑视敌人的威胁和利诱。下面三个故事，表现了他的高尚的精神和气节。

徐悲鸿无论画什么，都有精神的寄托。在中央大学艺术系的重庆沙坪坝，

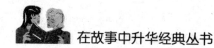

徐悲鸿在课堂教画。只见芦苇间的小麻雀逆风而飞。他一面画，一面讲："我喜欢画鹰，但有时并不喜欢鹰。画什么东西，都要有精神的寄托，我的精神所寄，常常在这小东西（指麻雀）身上。"画完题上《逆风》。当时，学生们只以为小麻雀逆风而飞，别有情趣，并不很理解他所说的精神所寄的中心思想。后来有一次他画鹰，题上"飞扬跋扈为谁雄"，学生们才领会到他为什么说有时不喜欢鹰。再把这两幅画联系起来研究，才了解他所说的精神所寄，也就是创作思想了。后来，他的学生、画家艾中信说：徐先生的《逆风》，说是歌颂小人物的反抗精神，也不算是牵强附会的。1953年徐先生逝世以后，美协曾举办过一次徐悲鸿遗作展览会，毛泽东同志在画展开幕之前仔细看了展品，当看到《逆风》时，点点头，说："很有意思。"

徐悲鸿拒绝为蒋介石画像，表现了他"人不可有傲气，但不可无傲骨"的气节。1927年，徐悲鸿从法国巴黎回国不久，有一天，国民党反动政府文化运动委员会主任张道藩登门拜访，请他为蒋介石画一张半身标准像。徐坚决不同意。张道藩软硬兼施地说："徐先生，还是冷静点好，你是才华横溢的大艺术家，我奉劝你不要做这样愚蠢的事，免得以后悔恨。"徐悲鸿蔑视地说："悔恨?! 我只能感到自豪，因为你的座右铭是升官发财，金钱美女。而我的座右铭却是人不可有傲气，但不可无傲骨!"

徐悲鸿画的九方皋，就具有一身傲骨。徐悲鸿多次讲过："人须无傲气，但必具傲骨。"他画傲骨嶙峋的野马，而不画膘肥毛滑的鞍马，就是为了表明"必具傲骨"的为人品格。他创作《九方皋》的用意是讥刺当权者的不识人材，而在画面上所表现出来的是九方皋的一身傲骨。他曾鄙夷地指着那个站在九方皋背后的小丑说，这个人其实他不懂马的好坏，摆出那副架势，着实可笑。在画上是用他来陪衬九方皋的沉着镇定，是创作上所需要的。画上非常醒目地描绘的首先是九方皋，那形容骨相，很好地刻画出一位见识高明、气度豁达的长者。徐先生说九方皋看到这匹骏马内心喜悦，但不露声色，因为见识广，不可能大惊小怪。其次是那匹黑色的骏马，特别是那发光的眼睛，正和九方皋的表情相反，因为遇到知己而愕然跃喜，这是用人格化的手法。徐先生画马从来不画笼头，但这匹黑马是带着缰绳的，他说它遇到了知己，就甘心效劳。

章"疯子"的闪光事迹

章炳麟（太炎）曾以"疯"著称，一生无数次被唤作"疯子"。但他的"疯"正是反映了他的叛道、反天、抗禁、骂袁、斥蒋。唯其"疯"，才留下了一连串闪光的事迹。

章"疯子"叛道，一瓢冷水泼向"尊清者"。戊戌政变发生后，光绪被囚，改良派人物惨遭捕杀。改良道路走不通了。章太炎也被列入通缉名单，在台湾、日本流亡中他认识到：欲救中华，必反满洲！他踏上了反满的革命道路。

1900 年 7 月 26 日，上海愚园南新厅热闹非凡。80 多位沪上"名流"聚到这里，成立"中国议会"，章太炎也在其列。议会发起人唐才常宣布了三条宗旨：一、保全中国自主之权，创造新自立国；二、不承认满洲政府有统治之权；三、清光绪皇帝复位。章太炎听罢，立即驳道："一面排满，一面勤王，既不承认满清政府，又称拥护光绪皇帝，实属大相矛盾，决无成事之理。"他当众剪去了辫子，脱去"戎狄之服"，换上"欧罗巴衣笠"，然后直言脱社，扬长而去。这一次，人们说是疯狂的叛道举动，但这一举动给那班"尊清者"们泼了一大瓢冷水。

章"疯子"反天，指出满清统治者恶行累累。1903 年 6 月，为反击康有为鼓吹立宪、污蔑革命的言论，章太炎写了《驳康有为论革命书》，登在《苏报》上，指出满族统治者恶行累累，寿祚已尽，改良派主张立宪，纯系梦想；只有革命才行得通，只有革命才能救中国！

这篇文章一发表，轰动了海内外，震惊了紫禁城。章"疯子"反了天了！因《苏报》设在上海外国租界里，清政府勾结帝国主义，共同实行镇压。上海租界的外国巡捕和清政府的警探一起到爱国学社抓人。章太炎事先已得到消息，却没有逃走。他说："革命就要流血，怕什么！清朝政府要捉我，如今已经是第七次了。"他迎着来人走去，指着自己的鼻子说："别的人都不在，要拿章炳麟，就是我！"说着，伸手就擒，挺然独往。

在押期间，章太炎没有停止战斗。租界当局几次开庭审讯时，他发长过肩，衣着不检，一副桀骜不驯的样子。他开心地听律师原原本本地复述他那些"悖逆之词"，承认那是他写的，但不承认有什么罪。他说："我只知清帝乃满人，不知所谓圣讳。"并声明："不认野蛮政府。"他还写了许多文章，揭露清政府罪恶，宣传革命主张，批判立宪派。其革命精神，灼灼照人。

章"疯子"抗禁，谴责日本裁判厅与清政府狼狈为奸。章太炎在上海熬了三年监禁之后，光荣出狱，东渡日本。他在日本担任了同盟会机关刊物《民报》的主编，以笔作刀枪，杀向立宪派。1908年10月，清政府为维持摇摇欲坠的统治，勾结日本政府，借口《民报》文章有激扬暗杀、破坏治安之嫌，忽然下令封禁《民报》。

禁令下达时，章太炎正好去镰仓办事。回来后闻听此事，怒从心起，当即赶到地方裁判厅，质问厅长。

章问："扰乱治安，必须有证明，若谓我买手枪，我蓄刺客。或可谓扰乱治安。一笔一墨，几句文字，如何扰乱？"

厅长无言以对。

章问："吾言革命，吾革中国之命，非革贵国之命；吾之文字，即鼓动人，即煽惑人，煽惑中国人，非煽惑日本人，鼓动中国人，非鼓动日本人，于贵国之秩序何与？于贵国之治安何与？"

厅长无言以对。

章问："言论自由，出版自由，文明国法律皆然，贵国亦然，吾何罪？吾言革命，吾本国不讳革命，汤武革命，应天顺人，吾国圣人之言也。故吾国法律，造反有罪，革命无罪。吾何罪？"

厅长还是无言以对。

章太炎将禁令封还，拒不接受；并一连三次写信给日本内务大臣，谴责他们与清政府狼狈为奸，声言："本编辑人兼发行人宁为玉碎，不为瓦全。"真是傲骨铮铮，正气凛凛！

这场官司打到最后，《民报》还是被封了；然而在道义上，获胜者是以章太炎为代表的中国革命党人。

章"疯子""劝进"，痛骂袁世凯野心勃勃。武昌起义取得胜利后，革命烈火迅速燎原。章太炎欣喜若狂，从日本启程回国。但他犯了错误，一心一意倒到袁世凯一边，公开地拆孙中山的台，为袁世凯窃夺革命果实，出了大力。

袁世凯就任民国临时总统之时，曾委任章太炎为总统府高级顾问。相处一久，他发觉袁世凯不能容人，是个大野心家。而袁世凯也发觉他不好利用，派人"保卫"他。他目睹袁世凯种种倒行逆施，非常苦闷。无数革命烈士抛头颅洒热血换来的中华民国，竟迅速变成了袁家天下，真好似一场大梦！为发泄心头的悔恨，他每天大书"袁贼"、"袁贼"。他大量饮酒，每饮必给以花生米，吃时去其蒂说："杀了'袁皇帝'的头！"

袁世凯极力拉拢他。一次，由姓秦的秘书长出面，送给他五百块钱。他怒不可遏，抓起钱劈面扔去，瞪着眼睛叱道："袁奴速去！"

1914 年 1 月 31 日，他决定冒险出京，在车站被军警拦住了。过了三天，他足蹬破靴，手持团扇，扇下系以勋章，来到总统府，点名要见袁世凯。袁的爪牙梁士诒出来接待，刚开口，就被他骂了回去："我见袁世凯，哪里要见你！"久等不见，便大骂不休，又将招待所的各种器物砸了个稀烂。当晚，被骗到龙泉寺，幽禁在那里。

次日，袁世凯的儿子袁克定奉父命，送去一床锦缎被褥。章太炎点起香烟，将被褥烧出一个个窟窿，然后扔出窗外。不久迁居钱粮胡同。

1915 年，袁世凯加紧了复辟帝制的活动。一天，一个家伙钻进钱粮胡同，劝章太炎写"劝进书"，说只要这样做了，就能获释。章太炎应承下来。第二天，袁世凯果然收到章太炎一纸呈文，展开一看，上写着："某忆元年 4 月 8 日之誓词（指袁的誓词），言犹在耳。公今忽萌野心，妄僭天位，匪民国之叛逆，亦且清室之罪人。某困处京师，生不如死，但冀公见我书，予以极刑，较当日死于满清恶官僚之手，尤有荣耀。"袁世凯大怒，顿起杀心；随即摇了摇头，自我解嘲地说："他一个疯子，我何必与之认真。"

章太炎没有疯，倒是袁世凯想当皇帝发了疯。袁世凯被反对帝制之声气得口吐鲜血。于 1916 年 6 月一命呜呼了。章太炎获释南下，经过一阵彷徨之后，又站到孙中山一边，参加了护法运动。

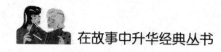

章"疯子"斥蒋。"五四"运动之后，中国跨入一个新的历史时期。这时，章太炎没有跟着时代前进，反而倒退了。但"九一八"事变发生后，国民党政府采取不抵抗主义，沦陷区日益扩大。年老的章太炎投袂而起，为民族存亡而呼号、奔走。

本来，他对蒋介石的反动统治早有不满。远在1928年5月，他在一封信中写道："今之拔去五色旗，宣言以党治国者，皆背叛民国之贼也。"后来随着日寇的步步入侵，他毅然站出来，公开斥责蒋介石政府的卖国行径。1933年3月，承德被占。章太炎发出《呼吁抗日电》，愤然指出："国民政府成立以来，勇于私斗，怯于公战。前此沈阳之变，不加抵抗，犹谓准备未完。逮上海战事罢后，边疆无事者八九月，斯时正可置备军械，简练士卒，以图最后之一战。乃主持军事者，绝不关心于此，反以'剿匪'名义，以图卸责。""且今全国养兵近200万，国家危急至此，犹不奋力向前，平日整兵治戎，所为何事？……如犹逍遥河上，坐视沦胥，此真自绝于国人，甘心于奴隶矣！"

办学从政风格高

教育家蔡元培，无论办学也好，从政也好，都是讲究风格和骨气的。

他一心办学忘私情。1902年10月间，中国教育会在上海创立爱国学社，公推蔡元培先生为总理。那时需要设法借房屋做校舍，要募款建校。学校初创，学生一个钱也没有，教员是纯尽义务的，所以伙食费急如燃眉，到了开不了餐的地步。蔡元培先生被学社的同事推选到南京，去向朋友蒯光典借款应急。当他到了轮船码头时，家人跑来哭着告诉，蔡先生的长子阿根已经急病气绝了。蔡先生想着丧亲的悲痛，又考虑着学社需款大事，他挥着眼泪，急忙托教育会同人代办后事，自己却匆匆登上轮船直往南京。三天后，他借得6000元银元而归，使爱国学社正式开办了。

他对于外国驻华公使无理干涉校政，以一笑置之。蔡元培当北大校长的时候，北大各科都有几个外国教员。他们都是托中国驻外使馆或外国驻华使馆介绍的，学问未必个个都好。其中有几个来校既久，渐渐精神不振作，教课不负责，甚至衰落、腐化起来了。蔡元培校长等斟酌了一番，辞退了几人，都是按合同上的条件办的。当时，中国每每受列强的欺凌，外国教员在中国大学也是趾高气扬的，辞退了他们，那还了得，有的就掀风作浪了。有一个法国教员要控告蔡元培，蔡先生置之不理。有一个英国教习竟要求英国驻华公使朱尔典来同蔡元培谈判，蔡元培说："我是按合同办事，不受外国驻华公使的干涉。"他没有答应谈判，朱尔典悻悻地走出北大，散布威胁的空气说："蔡元培是不要再做校长了。"有人告诉蔡先生，但他以一笑置之。

蔡元培识破袁世凯的阴谋后，坚决不与袁世凯合作。1912年1月，孙中山先生在南京就任临时政府大总统，蔡元培出任改元后的第一任教育总长。2月间，他受派赴北京，担任迎接袁世凯来南京就任总统职的专使。到了北京后，谁知袁世凯玩弄权术，拒不南下，蔡元培便将洽谈经过，撰写《告全国文》发表，以明真相。7月间，袁世凯组阁了，阁员中有同盟会阁员和非同盟会阁员，而袁世凯利用非同盟会的阁员出面，要求一切国家大权集中于总统一人之手。蔡先生识破了袁世凯的阴谋，愤慨地说："不能担任这种'伴食'的内阁阁员！"于是，邀同王宠惠、宋教仁、王正庭等同盟会会员一同辞去阁员职务，坚决不与袁世凯合作。

闻一多的正义感

闻一多为人爱憎分明，对于真善美，他是十分热爱的，对于假恶丑，他是无比憎恶的。在他身上，体现了知识分子的正义感。

闻一多在清华大学读书的时候，第一个提出正确对待美国文明。清华园内经常放映那些宣扬"杀人如同打鸟"的"黑衣盗"、"毒手盗"等等美国低级趣味的影片。闻一多挺身而出，掀起了一次反对这类美国影片的辩论。他说："我们的手拒绝罪恶，我们的眼却欢迎它，眼把罪恶的图形进贡到脑宫里去，又使天心大悦，立刻喉、舌、唇收到圣旨，奏了这些曲颂歌，好极了！好片子呀！……"他严正地说道："这不是什么'好片子'，这是五光十色，光怪陆离的地狱的风光，这种万恶的电影，诲淫诲盗，长此以往，那只好让我们慢慢变成禽兽了。"

经过辩论，提高了同学们的认识，也一度刹住了放映坏影片的歪风。这在美国势力控制的清华，提出如何正确对待美国文明的问题，宛如空谷足音，实在难能可贵！

不沾"官气"，是闻一多藐视反动统治的高风亮节。闻一多有一个年轻时候的"好友"，抗战前就投靠国民党政府，已经担任大学校长、教育部次长等高官，多次拉闻一多到官场去。一次因公来到昆明，专门来看望他。一见闻一多清贫如洗的处境，又一次提出旧建议说："何苦如此刻苦自己嘛！至少也去重庆休养一段时间，我负责接待你。"闻一多回答说："论交情，我们是几十年的老朋友，过去不分彼此，你来我往，也是常事。不嫌清贫简陋，我愿意留你小住，但你那儿我不能去！"问他为什么？他说得很简单："你那儿同过去不一样了，那是衙门，那里有官气！"为了不沾这"官气"，多年的老友，从此分手。及至1943年，这位老友再次出面拉拢，写信说当局为了复兴救国，求才如渴，希望老友们能重新在重庆朝夕共处。闻一多轻蔑地把信扔到炉灶里。

闻一多敢于在反动派的译员训练班，传播真理的声音。1944年夏，大批美军开到昆明协同抗日。西南联大决定把应届毕业生中的一部分人，分配去当译员，先到译员训练班学习一两个月。闻一多说的一口流利清晰的英语，因此他被约请教会话、教翻译。训练班由教师自己选用教材，闻一多选的让学生自由选读的教材中，有一部分是《共产党宣言》英译本。但这样的教材很快被新来的政工老爷发现了，认为这还了得，到这里来宣传共产主义啦！闻一多对这些走狗说：为盟军培训译员，堂堂中国的大学生，同美国人在一起，连《共产党宣言》都不知道，丢脸的是中国的政府！

闻一多自然不能再继续在训练班教课了，但却向准备投身抗战的青年学生传播了真理的声音。

不让艺术品交给刽子手，是闻一多利用业余时间，公开治印后的一个故事。他治印公开了，慕名而来的日渐增多，治印的收入使一家人的生活开始起了变化。时间长了，他刻得右手中指起了个老大疙瘩。他解嘲地说："我是个手工业者。"

但这个"手工业者"并不完全为了生活。他对学术同好，则恭恭敬敬奉送，不收分文。他曾给西南联大华罗庚教授刻过一个图章。铭曰："顽石一方，一多所凿，奉贻教授，领薪立约，不算寒伧，也不阔绰，陋于牙章，雅于木戳，若在战前，不值两角。"话则诙谐，情深意重，颇能显示当年教授生活的一个侧面。

与此同时，国民党的党棍、云南省代主席李宗黄，是"一二·一"血案的刽子手。他也攀风雅，派人送来一方大象牙和丰厚的润金，请闻先生刻个图章。闻先生认为这是一种侮辱，坚决把象牙和钱退了回去。从此，"不让自己的艺术品交给一个刽子手"，被传为佳话。

闻一多认为教授就应"把书教好"，不应搞歪门邪道。大约在1943年前后，有一位颇为知名的教授，耐不住生活的清苦，把精力用到结交豪富去了。闻一多对这样的行为、这样的人很不以为然。虽然这个人是他的老友，但在教授会上，他主张这位"专家"要么认真把书教好，要么干脆去另谋生财之道。当时曾有人认为这是"不尽人情"的态度，然而这正表现了闻先生的原则精神。

齐白石与官场誓不两立

齐白石是人民的艺术家。他来自劳动人民，和人民血肉相连；他蔑视权贵，与旧社会官场衙门誓不两立。

齐白石不愿混迹官场，不当内廷供奉。齐白石41岁时，在西安住了三个来月，朋友樊山告诉齐白石，慈禧太后喜欢绘画，宫内有位云南籍的寡妇缪素筠，给太后代笔，吃的是六品俸。并说，他可以在太后面前推荐齐白石，也许能够弄个六七品的官衔。齐白石笑着说："我是没见过世面的人，叫我去当内廷供奉，怎么能行呢？我没有别的打算，只想卖卖画，刻刻印章，凭着这一双劳苦的手，积蓄得三二千两银子，带回家去，也就心满意足了。"他在离开西安之前，又去游了一次雁塔，题了一首诗："长安城外柳丝丝，雁塔曾经春社时，无意姓名题上塔，至今人不识阿芝（乳名）。"齐白石不喜欢出风头，不愿混迹官场，在这首诗里，说得很明白了。

他画鸡针砭时弊。齐白石66岁时，正是1928年，民国17年。北京官僚暮气沉沉，比前清末年，更是变本加厉。每天午后才能起床，匆匆到署坐一会儿，叫做上衙门，没有多大功夫，就纷纷散了。晚间，酒食征逐之外，继以嫖赌，不到天明不归，最早也要过了午夜，方能兴尽。齐白石看他们白天

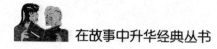

不办正事，尽睡懒觉，画了两幅鸡，题有诗句："天下鸡声君知否？长鸣过午快黄昏。""佳禽最好三缄口，啼醒诸君日又西。"

齐白石画不倒翁，揭露官僚政客。在旧社会，白石老人耳闻目睹反动官僚对劳动人民的残酷剥削与欺压，对上司百般奉承和献媚，这些人虽然胸无点墨，却是官职在身，作威作福，对此，老人非常痛恨与卑视。有一次他看到街旁的摊子上摆着的玩具不倒翁，感到民间艺人把官僚塑造成小丑模样，让小孩推来推去，真是太妙了，真是出了胸中闷气，于是把它搬上了画面。把不倒翁画成京剧中的丑角，鼻子上涂了个白豆腐块，两眼朝天，头戴乌纱帽，摇着小白扇，把一种唯利是图、奉上欺下的官僚揭露得淋漓尽致。他在画上题了语意双关的打油诗，其中一首道："乌纱白扇俨然官，不倒原来泥半团；将汝忽然来打破，通身何处有心肝？"

他两次画蟹，绝妙地讽刺敌人。齐白石老人创造的许多生动的艺术形象，如鱼虾、螃蟹、青蛙、雏鸡，以及花鸟、草虫等，无不充满生命的活力，流露出一种劳动人民对现实生活的朴素愿望和感情。但为了运用艺术形象讽刺敌人，齐白石曾经画过两次螃蟹。1944 年，正是日本帝国主义占领北平的时候，他画螃蟹，曾题了这样的诗句："处处草泥乡，行到何方好，去岁见君多，今年见君少。"对日暮途穷的日本军国主义者进行了辛辣的讽刺。解放战争时期，国民党上海警备司令宣铁吾多次向齐白石索画，齐白石想：为这个反革命头子作画，实不心甘。但他还是画下了墨蟹图转送去了，一些螃蟹一拐一拐地爬行，隐喻"看你横行到几时"，对行将彻底完蛋的反动势力进行了绝妙的讽刺。

"我等着第三枪！"

我国伟大的人民教育家陶行知，曾两次被通缉。

1927 年，他毅然放弃大学教授的地位（留美回国后任南京高等师范教务长、东南大学教育系主任），去农村创办南京试验乡村师范——晓庄师范。在那里，一批革命青年在共产党支部领导下开展了反帝反封建的英勇斗争。1930 年 4 月，国民党反动派封闭了晓庄师范，逮捕和杀害了那里的许多共产党员、革命青年，陶行知也遭到通缉，被迫流亡国外。

1931 年以后，民族危机日趋严重，国民党奉行不抵抗主义，陶行知却发起组织国难教育社，使教育服务于抗日救亡运动。1935 年，他和沈钧儒、邹韬奋等发起组织救国会。1936 年，在陶行知出国参加世界新教育会议时，救国会"七君子"被国民党反动派逮捕入狱，陶先生又一次被通缉。

两次通缉以后，陶行知仍临危不惧。1939 年在重庆，在共产党人和文化界著名人士支持下创办了育才学校。学生是从抗日时期难童中用智力测验等方法挑选出来的。陶先生办学思想明确，他引导学生们团结起来，求真理，反侵略，国民党反动当局认为育才是共产党的外围组织，始终不准育才学校立案。1946 年 4 月，陶行知回到上海，一面筹备育才学校迁沪，一面到工厂、农村、学校去作反独裁、反内战、要民主、要和平的演说。6 月 23 日，上海举行反内战、反独裁、反饥饿的声势浩大的示威游行，陶先生站在一条长凳上高喊："八天的和平太短了，我们要永久的和平！假装的民主太丑了，我们要真正的民主！我们要用人民的力量，制止内战……反对独裁，争取真正的民主！"朋友们看到陶行知与国民党反动派如此针锋相对，都为他捏一把汗。7 月中旬李公朴、闻一多二人相继被国民党反动派暗杀，传说陶行知是特务名单上的"探花"。一位朋友担心他的安全，要他提高警惕。他霍地站立起来，义愤填膺地说："我等着第三枪！"他后来在《给育才师生最后一封信》中说："我提议为民主死了一个，就要感召一万个人来顶补，这样死了 100 个就有 100 万人，死了 1000 个就有 1000 万人。"他的信是为什么他不怕反动派的"第三枪"的最好注脚。7 月 25 日，这位人民教育家因劳累过度、刺激过深，不幸患脑溢血逝世。

吴承仕仗义执言

1937 年"五四"运动十八周年纪念之际，教育家吴承仕与黄松龄、张友渔、张申府、张郁光等进步教授，发起组织"启蒙学会"，吴承仕负责起草了启蒙学会宣言。这篇宣言运用历史唯物主义观点，深刻分析了中国的社会矛盾和历史演变，提出了"反独裁、反盲从、反迷信"，以"争取当前民族解放的胜利"的战斗号召。

谁知"启蒙学会"的消息刚一传出，当时北京师范大学的反动教授杨立奎，立即跳出来大肆攻击，竟向全国通电声讨，公然诬蔑启蒙学会为"反对礼教，诋毁忠孝节义五伦八德……蛊惑青年，自行绝灭馨净，狂悖荒谬，亘古无伦"。杨立奎狂妄宣称，他"誓以全力，铲除此灭伦丧德之枭獍，毋使其匿迹学界，蛊惑青年。"

在这处境艰危险恶的时刻，吴承仕与之坚决斗争。他在《与某人书》中，对这场争论作了更深入的剖析。他坦率陈述自己的抱负，深刻揭露了国民党反动派的黑暗。他指出："'九·一八'以来，国步日蹙，政见多歧。承仕唯本章先生（太炎）之遗教，于民族大义，略有所闻。又以团结御侮，乃救国之要图，民主自由，实为政之常轨，苟能为力，何敢后人。不料见解各异，遂生纠纷，而吾辈几成众矢之的。"接着举出启蒙学会刚成立遭到攻击，他说："杨立奎通电全国，斥为枭獍，公然侮辱，不堪听闻……承仕虽欲公开辟谣，而报纸不为发露，虽欲依法诉讼，而法律未必有灵。彼辈更造作种种诬蔑之词，罗织周纳，必欲置承仕辈于死地而后快。"他指出反动教授杨立奎的背景："而道路传闻，则谓彼辈所为自有系统，如复兴社、CC团、弘毅社、黄埔系、蓝衣社等，实为其有力之支柱。"最后，吴承仕提出自己鲜明的观点："承仕无官守、无言责，似可洁身而退，然同舟有及溺之患，圣门无大隐之人，心所谓危，不敢不告。如谓爱国有罪，则斧铖诚无所逃，闻者足戒，则刍荛或有可采。"

吴承仕的信与杨立奎的通电告诉我们什么呢？吴承仕的光明磊落和高风亮节，与杨立奎的泼妇骂街、斯文扫地，适成鲜明对比：前者代表真理和进步，后者代表反动和落后。

早就让人共产了

国民党看到陈嘉庚热心爱国事业和教育事业，曾经攻击他受了共产党的宣传，跟着共产党走。1947年在新加坡的一个美国记者看到陈老这位著名的工商业家竟坚决地拥护中国共产党，觉得很难理解，特地对他提出一个问题"你信仰共产主义吗？"这个美国记者的潜台词分明是：你这个资本家跟着共产党走，难道不怕共产吗？陈老针对当时国民党对他的攻击，风趣地回答说："我早在俄国十月革命以前，就开始献出我的财产去办教育，让人们共我的产了。"

"有一件事正要同你商量"

大约是 1948 年，陈嘉庚在新加坡。他的爱子陈厥祥，当时是香港集友银行总经理，在轮船上被海盗绑票。洪丝丝在新加坡从事新闻工作，在新加坡南侨报社得到这个消息，就去告诉嘉庚先生。洪丝丝最初很担心陈老是否经得起这个消息的震动，试着告诉了这个不幸的消息。但是当陈老听完之后，却换了一个话题，说："我有一件事正要同你商量。"他急着要商量的不是他私人的什么事情，而是关于福建会馆建校的问题。因为当时他是这个会馆的主席，洪丝丝是这个会馆的董事和教育组主任。他谈完福建会馆学校的事以后，才考虑如何营救他的儿子。他打电报到香港给李济深和蔡廷锴，托他们设法营救，李济深和蔡廷锴又转托陈其尤，后来陈厥祥终于平安获释。从这件事上，可以看到陈老的先公后私精神，和重视教育的程度了。

以解放女子为己任

朱剑凡是创办湖南周南女校著名的教育家。他反对封建陋习，尤其反对对妇女的歧视和压迫。他结婚时，岳母董氏夫人许以四个丫头陪嫁。先后送来的三个丫头，都被他妥为择偶遣嫁了。1914 年，董氏夫人专程从邵阳送来一个叫春燕的绝色女子，劝他纳妾，他坚决拒绝。他说自己矢志兴办女子教育，以解放女子为己任，怎么还能干出这等压迫女子的事情来呢？他很快地将那个叫春燕的女孩子，交给亲戚中的一位老太太领走了。

只办教育不做官

辛亥革命时，朱剑凡和徐特立等组织教师积极响应起义，参加光复湖南的斗争。革命活动中，他和辛亥革命后被推选担任湖南军政府正副都督的焦达峰、陈作新建立了深厚友谊。不久，湖南立宪派发难，阴谋残杀了焦达峰和陈作新，政权落到了谭延闿手里。朱剑凡与谭延闿也是世交，谭延闿掌权之后，曾邀请朱剑凡出任湖南省教育司司长。但朱剑凡对谭延闿的篡夺革命果实的行为甚为反感，拒绝了他的邀请。朱剑凡曾气愤地说："陈作新为人豪爽，才华卓越，却

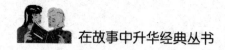

死于谭延闿手下，实在可惜，令人寒心。"自此，朱剑凡"只办教育不做官"的佳话广为流传。

鲁迅赠书

贫穷的电车售票员阿累走进上海内山书店躲雨，他在书架前翻看图书，翻到一本《毁灭》。他早就听说这是本苏联文学名著，是鲁迅先生翻译的。他很想买这本书，可是定价一元四角，阿累身上总共只有一块多钱，还是他和另一位工友的饭钱。他为难了。这时走过来一位长者，温和地问阿累："你要买这本书吗？""是的。"阿累不好意思地低声说。长者从书架上另外抽出一本名叫《铁流》的书，递给阿累说："你买这本吧，这本比那一本好。"阿累接过《铁流》一看，定价一元八角，更加窘了，说："先生，我买不起，我的钱不够……"长者用鼓励的口气又问："那，一块钱你有没有呢？""有。""卖给你吧，两本书，一块钱。"阿累惊讶了，抬头细看，想起来了，曾经见过他的照片，他不就是鲁迅吗？"哦！您，您就是——"阿累兴奋极了。鲁迅微笑着，点了点头，说"这本（指《铁流》）因为是曹靖华先生的书，只得收你一块钱本钱。我那一本是送你的。"阿累掏出那块带着体温的银元，放到鲁迅先生手里，恭敬地鞠了一躬，走出店门。

后来阿累历尽艰苦，受尽非人的虐待。他被人随意辱骂、踢打的时候，总是咬紧牙关，哼都不哼一声，屏着头对自己说："鲁迅先生是同我们在一起的！"

从做学生起就搞"韧"的战略

鲁迅做学生时，经济并不充裕，铺盖行李，照例是自己拿，绝对不肯花钱叫脚夫代劳的。从南京回绍兴，通常坐的"长江船"。在船舱里，一向的积习是有人先到，一件破衣，一条绳子，或一支担杆，各占一个床位，勒索床位钱。鲁迅先生上船，听任那些强横者的恐吓，决不肯出钱来买床位。宁可守住行李，坐在行李上装打盹，毫不理睬。等到船快开了，那些强横者赶他也不动，到最后，强横者没法子，只好拿着绳担和衣服，愤愤而去，任他从容地拣选最好的床位，打开铺盖，舒舒服服地休息。从学生起，他就利用

"韧"的战略，始终不畏强暴地同恶势力斗争！

"六·三事件"和"下关事件"

蔡元培任北大校长，曾邀请马叙伦再任北大教授。正当马叙伦埋头写书时，"五四"运动爆发了。北大成立了"教职员会"支援学生运动，推马叙伦任书记、主席。1920年，北京大中小学教师发起"索薪"运动，组织"北京小学以上各校教职员联合会"，也推举他任主席。1921年，除索薪外，该会还提出教育基金和教育经费独立的口号，并以罢课相持。凡这些组织向当局谈判，所有披露文字，都出自马叙伦之手。同年六月三日，为找徐世昌请愿，他走在最前列，遭到徐世昌派出的军队的枪击，头部受重伤，被教职员送进医院。徐世昌还扬言要向法院起诉。各校教职员义愤填膺，齐心表示："要'传案'，大家都到！""六·三事件"传闻中外，得到国内教育界和孙中山的正式援助。北京军阀政府威信因此一落千丈，徐世昌也被迫下台。

抗日战争胜利后，马叙伦看清了国民党蒋介石的假民主、真独裁、假和平、真内战的反动面目，便积极与中共地下党接触，投入爱国民主运动的洪流之中。1946年6月23日，马叙伦参加上海各界人士举行的反内战示威游行，并被推为请愿代表。队伍行进到南京下关车站时，他被特务殴打成重伤，发生了震惊中外的"下关事件"。当时，中共代表团周恩来、董必武、邓颖超等同志深夜赶到医院慰问。毛主席、朱总司令从延安来电慰问。《解放日报》、《新华日报》等也纷纷发表社论、文章，抗议国民党的暴行，并慰问受伤代表。

马叙伦面对敌人的白色恐怖，毫不畏惧。他说："革命者是杀不完的，它好像是春天的草，生生不绝。"又说："我的历史一部分正和李、闻两先生（李公朴、闻一多）相同，我自然预备着接受一颗炸弹，但是我也预备还他一个原子炸弹。"1947年11月，他向国民党政府行政院院长张群写信，抗议、揭露国民党"不惜效汉唐末叶所为"，斥国民党特务是"明季厂卫之行"，明确表示自己"捕杀不辞、驱胁无畏"的为革命献身的坚定立场。

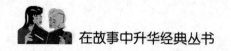

"剪辫子"和"不看报"

我国著名桥梁专家和教育家茅以升，出生于贫寒的旧知识分子家庭，自幼生活艰苦。在中学读书时，他经常不能按期缴纳食宿费，总是受某些富有的同学讥笑。他心想：你们的钱是从娘胎里带来的吗？感到愤愤不平。再加上读了一些当时的"新书"，因而思想趋向进步。

1908 年，清朝慈禧与光绪死去，学校内每天要学生"举哀"，茅以升更忿恨，偏不买清政府的账，索性一剪刀将自己头上的小辫子剪掉。这件事非同小可，全校轰动，他被记大过一次。后来茅以升说："这算是我的一次'造反'，当然还不知道'革命'二字。"

1915 年，袁世凯要当皇帝，各报纸对他歌功颂德，引起茅以升的极大反感。他这位平日好学的青年决定不看报了，什么报也不看。他终日读书，不问世事，直到袁世凯病死，他才恢复看报。他现在还幽默地说："幸好那时没有广播电台。"

"你的胆子不小！"

何鲁留欧回国，已是驰名中外的青年数学家，但他一踏上祖国的土地，便脱下西装革履，换上长衫布鞋。他早年加入同盟会，参加了辛亥革命，是国民党的元老。但他耻与贪官污吏为伍，公开声明拒绝做反动政府的高官。他寓居重庆石钟花园时，国民党政府派人送去一套中将礼服并薪金，何鲁拒之不受。他曾在国民党中央党部慷慨陈词，痛斥蒋介石政府，轰动了山城重庆。1946 年 1 月 9 日，重庆《新华日报》有如下记载："本社消息：褚辅成、许德珩、稳西恒诸氏，邀请重庆学术界人士举行九三座谈会，出席：何鲁、刘及辰、潘菽、吴藻溪等二十余人……何鲁的发言更为沉重，他慷慨指出，今日的中国，赵高太多……听众一致报以热烈鼓掌，历久不息。"当年延安《解放日报》登了这条消息。解放后，何鲁当上了中国人民政治协商会议全国委员会委员，一次，毛泽东同志在京接见政协委员，同何鲁握手时，还忆及此事，称赞何鲁说："你的胆子不小！"

两次辞职不就范

林砺儒最关心青年学生的学习和进步。为此，他很重视有学问的、进步的教师。在他主持广东勤勤大学期间，在十分艰难的条件下，先后延聘尚仲衣、李平心、张栗原、陈守实、郭大力、许杰、林仲达等许多进步教授。有的如张栗原、郭大力等曾遭国民党禁聘，林砺儒却毅然聘请。他还不顾重庆教育部的非难，坚持改革课程，开设经济学，实际讲《资本论》；开设新哲学，实际讲辩证唯物主义；开设社会学，实际讲科学社会主义；还开设了经济学说史、世界经济地理等课程，对学生进行了马克思主义的启蒙教育。同时大力扶持学生开展各项抗日救亡活动，并对进步学生倍加爱护，极力设法抵制政府当局的反动措施。他在桂林师院任教授兼教务长的时候，就曾收留进步学生。其中一次就收留被广东文理学院开除的学生六人。

当时的中央政府和地方政府，都对他的进步措施深表不满，多方胁迫，终至以不发教育经费相逼，他宁愿辞去广东勤勤大学教务长兼教育学院院长职务，也不就范。后来他在桂林师院任教授兼教务长，由于他仍然坚持进步措施，也受到反动派的迫害，特务多次用匿名信恐吓，他凛然不顾，结果又被迫辞职。

林砺儒在旧中国的艰险环境中办学，常常顶住各种丑恶势力的打击迫害。他的这种不计个人利害得失、正直不阿的精神，为广大师生所敬佩和赞扬。

驳得戴季陶哑口无言

"五卅"惨案的发生，立即引起了上海和全国工人、学生以及各界人士的反响。上海和各地相继罢工、罢课、罢市，反对帝国主义的暴行。吴玉章留在上海做宣传工作。当时准备出一个刊物，定名"反日战线"，却遭到了戴季陶的反对。戴是当时国民党上海执行部的主任，在讨论刊物的第一次会议上，他就说："'反日战线'这个名字不好，这次惨案要英国负责，跟日本没有关系，日本和我国是东方友邦，应该争取团结它，现在应该联络日本单独对英。"吴玉章听了，非常气愤，立即反驳说："逮捕青岛纱厂工人是不是日本人干的？残杀福州学生的主谋者，是不是日本人？顾正红是不是死在日本资本家手里？日本帝国主义就是我们的凶恶的敌人，假使连'反日战线'的名称都不敢提，那么罢工、罢课、罢市都用不着搞了，我们只有坐待当牛马做奴隶了！"接着很多同志都起来反对戴季陶的主张，戴坐在那里，被驳得面红耳赤，哑口无言。

刘湛恩为国捐躯

刘湛恩是一位最可敬爱的爱国者、教育家、民主战士。

刘湛恩在美国芝加哥和哥伦比亚两个大学读过教育学，先后获得了硕士学位和博士学位。在那里学习期间，思想进步，积极参加社会活动。1922 年 2 月 16 日，美、英、法、日等国和中国北洋政府，在华盛顿会议上签订了《九国关于中国事件应运用多原则及政策之条约》。这个所谓《九国公约》，是对中国主权的粗暴侵犯。然而美国总统威尔逊在演说时，却宣称和会获得了成功，妄图一手掩尽天下人的耳目。刘湛恩非常关心国事，感到十分义愤。他在威尔逊演说时，当场提出义正词严的责问：总统先生，侵略中国的列强成功了，而被侵略的中国怎样了？所谓"多原则及政策"，无非是干涉中国主权的随心所欲的原则和政策！

刘湛恩遭到了拘禁，而他的高度的爱国主义精神，使他在华侨和中国留学生中获得了崇高的声誉。在华侨和中国留学生的强烈抗议下，美国当局才不得不放了他。这就是有名的"刘湛恩责问美国总统威尔逊"的故事。

刘湛恩于 1922 年 8 月在美国学成归国。初在南京东南大学执教。1928年，上海沪江大学董事会慕名聘请担任校长。这是一个教会学校，刘湛恩便成为我国教会大学中的第一位中国校长。

1935 年，日本帝国主义加快了侵华的步伐，什么"何梅协定"、什么"华北五省自治运动"，损害中国主权的坏消息一个个传来。中国共产党领导的北平"一二·九"学生运动，掀起了抗日救亡的高潮。刘湛恩参加了上海文化界马相伯等 280 余人发表的救国宣言。他还同基督教知名人士李登辉等28 人，发表宣言，反对所谓"华北政权特殊化"。特别是刘湛恩校长与胡愈之等人组织了国际联谊会，通过座谈和聚餐等方式与各国在沪一些人士（包括大学教授和新闻记者）恳切交谈，争取国际舆论同情，开展抗日宣传活动。

刘湛恩校长还曾远去南洋，向广大华侨演讲，揭露日本侵略我国的野心，大声疾呼，声泪俱下，激发了海外华侨的抗日救国热情。刘湛恩的这些爱国活动，当时被称赞为"在野外交"，即人民外交。

"七七"卢沟桥事变后，我国抗日战争全面爆发了。刘校长为了利用教会大学培养爱国力量，他在沪江大学商学院办起了"社会科学讲习班"，各进步团体选派了不少优秀青年来学习。这个班讲授政治经济学、中国近代史，在国民党区域培训着抗战骨干和"不愿做奴隶的人们"。从而"上海沪江大学"时有"上海抗大"之称。

可是，我们的爱国教育家刘湛恩为国捐躯了。胜利了的人民，是永远记着他的英名的。

1938年3月28日，南京成立了日本刺刀下的汉奸政权——中华民国维新政府。开张之前，傀儡头子梁鸿志曾派温宗尧到上海请刘湛恩出任伪教育部部长。刘湛恩严词拒绝，并晓以大义，劝其悬崖勒马。

刘湛恩此举自然为日伪所痛恨，不少人劝他速离上海，免遭不测。但刘湛恩表示："上海的抗日救亡工作，关系国家民族生存，我责无旁贷，放不下。"他还引用了林则徐"苟利国家生死以，岂因祸福避趋之"的两句诗，以明报国之志。

不出人们所料，日伪的魔爪向刘湛恩伸来了：一天，突然一枚炸弹从外面扔来，打碎了他家的窗户；一次，他和夫人刘王立明外出时，有人假托一个已故外国朋友的名字送来一篮水果，事后证明是有毒的；不三不四的电话时时打来，恐吓谩骂。对这一切，刘湛恩泰然处之，继续为抗日救亡奔波，未尝稍懈。

反动派居然由恫吓到下毒手暗杀了。1938年4月7日上午，刘湛恩和妹妹明珍、幼子光华，在上海静安寺路大华路口乘车去外滩。当他刚把光华推上车门的时候，突然一声枪响，一颗达姆弹从他背后穿到胸前，他倒下了。在送往医院的途中，这位爱国者、教育家、民主战士的心脏停止了跳动。

4月9日午后，在当时的贝当路国际礼拜堂，人们按基督教仪式，为这位爱国教育家举行了追悼会。在凄风苦雨中，一队队送葬的人群，汇成了对日

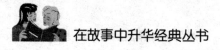

伪暴行的抗议示威行列。

"白头婴儿"遭暗算

教育家许寿裳是在台湾遭暗算的。1937年2月28日，台湾人民起义被镇压后，编译馆撤销了，馆长许寿裳接受台湾大学校长陆志鸿之聘，担任中文系主任。

这期间他向台湾人民宣扬鲁迅的战斗精神，写了《鲁迅和青年》，希望台湾人民从鲁迅创作中吸取精神力量。文中说："本省台湾在没有光复以前，鲁迅也和海内的革命志士一样，对于台湾，尤其是对于台湾青年从不忘怀的，他赞美他们的赞助中国革命，自然也渴望着台湾的革命。"他还写了好几篇这样的革命文章，为反动派所忌恨。有反动文人化名写文章骂许寿裳，说他和鲁迅有私交而乱捧鲁迅。许寿裳曾对他的女儿许世玮说：这种人太卑鄙了，我置之不理，如果理他们，反而抬高了他们的身价。"其后，他的《鲁迅的生活与思想》一书在台湾出版了，这就使反动派更为忌恨。许寿裳对朋友们说："最近那些人更卑鄙了，听说在一个刊物上造我儿女的谣言，说些下流无根的话，想用这种方法来伤害我。我更置之不理，连看也不看。"

反动派终于下毒手了。许寿裳日常习惯于晚九时睡觉，晨三时即起，或读书或写作，数十年如一日。可是1948年2月19日天已大亮，女仆不见许先生起来开门，心知有异，便赶紧去叫许先生的女儿许世玮。世玮到父亲住的房子一看，大门虚掩，锁已被扭开。到卧室一看，只见蚊帐低垂，旁边书房的东西全被翻出来了！抽屉也被翻过，桌上、地上全是书籍纸张，凌乱不堪。世玮大吃一惊，再看父亲的蚊帐上有血迹。父亲被被子盖住，待掀起被子，发现颈部连砍数刀，血肉模糊，刀伤处皮肤外翻，惨不忍睹。而父亲的神态却很安详，丝毫无挣扎迹象，显系熟睡时惨遭毒手。

许先生被害消息一经传开，台湾各界人士大为震惊。许先生被公认是一位忠厚而仁慈的学者、好教育家；对人真诚坦率，乐于助人；为人光明磊落，胸怀坦荡，所以同事们戏谑地称他为"白头婴儿"。他的忠厚老实曾使鲁迅为他担心，怕他总是以好心度人而吃亏。然而这样的人竟会遭到如此残酷的暗杀，实在无耻！在悼念会上，他的朋友都悲愤地说：这样的世道说什么呢？

说什么呢?

"富贵于我如浮云"

著名美术教育家丰子恺为人清白,喜欢清静,特别不喜欢与当时的政界人物来往。他常说:"富贵于我如浮云。"

1936 年春,丰子恺家乡崇德县县长毛某慕名求见,事先请人转达。丰先生在来人刚到之前,连忙在住宅"缘缘堂"的大门上贴上"谢客"两字的条子,来人只好悻悻回衙,说丰子恺家有意外的事,恕不会客。毛县长吃了闭门羹,也不好再来了。

抗战期间的 1940 年,丰子恺家租住在遵义郊外的罗庄。当地豪绅罗某几次上门求画,都被丰先生巧妙地躲过了。有一天罗某来个"突然袭击",趁丰先生吃中饭的时候来访。丰先生来不及躲避,只好叫子女们倒了一杯清茶,敷衍了几句,就起身进卧室去了。子女们看到罗某在堂前恭候不走,只好进去问父亲怎样打发。丰先生说:"你们只消说父亲喝醉了,不能会客。"说完之一后,吟了一句古诗"我醉欲眠君且去",竟自入睡了。罗某只得没趣而去。但此人很不知趣,这次碰了鼻子,还不死心;不久他的母亲去世,他打算大摆丧宴,又差人送请贴,恳求丰先生写挽联,坐首席,又被丰先生打发走了。

抗战胜利之后,当时的国民党政府行政院长孔祥熙为了祝寿,表示愿出高价买丰先生描写西湖的一套画,丰先生谢绝了,孔祥熙又叫国民党政府杭州市长周象贤亲自到丰先生的住处拜访,代他求画。丰先生在堂堂市长面前又当场拒绝了。这件事,丰先生的故乡亲友至今还传为美谈。

丰先生对达官贵人如此冷淡,但对一般亲友、同乡、同事,以及劳动人民,却十分热情,并时常为他们作画。他在桂林师范任教时,隔窗看见同事李雨三夫妇和孩子同操家务:李老师劈柴,李师母洗衣,小孩帮爸爸运柴,一家人边劳动,边谈笑。丰先生看了十分感动,便画了《星期六之夜》,在画上还写了陶渊明的诗:"衣食当须记,力耕不吾欺。"次日亲自把画送去。他还在《教师日记》里写道:"近来索画者甚众,积纸盈筐,苦无力应嘱。李君并未索吾画,更不送纸来,而吾自动写赠。"他为劳动人民作的画就更多了。

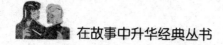

在故乡的时候，他常和船夫、染匠、佣工、学徒等交谈，即席为他们作画。在画中，或者歌颂他们的生活和劳动的情趣，或者描绘他们在旧社会的苦难。这种画大部分收集在他的画集《都市相》和《人间相》里。

杜鹃血染麦浪红

1946 年"五一"节前夕，蒋介石从重庆飞到西安。西安政治形势日趋恶化，不少中共党员和进步人士被列入黑名单。中共地下党员、教育家、民主同盟西北总支部主要负责人李敷仁主编的《民众导报》，迭遭反动当局警告，特务还常到编辑部寻衅。

好心的同志和朋友，都劝李敷仁暂时离开西安，到农村去避避风头。李敷仁为了安排好他走后的报纸工作，约请《民众导报》编辑以及陕西省民众教育馆馆长王文光等，于 5 月 1 日下午 6 时在南院门一家山西削面馆聚餐。谁知李敷仁走过省图书馆时，从停在路旁的汽车里猛然跳出来几个人，不容分说，把李先生绑架到汽车上，开足马力直驶咸阳。那天正赶上咸阳城里有集，公路上人来人往，络绎不绝，汽车开到咸阳城西北的苏家庄时，特务做贼心虚，匆忙把他推下汽车，在路边的麦田地边打了罪恶的两枪，便扬长而去。幸好第一颗子弹没有打中，第二颗从背部的右侧射入，穿过颈项的右侧两动脉之间。李敷仁已人事不知了。

李敷仁在关中一带，群众关系很好，可以说桃李遍泾渭。当地老百姓发现被害者是李先生，便迅速抢救，千方百计掩护，才逃脱虎口。同志们和老乡们夜行昼宿，一站一站地用担架抬到解放区的医院里抢救。党中央特派徐根竹院长把横嵌在他颈项里的子弹，小心翼翼地取出，并加以细心地护理、治疗。

李敷仁到达延安，受到热烈欢迎。延安各界召开欢迎李敷仁同志大会。李敷仁讲了话，对国民党屠杀中国人民等一系列反动罪行，作了有力的控诉。他在延安接受记者采访时，曾即席赋诗一首：

知尔杀人数不清，

焉知民力大无穷！

一滴鲜血一抔土，

杜鹃血染麦浪红。

弃笔从戎，抗日护台

出生在台湾的教育家和诗人丘逢甲，正当他从事乡梓教育的时候，中日甲午战争的炮火在朝鲜半岛熊熊燃烧了起来。丘逢甲平时就十分关心国家的命运，此时更为战局前途担忧。接着，黄海战役失利，大连、旅顺沦入敌手……一连串的失败消息，刺痛着他的心。他开始意识到朝廷对于外国入侵者是无能为力了，他也预感到台湾的危难。他曾忧心忡忡地对人说："天下自此多事矣！日人野心勃勃，久垂涎此地，彼讵能恝然置之乎！"

为了保家守土，丘逢甲弃笔从戎，在甲午年的中秋节前后，就开始着手筹办义军。他奔走呼号，四处动员，以"抗倭守土"为号召，招募台湾青壮年，组建了一支人数众多的义军队伍，丘逢甲亲自担任"义军统领"。

其后，甲午战争中我国失败了，清政府被迫签订了丧权辱国的《马关条约》，同意割让台湾。丘逢甲在台湾得知《马关条约》的内容后，悲愤交加，立即刺血上书，要求朝廷废约抗战。光绪皇帝的老师翁文恭为此曾写了一篇日记："得门人俞应震、丘逢甲电，字字血泪，使我无面目立于人世矣！"

台湾人民眼看就要沦为亡国奴了。丘逢甲联合一批爱国绅民起兵抵抗日本的侵占。即使在基隆、台北沦入敌手后，丘逢甲还率领一部分义军，在新竹一带与入侵者血战20余昼夜。由于寡不敌众，伤亡惨重，在部将的劝说下，丘逢甲才含恨离开台湾，内渡回大陆。

丘逢甲在国家破碎，家乡沦亡的惨痛现实面前，百感交集，饱蘸着台湾同胞的辛酸血泪，抒写了2000多首洋溢着强烈爱国主义激情的诗篇。他在割让台湾一周年的时候写了一首《春愁》：春愁难遣强看山，往事惊心泪欲潸。四百万人（指台湾当时人口）同一哭，去年今日割台湾。全诗由一个"愁"字贯串。起句写因愁看山，承句写看山增愁流泪，转句写人民同愁而哭，结句写因台湾割让而愁。就这样抒发了丘逢甲怀念故乡、热爱祖国的深情，饱含了他对屈辱投降、卖国求荣的清王朝统治者的满腔愤恨。

丘逢甲虽然远离了故乡台湾，但他的心时刻在惦念着台湾人民。他将儿子丘琮的名字改为丘念台，勉励他为收复台湾尽力。他还将自己的房舍取名

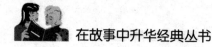

为"含台精舍"。1912年2月25日，他仅49岁就逝世了。在他逝世前，他遗嘱"葬须东向，吾不忘台湾也。"

李登辉的爱国主义情怀

李登辉是上海复旦大学的创始人之一，他任复旦大学校长数十年，办学始终以发扬爱国主义精神为主旨。

七七事变以后，上海"八·一三"战事爆发，复旦内迁四川。部分师生因家室之累，不能随校内迁，愿意在上海继续开学。那时的上海，环境很不安定，面临危险局势，可是他毅然接受师生请求，出来主持对内称作复旦大学上海补习部的校务。不久，太平洋战争扩大，上海租界为日寇占领，敌伪气焰嚣张，对各级学校进行干涉。李登辉指示校内师生决不同敌伪妥协：一不向敌伪注册，二不接受敌伪派人到校内活动，三不接受敌伪邀请参加公众集会。他说："我们这种对策，能维持多久就维持多久，如敌伪施加压力就随时宣告解散，化整为零。"他本人杜门不出，天天在校主持教育、教学工作，时间坚持八年之久。直到1946年复旦迁回上海江湾，他领导的上海补习部，与之合而为一。

李登辉有强烈的爱国主义情怀。有一次，他从上海到吴淞校舍，在火车上看见有美国水兵调戏中国妇女，他挺身而出，严词斥责，他运用英语质问：你们知道这是中国的土地吗？你们知道侮辱的是中华民族的妇女吗？有一个水兵不服，反而对他无礼谩骂。李登辉伸手撕下水兵的肩章，车上的中国人大声助威说"好"！那水兵不得不畏惧而退却。事后，李登辉在报纸上将这件事予以揭发，迫使美领事道歉，并惩罚了水兵。复旦大学师生和上海人民无不为此事而扬眉吐气。

东亚睡狮岂永眠

李建勋从北洋大学毕业后，曾被派往日本广岛高等师范学校学习理化。这是1908年的事。当时，他们这些留学生与日本学生之间，思想感情上有矛盾。日本学生讽刺他们为"东亚病夫"，他们却怀有高度的民族自尊心，加倍刻苦学习，各科成绩普遍优于日本学生，有些日本学生还要向李建勋等借笔记，请教。李建勋为了为祖国争光，加强身体锻炼。有一次，他参加日本"相扑"体育活动，竟一连战胜七八个日本人，大长了中国留学生的志气。李建勋曾为此写诗道："乌云弥漫神州天，东亚睡狮岂永眠。但愿同胞登福地，莫让他人着先鞭。"表现了强烈的热爱祖国、憎恨帝国主义的伟大情怀。他亲眼看到日本明治维新以后短短几十年就强盛起来了，十分盼望祖国振兴，深叹清朝政府的腐败无能。辛亥革命的火焰照亮了李建勋的爱国之心，他毅然回到了他诗中的福地——祖国，参加了辛亥革命运动。

没有字的教科书

　　无产阶级革命家、教育家徐特立的爱国爱党事迹是很多的，十分动人的。他70大寿的时候，陆定一同志曾写文章向他致敬意，比喻徐老的精神是没有字的教科书，比什么教科书都好，比什么教科书都重要。下面的几则故事，就是能教育人民爱党爱国的没有字的教科书。

　　徐特立曾在长沙修业学校作时事报告，爱祖国砍指写血书。1905年，徐特立同志在设在长沙望麓园的宁乡师范速成班学习。他在宁乡师范校长、同盟会员周震麟的影响下，由原来相信康、梁走上了相信孙文的道路。1906年，他应聘到周南女校任教，有机会阅读《民报》、《猛回头》、《浙江潮》、《新湖南潮》等革命刊物，思想上进一步发生变化，从事了革命活动。这年夏季的一天，徐特立应约在修业学校作时事报告。他在挤满了听众的草坪上愤怒地声讨帝国主义的侵略暴行和清政府的卖国政策，慷慨激昂，声泪俱下，听众无不为之动容。忽然，徐特立跳下讲台，跑到厨房取出菜刀一把，当众砍下左手小指一截，用鲜血写血书来激发学生的爱国热情。当时出了一盖碗血，徐特立晕倒了。事后，省内外许多报纸都以显著位置报道了这一消息，徐特立的激进的爱国主义热情博得各界人士的钦佩。

　　徐特立在革命低潮时入党，但他说"老朽"入党获新生。1927年蒋介石发动"四·一二"反革命政变后，5月21日长沙的反动派又发动了"马日事变"，徐特立被迫逃亡。他在长沙东郊黎尚谨同志家避风时，正好遇到了中共湖南省委领导人李维汉同志。李维汉在一师求学时曾是徐特立的学生。当他得知徐老不顾生命危险，还要继续革命时。便问徐特立愿不愿意加入共产党。

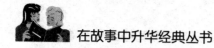

徐特立同志激动地回答说："我已经51岁了，只要共产党这样一个先进的党，能允许我这老朽加入组织，那我就真正获得了新生，还不愿意吗?"于是，经李维汉同志介绍，徐特立正式加入了中国共产党。入党后，立即告别妻子儿女，秘密奔赴武汉工作。

"南昌起义"时，徐特立做好了姜济寰的策反工作。徐特立同志1927年秋天入党后，七月下旬，接受党组织的派遣，与林伯渠、郭亮、毛泽覃等同志去江西参加南昌起义。当时南昌形势十分紧张，国民党省主席朱培德正与汪精卫、张发奎在庐山召开反共会议，暂由省民政厅长姜济寰代理省主席，主持省政府工作。姜济寰是徐老的好友，辛亥革命后，姜当长沙县首任知事，他们一起办起了人才辈出的长沙师范。这次徐特立到南昌后，按照党的指示，暂时没有公开共产党员身份。他搬到姜济寰家里居住，利用朋友身份做工作，使姜支持共产党的活动。有一次，徐特立还约了林伯渠、郭亮同志去姜家做工作。他们向姜济寰分析了形势，谈到了对共产党的认识，徐特立对这位老朋友说："我们都是湖南教育界有影响的人，如果一同参加革命，对三湘子弟影响很大。"在他们的努力争取下，姜济寰带动国民党江西省政府四个厅中的三个厅长参加了起义。并在起义后继续担任省主席。徐特立则被选为南昌起义革命委员会25个成员之一，同时还担任党务委员会主任，兼第20军三师政治部主任。

吴玉章以党务国事为重

中国无产阶级革命家、教育家吴玉章的以党务国事为重、爱党爱国的事迹广为流传。他生前60寿辰时，毛泽东同志曾高度评价他是"一贯的有益于广大群众，一贯的有益于青年，一贯的有益于革命"。

戊戌变法时节，吴玉章曾回击守旧分子的反攻。那时吴玉章正在四川自贡地方的"旭川书院"读书，由于他热心于变法维新的宣传，人们给了他一个外号，叫做"时务大家"。当变法的诏书一道道地传来的时候，吴玉章等赞成变法的人，真是欢欣若狂。尤其是光绪帝三令五申地斥责守旧派阻挠上书言事，更使他们感到鼓舞，增长了他们的气势，迫使那些反对变法维新的守旧分子哑口无言。可惜好景不长，很快发生了"戊戌政变"，"六君子"谭嗣同、杨锐、刘光第、林旭、杨深秀、康广仁也被杀了。守旧分子幸灾乐祸地反攻，嘲笑道："早说变法不对嘛，要杀头哩！"但吴玉章等并不气馁，他们引用谭嗣同的英勇事迹来回击。吴玉章对守旧分子说："杀头有什么要紧！谭嗣同烈士在就捕之前，有日本人劝他去避难，但他谢绝了，他慷慨地说：'各国变法，无不从流血而成。今日中国未闻有因变法而流血者，此国之所以不昌也。有之，请自嗣同始。'我们就是深受谭嗣同的精神所鼓舞。"他的侃侃而谈的一席话，使守旧分子无言以对。

吴玉章参加反清武装斗争，果断决定荣县独立。四川荣县是吴玉章的家乡。1911 年，吴玉章留学日本回国领导四川的"保路斗争"。当时，正值荣县同盟会员龙鸣剑、王天杰等人组织武装"同志军"北伐成都，吴玉章立即同他们共议举事，决定由龙、王率"同志军"1000 余众北上攻打成都，吴玉章则全权负责同盟会和后方的工作。

同志军顺利北伐，使得革命声威大震，荣县很快成了成都东南一带反清武装斗争的中心，城内的清朝官吏纷纷逃遁。吴玉章迅速与有关人士商议，果断决定荣县独立，由革命党人自理县政。1911 年 9 月 25 日，由吴玉章亲自主持召开各界人士会议，正式宣布荣县独立，建立了全国第一个军政府，脱离了清王朝的反动统治。据史料记载，荣县起义比武昌起义还要早两个月，荣县革命政权的建立也比武昌革命政府早半个月。

吴玉章认为干革命不能有私心，坚决参加中国共产党，自动取消原来组织的"中国青年共产党"。1922 年，吴玉章任成都高等师范校长，积极开展革命活动。当宣传和组织工作深入到工人、农民中去以后，他们迫切感到有成立一个无产阶级政党的必要。这时，中国共产党早已成立，但因四川地处偏远，他们还不知道；社会主义青年团（简称 S、Y）虽然已在高师建立了组织，但吴玉章感到年过四十，又不能参加；他于是便与杨闇公等同志在 1923 年冬秘密组织了"中国青年共产党"（简称 C、Y），作为领导革命斗争的机构，并发行《赤心评论》，作为机关报。

1925 年春，吴玉章到北京参加了中国共产党以后，即写信请闇公等同志宣布取消"中国青年共产党"，个别地参加中国共产党。闇公等大多数同志都同意并且按照吴的建议做了。但也有少数人认为把自己组织起来的团体解散，再个别地加入中国共产党太吃亏，因而不肯照他的建议办，这些人后来便走上了错误的乃至反动的道路。吴玉章说："这是很深刻的教训，个人要革命，便不能有私心，否则是不会有好结果的。"

1935 年 11 月初，吴玉章秘密地到达巴黎。这时，法国政府在中国南京国民党政府的要求下，忽令《救国报》停刊。为了反抗法国政府这道命令，使报纸继续出版，吴玉章去找法国共产党的同志们商量，问他们是否可以通过起诉，争取复刊。法国共产党的同志对吴说："这不是什么法律问题，而是政治问题。起诉无用，抗议也无济于事。"并说："好在法国政府自来标榜言论、出版自由，如果把报头的汉字和法文稍加修改（保持大意相同），仍可继续出版。"吴玉章急电领导请示，建议改称《救国时报》。在得到回示同意后，他们赶忙把莫斯科寄来的纸版改了报头，使报纸一期也不脱，《救国时报》居然在"一二·九"那天，又继《救国报》而出版了。把汉字报头增加一个"时"字，并不大引起人们的注意；而在法文报头上，却如同新出一家报纸似的，法国政府因此也就不再追问了。

闻一多的骨气

毛泽东同志曾经谈到"我们中国人是有骨气的"的时候，特别赞扬了闻一多拍案而起，横眉怒对国民党的手枪，宁可倒下去，不愿屈服。闻一多先生的骨气充分体现在他的爱党爱国爱人民方面。

在"五四"运动中，闻一多向清华大学持怀疑观望的同学呼吁："从留学的梦中回到现实吧！"1919 年，北京爆发了划时代的五四运动。美国控制的清华大学的统治者配合军阀政府顽固反对学生运动，公然威吓说什么"过激主义侵入清华，将妨碍彼等留美之权利"。的确有一些同学担心参加运动会影响"留洋"，因而怀疑观望。

清华学生会在讨论。闻一多在会议上明白地表示应该迅速参加这场史无前例的爱国斗争。他说："清华住在北京，北京学生救国，清华不去参加。清华，清华，难道你真的不算是中国人的学校了吗？"说到这里，再也说不下去了。

深夜里，他悄悄地到饭厅门前贴了一张"标语"，上面是用楷书写的一篇呼吁，还抄了宋代岳飞的《满江红》词，借此颂扬岳飞的爱国豪情，痛斥秦桧式的军阀政府的卖国行为。吁请大家"从留学的梦中回到现实吧"。

这像一把火，点燃着激愤的群情："进城去，同北大一致行动！"经过那些天北京爱国学生的鼓励和推动，清华，终于从"梦中"惊醒了。

闻一多早在青岛大学学习时，就表现出"拍案而起"的气概。

青岛是日本帝国主义侵略势力最猖狂的地区之一。1931年的一天，有一个青岛大学的学生在海滨玩耍，无端地受到日本浪人的欺凌，被打得死去活来，还被押送到反动政府的警察局。警局媚外，一边向日本逞凶者道歉，一边用电话警告校长。这事被正在上课的闻一多听到了，抛下书本，大声呼喊："中国！中国！难道你已经亡国了吗？"他立刻找校长，主张积极交涉。有一位自称主张所谓"国家至上"的教授，怕伤了"友帮"与当局的和气，跑来劝阻。闻一多以厌恶和不屑理会的态度回答了他。学校沸腾起来了，反动当局连忙放出了被扣的学生。这事表明：闻一多早就表现出"拍案而起"的气概！

闻一多抗战失利蓄胡须，抗战胜利剃美髯。1938年重月28日，清华大学湘黔滇旅行团胜利完成了3500里行程。在68天的清华大学迁校旅行中，由于匆忙和劳顿，好些人都是胡须满面，闻一多的更长得格外丰茂。当队伍在昆明群众的欢迎声中立定的时候，他捻着飘然的美髯，向大伙发出誓言："这一把胡子，是因抗战失利，向后方撤退蓄起来的，一定要待抗战胜利才把它刮掉！"

1945年8月14日，中国人民艰苦的抗战终于取得了胜利，凶恶的法西斯日本侵略者无条件投降了。这时，正值暑假，闻一多在司家营乡下的研究所里工作。天刚亮，长子立鹤就从城里赶来，手里拿着号外，大声嚷着："爸爸，胜利了！日本投降了！"研究所的人都惊喜如狂，倾囊买醉，一道"干杯"。闻一多带着立鹤马上进城与家人共享胜利的欢乐。路过龙泉镇时，他找到一家小剃头店，清晨拍开门，对刚起床的老板说："打扰您一下，帮忙把我这把胡子剃掉！""把这漂亮的胡子剃掉？"老板惊讶地说。"怎么舍得呵！"

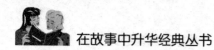

孩子也替他可惜。他告诉老板抗战胜利了，今天履行七年前的誓言。老板替他把心爱的共了七年忧患的美髯剃掉了。

闻一多讲"天洗兵"的故事，使纪念"五四"大会顺利进行。1945年"五四"纪念日，昆明学生在云南大学操场上举行大会。反动派却极为仇视，严加控制。会场上，人到得特别多，情绪分外热烈，可是天不作美，洒起毛毛雨来。一时，秩序大乱。主席团请闻一多出来鼓鼓士气，他便站在讲台上，雨点打在他的脸上、身上、眼镜上，他向正在朝四面移动的人群说道："同学们，2000多年前，周武王决定起义，去打倒暴君纣王。就在出兵的那一天，像我们现在一样，忽然下起雨来了。许多人都觉得这很不吉利，建议武王改期。这时候管占卜的，就算是当参谋的人吧，出来啦，他说这是'天洗兵'，老天爷帮忙把兵器上的灰尘洗净，打击敌人就有力啦。"他有力地挥舞着手，提高了嗓音：我们今天也碰上了天洗兵，不怯懦的人走进来，勇敢的人站过来！

群众稳定了，会议顺利进行。一会儿，雨过天晴，大家的心也随阳光一道欢乐起来了。

闻一多顶回国民党挑衅者，表示愿做共产党的"尾巴"。一次，清华大学举行研究生考试委员会的会议。开会之前，大家在闲谈。那时，闻一多参加了中国民主同盟，那个著名的国民党御用的哲学家、清华的权要故意问闻一多："有人说，你们民主同盟是共产党的尾巴，为什么要当尾巴？"闻一多回答得很干脆："谁的意见正确，我们就支持谁，如果说这就叫做'当尾巴'，我们就是共产党的尾巴，共产党做得对嘛！有头就有尾。难道自命清高，而又向当局逢迎献媚，反倒是光彩体面吗？"闻先生指的"当局"就是国民党反动派，把挑衅者的词锋顶回去了，室内一时哑然。

时刻关心祖国命运

杨昌济出国考察之前，曾在岳阳楼题诗，咏叹"江山孰主持"；到了日本之后，曾写日记，对侵略阴谋保持高度警惕。他的爱国之情溢于言表。下面简介这两则故事：

1903年2月10日，杨昌济一行去日本，途经岳阳。船靠岸以后，他便与朱德等四人同游岳阳楼。这时正值满天阴雨，岳阳楼笼罩在浓浓的烟雾之中，薄暮冥冥的凄凉气氛，更增加了他们去国怀乡的忧思。杨昌济站在岳阳楼上，浮想联翩。他想到了民族的光荣历史，想到了帝国主义列强的欺凌。面对乡国的苍凉落后，他心潮澎湃，于是饱蘸浓墨，在岳阳楼上题诗：

> 大地龙争日，英雄虎变时。
>
> 苍凉万里感，浩荡百年思。
>
> 日月自光曜，江山孰主持？
>
> 登楼一凭眺，此意竟谁知？

"江山孰主持"的咏叹，获得了同伴们的赞赏："怀中（即杨昌济）题壁诗绝佳"，"盖绝类谭浏阳（谭嗣同）先生"。

在东京高等师范学习期间，杨昌济非常关心时事和政治，关心祖国的命运。有一次，上西洋历史课时，日本老师说中国人与古代的罗马人相同，只珍爱自己民族的文化传统，对国家的疆土并不十分介意，当遇到异民族或外国人侵略，甚至统治他们国家的时候，只要不破坏他们的传统文化，人民也心安理得。杨昌济听了这种侮辱中华民族，鼓吹"侵略有理"的议论，心情久久不能平静，他在日记中义愤地写道："私心揣测，谓日人不怀好意"，颇有"入主中国之思想"。可见，他对帝国主义的侵略阴谋保持高度警惕。

"红色乡师"的主脑

老教育家鞠思敏不是共产党员，但他是"红色乡师"的主脑。鞠老是山东第一个考察与研究过乡村教育的人。山东省立第一乡村师范创办时，国民党山东教育厅就委他为首任校长。他只好把亲手创办的正谊中学暂时交别人接替，只兼任董事会的董事长。鞠老到乡师之后年余，发生了"九·一八"事变。严重的国难，迫使这位老教育家迸发出火一样的热情。他同情支持学生的抗日运动，对到南京请愿的学生们大加赞扬鼓励，并亲自到火车站为候车的学生们送茶水。在那样军警环伺的站台上，他对学生们讲话："我因年老不能随各位前去，是终生遗憾。但愿各位向政府表达民众的愿望时，也包含着我的一份。"他延聘教师，只看学问，不计政治信仰，他估计到教师与学生中有共产党员的活动，不但容纳他们，而且多方设法保护他们。对已被捕的学生，他设法营救，对有风声要捕的学生，他通知他们躲开，并答应保留他们的学籍，或发给转学证书，没有职业的，他还为他们介绍职业。例如当年乡师的共产党党员学生于一川、王路宾、张宏凡、姚仲明诸同志，都受到过鞠校长类似的保护。其他如高启云、陈锡德、赵建民等同志，无论是亲炙先生教诲与否，都对先生的爱护进步学生，为乡师树立的民主传统有所称述。因此30年代的第一乡师有"红色乡师"的称号。

当国民党山东省党部与教育厅迫令先生开除进步学生时，先生愤怒了，他搬出他"办教育从不开除一个学生"的传统，把国民党省党政当局顶了回去。一次山东省的党政头头们当面斥责先生说："你本是山东的教育家，可是你的学生却成了共产党。你已成了昏庸老朽！"先生愤然抗辩说："我老而不朽，庸而不昏。我只知道学生是抗日爱国的，余无所知。这样的学生，有理想，有精神，没有使我失望。"矛盾越来越激化了，1932年夏，国民党当局打算撤换他。又凛于他在山东教育界的威望，不好明令撤职，讽示他自动"引咎辞职"。他断然回答："我办学无差错，辞职不行，撤职则可！"反动当局悍然下了撤免令，先生遂愤然离去，从此闭门家居，直至与世长辞。

振衣帕米尔，濯足太平洋

王森然诞生在民族衰亡的年代，生活在战火四起的岁月。1900年，八国联军在保定、定县一带奸、淫、烧、杀，使他幼小的心灵受到极大的创伤，默默地把国难家仇铭记在心。所以他在12岁的时候，曾奋笔疾书"振衣帕米尔，濯足太平洋"的对联，立志奋发，复仇雪耻。他16岁的时候，正在定州中学读书，听到辛亥革命在武昌起义的消息，立即剪掉辫子，鼓励同学响应革命。这种行为，当时被学校视为触犯校规，把他开除还乡。

王森然的爱国事迹传到了孙中山先生的耳朵里。1912年孙中山先生北上，火车经过定州的时候，令列车停开，召见了王森然，并鼓励他说："你们要努力去做，勇敢地去做，将来的中国要靠你们的。"这次召见，坚定了他革命的信心。以后，他参加革命义无反顾，曾遭受到两次通缉。1919年他参加了北京的"五四"反帝爱国运动。6月初回保定，组织学生罢课声援，又动员商人罢市。此后，他积极宣传新文化运动，组织读书会，提倡科学与民主，并介绍十月革命以后的苏联文学，宣传妇女解放，积极要求社会改革。因此，1923 年 5 月，北洋军阀曹锟曾下令通缉他。1925 年，王森然在济南山东第一师范学校教学期间，又向学生宣传马列主义，支持五卅罢课，冲击了军阀统治。山东军阀张宗昌把他视为"祸根"，又下令通缉他。

"中国的希望在延安！"

抗日战争时期，爱国华侨、以办教育为职志的教育家陈嘉庚率领南洋华侨总会慰劳视察团，回国慰问抗战军民。当他从厦门大学师生口中听到中国共产党在延安坚决抗日的事迹，便排除国民党的百般阻挠，到达延安访问。在重庆，国民党的军政官员把他当作财神爷来捧场，花了 800 元，办了山珍海味的豪华宴席招待他。在延安，毛泽东同志在窑洞里请他吃了二角几分钱一顿的客饭，而且坐的凳子也七跷八裂。陈嘉庚先生很受感动，他盛赞延安政治清明，士气旺盛。返回新加坡后，在向侨胞谈论归国观光的感想时，陈先生严厉批评了国民党的铺张，赞扬了共产党的朴实。他说："八百元的酒席我实在咽不下，二角钱的饭菜我感到又香又甜。一个是浪费人民的财力物力，一个是节约人民的财力物力。两方面的思想生活作风，真有天壤之别。"他满怀激情地宣告："中国的希望在延安！"

一个提案和一封电报

陈嘉庚先生是被毛泽东主席称誉为"华侨旗帜，民族光辉"的著名爱国华侨领袖，因为在他身上集中地体现了华侨爱国爱乡的光荣传统。"一个提案"和"一封电报"就是很好的注脚。

在抗日战争时期，当广州、武汉相继沦陷、投降妥协气氛弥漫重庆的紧张时刻，陈嘉庚先生以南侨总会主席名义和国民参政会参政员身份，通电国民参政会，提出了著名的"敌未出国前言和即汉奸"的提案，也是我国著名的最短的"十一"字提案，获大多数参政员赞成通过，沉重地打击了投降派的气焰。

福建南平刚解放不久，陈嘉庚从北京回乡经南平去福州。在南平码头登船时，他发现码头十分肮脏。一到福州，他就给毛主席发了封电报，说南平码头非常肮脏，请有关部门予以注意。他原以为日理万机的毛主席对他这份电报可能顾不上处理。岂知时过不久，他又沿江经南平北上，发现南平码头已一扫肮脏旧貌。他打听到，原来是毛主席把他的电报迅速批给了当时福建省政府主席张鼎丞；张老立即指示南平的领导同志，采取措施，使码头面貌有了改观。陈嘉庚得知这一消息，欣喜万分，夜不成眠，称赞共产党伟大，中国大有希望。

无言的教育

1938 年，正值抗战时期，全国人民处在水深火热之中。有一天清早，徐悲鸿到教室，一言不发，就要铺纸作画，同学们都围拢来看他画画。这是徐先生作画时的画室常规。但是这天和平时有些不同，他皱紧眉头，一直画了一个多小时也没有讲话。他画一个雄狮对着一条凶狠的毒蛇侧目而视。他在画雄狮的鬃毛时，拿起大号提笔纵横披揉，好像使着千钧之力。他画雄狮的眼睛时，自己也瞪着眼，全神贯注，一气呵成。画完，题写《侧目》。这一堂课他虽然一言不发，但在同学们的印象中却格外深刻，他们受到了无言的教育。因为大家感到那怒发冲冠的鬃毛，瞪大的双眼，紧闭的嘴，挺拔的须，画中都有抑制着的怒火和自尊，可见艺术的魅力实源于作者的爱憎。

"靠的是中华，为的是中华"

黄炎培一生从事职业教育，致力于用教育来振兴中华。他是职业教育的先驱。1917 年在上海正式创办了中华职业教育社，并同蔡元培、梁启超、张元济等人联名发布宣言说："社会无不学之职业，国无不教之民，民无不乐之生，乃致野无旷土，市无游民。"接着陆续创办了中华职业学校，中华工商专科学校，南京女子职业传业所，镇江女子职业学校，四川都江实用职业学校，昆明中华业余中学，上海比乐中学。后来又在上海开办了七所中华职业补习学校，同时办了一个职业指导所，指导当时贫穷青年就学和介绍职业。

在日寇侵占中国的时候，黄先生发起成立了上海市地方维持会。"一·二八"淞沪战斗中，发动各界人士以及社校师生支援 19 路军，送衣送食送药。为了在战争时期仍把教育继续办下去，黄先生冒着敌人炮火，不顾生命危险，把学校贵重图书仪器抢运到重庆，继续开办职业学校。在中华职业学校成立25 周年的纪念会上，黄先生说道："我校名为中华，一切的一切，靠的是中华，为的是中华。抗战中教师苦教，学生苦读，为救中华即使苦读，须以我辈的苦，换取一般同胞之乐。"

延安五天"故人"多

我国著名实业教育家黄炎培与褚辅成、冷遹、左舜生、傅斯年、章伯钧等，为了促进国共和谈，曾于 1945 年 7 月 1 日起，一同飞往延安，访问了五天。

当黄炎培一行飞抵延安机场，走下飞机时，毛泽东、朱德、周恩来等中共中央领导人已来迎接了。

毛主席与黄炎培握手时说："我们 20 多年不见了！"黄炎培诧异地说："我们这是第一次见面呀！"毛主席笑着解释："1920 年在上海，江苏省教育会请美国的杜威博士演讲，你是大会主持人，并且在会上以中国的职业教育比西方实用主义教育先进，与杜博士激烈辩论。而我当时就是听众之一。"黄炎培听了，恍然大悟，钦佩毛主席对自己的一见如故的真情，连口赞赏毛主席的记性好。

7 月 2 日，新四军代军长陈毅来访黄炎培。陈毅见面就说："有 25 年没见到老先生了！"黄炎培再次感到愕然。陈毅补充说："1919 年我去法国勤工俭学，临走时，在上海交通大学操场开欢送大会，你代表江苏省教育会到会演讲，演讲者一共三人，另二位为蔡廷干和朱少屏，还记得吗？"陈代军长的话使黄炎培如梦初醒，二人抚掌大笑，一见如故，无所不谈。

同一天，大学教授范文澜拜见。他先向黄炎培深深一鞠躬，亲切地说："我是 42 年前浦东中学第一班的毕业生，黄先生亲自教过我们的。"范文澜的话勾起了黄炎培的回忆，立刻想起了这位当年浦东中学的高材生。师生亲热异常地谈当年学校生活，谈延安革命圣地的新感受。

短短的延安五天的访问，黄炎培见到的是一见如故的共产党的领袖人物，多年阔别的老知己，数十年分别的学生……他们是那样热情地欢迎，推心置腹地谈心，知音友谊，加上延安的新人新事，成了黄炎培一生中的重要转折点。从此，黄炎培一心一意领导中国民主建国会、中华职业教育社，紧密团结在中国共产党的周围。

文人相亲

人们多知道丰子恺是我国著名的美术家和美术教育家，而不知道他还是一位著名的文学家，是翻译界的老前辈。

1924年，丰先生译完日本厨川白村著《苦闷的象征》一书后，得知鲁迅先生同时翻译了这个原著，彼此不约而同，诚属巧事。后来，两位译者见面，共同进行文学艺术探索与交流，文人相亲，相得益彰。两人亲切晤谈中，自然扯到《苦闷的象征》的翻译本上来了，并商议两译本的出版工作。当时，鲁迅先生已蜚声中外，他谦虚地提出意见，可由丰子恺先生的译本先行出版，便于优先销售；而丰子恺先生对鲁迅先生的礼让表示谢意，请鲁迅先生的译本先行出版，以示敬重。

不久，鲁迅先生的译本于1924年12月，由新潮社出版发行，丰子恺先生的译本，由商务印书馆于1925年3月出版发行。

在"文人相轻"的时代，出现了这种"文人相亲"的盛事，翻译界一时传为佳话。

"中国需要你，革命需要你！！！"

鲁迅于1936年3月起病了，仍然支撑住那骨瘦如柴的身体，照样写作。许多朋友都劝他休息，找医生看。但先生认为环境瞬息万变，不愿易地休养，不肯躺在床上无所事事。当时，宋庆龄割治盲肠的伤口尚未复原，仍不能够起床行走，她扶病写信促鲁迅就医。信中说：我恳求你立刻入医院医治！因为你延迟一天，便是说你的生命增加了一天的危险！！你的生命，并不是你个人的，而是属于中国和中国革命的！！！为着中国和革命的前途，你有保存、珍重你身体的必要，因为中国需要你，革命需要你！！！……我希望你不会漠视爱你的朋友们的忧虑而拒绝我们的恳求！！！

这封信表示了宋庆龄对鲁迅的深切同情，处处为中国、为革命爱惜人才的恳挚，也充分表示了鲁迅先生和宋先生之间的真诚的同志友谊。

刮目相看

蔡元培对鲁迅始终是刮目相看的。鲁迅进教育部，乃至进入北京教育界，都是由于蔡先生的援引。1936年10月，鲁迅在上海病逝，他和宋庆龄先生等，不顾权贵的愤怒，组织治丧委员会，主持丧葬。他亲自执绋送殡。在墓地举行葬仪时，致悼词。所撰《挽鲁迅联》云："著述最谨严，非徒中国小说史；遗言太沉重，莫作空头文学家。"随后，他担任鲁迅纪念委员会主席，推动《鲁迅全集》的出版。郭沫若同志说得对："……影响鲁迅生活颇深的人应该推数到蔡元培先生吧。这位精神博大的自由主义者，对于中国文化教育界的贡献十分宏大，而他对鲁迅先生始终是刮目相看的……"

黄炎培会晤爱迪生

黄炎培是我国著名的爱国民主主义者和著名的教育家。1915年4月，他参加游美实业代表团。

6月8日在纽约，青年会总干事穆德找黄炎培先生，说老科学家爱迪生希望同他见面。黄炎培欣然应允。来到郊外南桔邨邮，这里是一座电机厂，专门制造种种新发明的。爱迪生高兴地对黄炎培说："我老了，没有别的希望，只希望允许我把这座电机厂带到地下去，让我继续有所贡献。"他又说："黄先生！我知道你是上海有名的人，上海是大都市，现有一种新发明的播音器，请你完全用上海话，向着这播音器说话，不到几分钟，就会照你的话放出来。如果上海也有这样的播音器，双方通了电，上海人会同样地听到你这篇话。"黄先生愉快地答应了他的请求，坐下来，对着播音器的喇叭口，用纯粹的浦东话大声说："中国是东方大国，美国是西方大国，两国人民如果同心同意，采取和平手段，互相帮助，我相信大家一定走上幸福的道路。上海是中国的大商埠，纽约是美国的大商埠，我愿代表中国人民提出这点希望，和敬爱的大科学家爱迪生先生在这里握一次手，祝先生长寿！"

说毕，同样的方言和声调放出来了。黄炎培与爱迪生紧紧握手，象征着中美两国人民真诚的友谊。

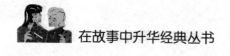

李公朴的"笑"与"唱"

李公朴先生16岁时,正是"五四"运动激荡全国的时候。他那时在镇江合兴盛五洋商店做学徒,结识一些爱国青年学生,组织爱国团,参加红5月抵制日货运动。当时有些奸商与官府勾结,在深夜里把日货商标换成国货商标,冒充国货。公朴先生知道了,就以"长啸"的笔名,在报上揭发这件事,使一些奸商受到应有的惩罚,合兴盛的老板当然包括在内,于是他被开除了。老板把公朴的小铺盖丢出房门,还气急败坏地说:"你去长笑吧,我要叫你长哭!"李公朴一面卷铺盖,一面朗诵着:"独坐幽篁里,弹琴复长啸。深林人不知,明月来相照。"接着,大声对老板说:"长哭的不是我,而是你们。我就是要长笑!"于是放声大笑,扬长而去。

"一二·九"学生运动,风靡全国。全中国的救国会和各地各界的救国会都成立了。于是李公朴先生的"酷寒的冬天总要消逝"的断言实现了,有声的中国终于代替了无声的中国。

公朴先生作为救国会"七君子"之一被国民党反动派逮捕。当全副武装的军警押送他们去苏州时,他公开在车上侃侃而谈,从"九·一八"、"一·二八"说到"满洲国",说到当时民族危亡的形势。他说到激昂时,声泪俱下,高呼:怒吼吧,中国!怒吼吧,我们的祖国!进而带动大家高唱《义勇军进行曲》。押送的军警受感动了,他们也跟着大声合唱。公朴先生挥动双臂,用力指挥,愤怒的歌声燃烧着每个人满腔的怒火,最后大家都不禁热泪夺眶而出。

声援学生抗日

章太炎对蒋介石的反动统治早有不满。1928年5月,他在一封信中写道:"今之拔去五色旗,宣言以党治国者,皆背叛民国之贼也。"1933年3月,日本占领承德,章太炎发出《呼吁抗日电》,愤然指出:"国民政府成立以来,勇于私斗,怯于公战。"批评了蒋介石的"积极反共,消极抗日"政策。

1935年12月,北京学生举行抗日游行示威,国民党当局公然镇压。章太炎闻讯后,立刻打电报给平津卫戍司令宋哲元,质问他:"学生请愿,事出公诚，纵有加入共党者，但问今之主张何如，何论其平素？"当上海学生往南京请愿，路过苏州时，他派自己的学生携带面包、水果，到车站去慰问。当学生们遭到迫害时，他公开谴责这种可耻的迫害行为，认为这是一种不得人心的摧残民气的做法。

他看到当时寇祸日深，忧心忡忡，曾告诫子孙说："没有异族入主中夏，世世子孙毋食其官禄。"章太炎的爱国抗寇的精神，从中放射出异彩。

须将身做后人师

梁启超八岁应童子试，即有"神童"之称；11岁考中秀才。17岁那年，参加广州乡试，榜列第八名举人。当时主持会试的主座是清末著名的维新派李端棻，他对梁启超的才华极为赞赏，当即请副座王仁堪做媒，将堂妹李惠仙与梁启超订了婚。

李惠仙是京兆公李朝仪的女儿，正所谓大家闺秀。梁启超次年京师会试落第，随康有为在万木草堂学习。但李惠仙甘愿下嫁穷书生，在北京完婚，几个月后便随梁启超同了到梁的故乡—广东新会熊子乡，结婚的新房还是从同族人临时借的，但这位出身高贵的新夫人毫无怨言，操持家务，敬养老人，与梁启超相敬如宾。

1898年6月，光绪下诏变法，梁启超登上中国的政治舞台。但不到百日，慈禧太后发动政变，谭嗣同等六君子被杀，梁启超和康有为逃亡日本。李惠仙扶老携幼避居澳门。梁启超读书写作十分繁忙，但一封封家书不断，他还将一张身穿和服的照片给妻子寄去，信中说"衣冠虽异，肝胆不移，贻此相对，无殊面见矣。"

次年年底，梁启超把家眷接到日本，随后便应康有为之召赴美国檀香山办理保皇会事宜。当时他才28岁，却已是驰名世界的维新人物和资产阶级启蒙宣传家。他在檀香山等地演讲，由一位华侨的女儿何惠珍担任翻译。讲演者慷慨激昂，翻译者流利准确，博得了热烈掌声。何惠珍多次表示了纯真的爱慕之情，几位要好的朋友，都希望他与何小姐结合。梁启超婉言谢绝，他说，他与谭嗣同在中国创立了第一个一夫一妻世界会，违背这个道义对不起死去的先烈。况且他流亡在外，头颅即值十万（清政府捉拿梁启超赏金），随

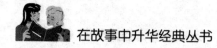

时有生命危险，一个结发妻子尚且离多合少，哪能再连累人家。他还在《纪事诗二十四首》，记录了生命的海洋里掀起的这次独有的浪花：

一夫一妻世界会，我与浏阳（谭嗣同名）实创之。尊重公权割私爱，须将身做后人师。

1924年9月，夫人逝世，他悲痛万分，涕泪纵横，写了一篇饱含悲痛之情的《祭梁夫人文》：

"我德有阙，君实匡之；我生多难，君将扶之；我有疑事，君榷君商；我有赏心，君写君藏；我有幽忧，君噢使康；我劳于外，君煦使忘；我暗君和，我揄君扬；今我失君，双影彷徨。"

梁启超的生活情操是高尚的，他不愧为我国维新运动中杰出的思想家和教育家。

黄炎培重家教

职业教育家黄炎培，强调"做人重人格，办事重效能"；"人生价值不论量（如纸花可历长时间），而重质（如鲜花时间短，但有香色），故寿不足贵"。所以，他非常重视家庭教育，从小培养儿孙们的道德风貌。

黄炎培对子孙严格要求，不仅注意言传身教，还常抓住一些小事和适当时机，启发诱导。有一次，黄先生住在楼上，故意把鸡毛掸子扔在地上，然后称有事，把几个子女分别叫上楼去，看他们怎样行事。大女儿绕道上前，儿子一跃而过，另一个女儿一脚把掸子踢到一旁。黄炎培的夫人听说楼上有事，便也上楼看个究竟，看见地上的掸子，连忙把它放归原处。黄先生感慨地说："你们几个'死囡'没规矩，看到东西乱扔无动于衷，倒是你们母亲做出好样子。"子女们在这件小事上受到了一次深刻的教育。

1961年8月，黄炎培的外孙林永华被批准入伍了。有一天，他意外地接到83岁高龄的外公写来的一封亲笔信。写道："亲爱的永华孙儿：

想我还是第一次写信给你么！为了你被批准参军，参加集体训练而第一次写信给你。好孙儿，这确是光荣。但这是光荣的开始。包括我和我们全家，你的爸爸、妈妈、哥、妹、弟，大家都感觉是光荣的开始。

光荣在哪里，你已经走上一条大道，将身献给人民、献给国家、献给党，你已经走上这样一条大道了。你已经知道的了，你今后受到的中心要求是'纪律性'。

好孙儿，你知道吗？像我过去几十年，只是暗中摸索，左一弯，右一曲，跌一跤，爬起来，想走上这条将身献给人民、献给国家的大道。希望你努力！不已的努力！"

这封信充满了爱国主义的高尚情操，它通过黄先生的亲身经历，语重心长地反映在朴实无华的字里行间。

黄炎培自己的生活一贯俭朴，中年后一直索食。"素菜淡饭为家常，弟穿兄衣成习惯"，这是黄炎培严以律己养成的好家风。他家常用咸菜豆瓣汤佐食，孩子们一见就会合唱："咸菜豆瓣汤，吃了上天堂。"他有子女九人，一从学校毕业，就都离家独立生活。没有一个在政治上、经济上依赖黄炎培先生的地位。黄先生在政治生活中有句名言："做人必须自己立定脚跟，切不可依墙傍壁。必须服从真理。"他在家教方面的教导是："接受遗产，丧失人格，是耻辱。"黄炎培一生立身行事，于公于私，恰如其言。

李大钊教育孩子的故事

李大钊热情地关怀青年一代的成长，他说，青年应当有战斗精神和革命朝气，要摆脱封建迷信、封建伦理观念和"腐败家庭的束缚"。这里的两则故事，就是介绍他怎样教育孩子的。

李大钊的小孩子成天缠着保姆雨子妈讲故事，听了些迷信的东西，以致星星怕起鬼来了。有次，她独自一人住在西套间里，院子里有响动，便蒙着头"哇"地一声哭出来了。住在东套间的父母亲急忙过去看个究竟，原来是风吹树叶的声音。他们还是拉着星星到东套间去睡了。

有一天饭后，李大钊给孩子们讲故事。这次讲的是他自己小时候的一件事情：

我在永平府上中学的时候，才只有16岁。每逢假期，都是一个人步行回家。永平府离乐亭约有150里路，回家要走两天，每到家都要摊大黑。

有一年放暑假，走到家20余里的地方，天就黑了下来，在一片前不着村后不着店的荒野里，四顾没有一个人影儿，横在眼前的是模模糊糊的一片树林。我穿过树林，迎面又是一片乱葬岗子。我想起家乡人常说这里"不干净"，常常半夜里有妖魔出来迷人的事，立刻觉得身上骤然发冷，抬头一看，眼前果真站着一个身穿白衣、头戴白帽的巨人。我想绕道走开，可是脚下坎坷不平，高一脚低一脚，黑乎乎的走投无路。我忽然想起爸爸说过：人死了以后没有什么鬼，怕神怕鬼只不过是自己吓唬自己。那么前边站着的这个家伙到底是什么呢？平常人哪有这么高大！我想：一定要看看他到底是个什么东西，千万不要上当。于是鼓起勇气朝那个巨人跟前走去。从怀里掏出火柴盒，划着了火柴，一看，呵，这吓人的家伙不是别的，原来是乱葬坟里竖立的一个大石栓马桩。

李大钊战胜这场虚惊的小故事进一步教育了孩子们。原来怕过鬼的女儿星星说："我的胆子果真一天天大了，从此再也不相信世界上有什么鬼神。"

有一年夏天，李大钊从北京回到渤海大黑坨家里歇伏。到家的第二天就要看孩子们的仿（描仿影）。他把大儿李葆华的仿按篇仔细地看了一遍，没有说什么，接着又专心致志地查看女儿星星的仿，看着看着，忽然"扑哧"一下笑出声来。夫人赵纫兰在一旁奇怪地问："什么事逗得你那样发笑？"李大钊用手指着星星仿上最后的几个字说："你看看，这还不可笑吗？篇篇的末尾都写着：'二月李绣阁'五个大字，这是什么意思呢？"赵纫兰解释着说："'二月'就是说这张仿是二月里写的，'李绣阁'是她的学名。"李大钊想到封建礼教硬要把妇女关在阁楼中绣花，皱了皱眉头说："呵，原来是这个意思。'绣阁'这个名字太难听了，最好不叫这个名字。"赵纫兰说："那是大伯给她取的学名呢！"李大钊说："什么学名不学名的。依我看还不如就把她的学名和乳名统一起来。我很喜欢她的乳名'星星'，把她的乳名和她哥哥李葆华的'华'字排起来，叫'星华'倒很好。"

从此，家里的老老少少都用她父亲起的新名字，不再叫"李绣阁"了。李星华在父亲为自己改名的事情上也受到了一次深刻的教育。

教子心向延安

湘桂大撤退后，国民党号召十万青年从军，企图为他们日后反共准备资本。当时不少青年上当受骗，参加了国民党的青年军。叶圣陶的小儿子叶至诚，年纪轻，不明真相，一心想抗战，提出要去参军。从不向子女发脾气的叶老，这次把至诚骂了一顿，说："你知道什么？你要出去，到延安去！"这使至诚终于懂得了父亲的意思：他老人家的心已经向着延安了，对国民党政府已不抱有任何希望了。

张伯苓教子报国

1934 年，中国空军刚刚建立，航空学校设在杭州笕桥，面向全国招生。南开中学张伯苓深知空军对国防的重要，鼓励学生积极报考，并带头送自己的最小的儿子张锡祜应试，结果录取。锡祜毕业时，回家省亲。伯苓特为儿子讲了岳母刺字的故事，勉励他国难当头，"精忠报国"。航空学校举行毕业典礼时，他代表家长致词：今天外患日甚，吾辈家长，应效法岳飞之母教子女精忠报国！毕业同学应学习岳飞，为捍卫国家，立志抵制外寇。

1937 年"八·一三"全面抗战开始，张锡祜毅然驾机炸毁日本战船"出云舰"，在空战中壮烈牺牲，年仅 22 岁。伯苓校长从容、镇静地告诉三儿子锡祚说："老四殉国了，求仁得仁，复何恸为！"他强忍内心悲痛，非常理智地教育家人不要悲伤。

总教习当学生

1898 年，钟荣光受美国教会在广州创办的格致书院（即岭南大学的前身）聘请，任该院汉文总教习。他 17 岁中秀才，29 岁中举人，也曾在广州设馆授徒，但对西方的科学却一窍不通。来到格致书院以后，西方的自然科学深深地吸引着他。为了学习这些先进的科学知识，他想出了一个两全其美的好办法：一面任汉文总教习，一面报名当该校学生，既是老师，又当学生。于是他被录取为该校学生，随班上课，学习英语、算学及物理、化学、生物等自然科学，到 1905 年在该校预备班（相当中学）毕业。这年，他已 39 岁。他既当老师，又当学生的故事，一时传为美谈。

辛亥革命之后，钟荣光曾任广东都督府教育司长。1913 年"二次革命"失败，他逃往檀香山，次年入美国哥伦比亚大学旁听，选修教育学。这时，他已年近半百，这种学而不厌的精神受到人们的称道。以后，他奔波海外，

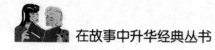

不辞劳苦，苦口婆心地动员华侨捐款，筹建岭南大学校舍，把原来规模很小的岭南学堂办成一所多科性大学，为祖国培育人才作出了卓越贡献。画家高剑父，音乐家冼星海，革命烈士李少白，现在华南各高等院校和科研单位的许多骨干，乃至日本诗人草野心平等，都出于钟荣光门下。

每下一义，泰山不移

"每下一义，泰山不移"，意思是说对古籍所下的每一名断语，都要像泰山一样地不可动摇。这句话本是章太炎对自己的老师俞樾的学风的评价，但拿来衡量章太炎本人的治学态度也是确切的。

1882 年，23 岁的章太炎拜俞樾为师时，读书有贪多求快的毛病。俞樾就送他八个字作座右铭："精研诂训，博考事实"。引导他逐渐转入力求淹博精审之路。从此，章太炎开始实行以小学（文字学）为门径，以朴学（也称汉学，意谓质朴之学，基本内容包括声音、文学、校勘、训诂等）立根基的一套踏踏实实的求学方法。他还发挥老师赠予的座右铭，制定了治学六条守则："审名实，重佐证，戒妄牵，守凡例，断情感，汰华辞。"

意思就是要切实、仔细地用客观的态度研究学问，力戒马马虎虎的涉猎、凭个人好恶的主观臆断、不懂装懂牵强附会的浮夸作风。

章太炎在俞樾的"诂经精舍"学习，既有良师指点，又有益友相帮，学业突飞猛进，不久，就形成了自己的一套学术思想体系。当时的经学有古文学派和今文学派之分。古文经是指秦以前用古文即蝌蚪文字写的儒家经典，今文经是指汉朝时候用当时流行的隶书所写的儒家经典。研究古文经的学者称古文学派。因为先秦的文学在汉朝已不流行，所以古文学派做学问的功夫，着重在艰难的训诂、注释方面。章太炎崇尚古文学派。他精研《说文解字》前后达 70 余遍，其用心之精苦令人叹服。

这种严格刻苦的精神，章太炎一直保持到晚年。1936 年，年已 67 岁的章太炎已是定居苏州讲学的第 18 年了。他不顾体弱多病，坚持每周讲学三次，每次二小时。讲完以后，听任学生提问质疑。对一时解释不清的问题，他就约定时间让学生到他寓所去详谈。他为解答学生疑难，总要查读许多资料，决不随口乱说。他告诫学生：一个人求学问，应当把自己当做傻瓜而不要自以为是聪明人，读书要一遍又一遍不断地读，并且还要一遍又一遍地不断地问。即使偶有所得，也不要沾沾自喜。只有这样，才能在学业上有所成就。

破产读书

徐特立从小就酷爱读书，但贫寒的家境使他15岁就辍学了。到18岁时，他为了糊口，便在乡村教蒙馆。他开始当私塾先生时就抱定了这样一志愿：要做一个读书明理的人。于是，他一面教书，一面读书。有一次，他步行80里路到长沙向一位姓陈的举人求教，陈举人告诉他许多读书的方法，并在他的纸扇上写道："读书贵有师，尤贵有书，乡间无书又无师，但书即师也，张香涛之'犹轩语'是读书之门径；'书目答问'即购书之门径。得此二书，一生受用不尽。"他受了这样的启示，更加如饥似渴地读书。

但他教一年书，除了必须的生活费用外，所剩的薪俸还不够买一本《十三经注疏》。恰巧这时他过继给叔祖母做外孙子，得到一点遗产，于是他就订了一个"十年破产读书"的计划，准备在20岁到30岁之间，依靠教学收入和变卖家产获得求学买书费用。平时他节衣缩食，省下钱来买书。有一次，他到长沙城里参加府学的例考，考完后，没顾上吃饭就跑去买书。当时他腰里只剩下很少一点钱，是买书，还是吃饭？只见他狠劲勒了一下裤腰带，把仅有的钱买了本书，饿着肚子跑了80里路回家。就这样，他陆续变卖家产，不断买书读书；破产买书还是不够，他就借钱买书，或者借书来读书、抄书。

八年之后，他家果然一贫如洗，将近破产了。但他在这八年中，不仅把中国的古典书籍如经、史、子、集等都涉猎了一番，并且学习了当时刚传进中国的一些现代科学书籍，如物理、化学、数学等自然科学以及历史学、社会科学，掌握了国文、历史、地理、数学等课程的基础知识，为以后从事教育工作打下了坚实的基础。

1919年，蔡元培、吴玉章等人发起赴法勤工俭学运动。湖南几十个青年学生在毛泽东、蔡和森的倡导下，远渡重洋赴法国留学。这时年已43岁的徐特立已经教了20年的中小学和高等师范，在湖南教育界有了很高的声望。但他不满足现状，满怀求知的欲望和青年们一道赴法。有人劝他："您这么大的年纪了，还学得什么，何必一定要做扶拐棍的学生呢？"徐特立回答："我今年 43 岁，不觉就到 44、45，一混 60 岁来了。到了 60 岁，还同 43 岁时一样无学问，这 17 年，岂不冤枉过了日子？这 17 年做的事情，岂不全无进步吗？到了 60 岁时来悔，那就更迟了，何不就从今日学起呢？"他终于卖掉书籍器物，找亲戚朋友东挪西借筹了路费，漂洋过海去法国留学。

徐特立到法国后，最大的困难是法文一字不识。他决心从头学起，一天学两个单词，逐渐增加，日积月累。同学们见他决心这么大，也都热情地帮助他。他勤学苦练，进步日见加快，7 个月就从省立木兰公学的法文补习班毕业了。毕业后他继续自学，一年后终于考上了巴黎大学。

忘记昼夜刻苦学习的人

鲁迅先生惜时如命，工作起来往往忘掉昼夜，常常通宵达旦。

他在浙江两级师范学堂任教时，几乎每天晚上都要工作到深更半夜，香烟和条头糕是每夜必备的夜餐。困了，就吸支烟；饿了，就吃块糕。每到星期六晚上，几乎是彻夜不眠，这两样东西也格外消耗得多。在绍兴府中学堂任教时，他每天晚上借着微弱的煤油灯光，聚精会神地读书、备课或搜集资料。由于常常熬夜，他患了严重的胃病。有时发作起来，一点东西也吃不下。就是这样，他仍然抱病工作。一天晚上，一个学生到他房间去，见他正捂着肚子读书，就关切地对他说："周先生，你的胃病闹得这样厉害，连点儿粥也吃不下，就早一点休息吧！"鲁迅先生却若无其事地笑着回答说："一个人做他喜欢做的事情，是不会觉得吃力的。所以我看书或抄写，也就是我的休息。"

在北京几个大学任教期间，鲁迅先生为了教好《中国小说史略》，更是废寝忘食。当时，晚上常常有许多学生和爱好文学的青年到鲁迅那里求教，往往到深夜才走。等他们走后，鲁迅还不肯熄灯休息，而是精神抖擞地投入紧张的学习和工作。有时倦意袭来，实在难以支撑，就和衣倒到床上睡两三个小时，打个盹，然后抽支烟，泡杯茶，继续学习或工作。

据曾与鲁迅先生在一起工作过的日本学者增田涉回忆，鲁迅先生房间的灯光往往彻夜不熄。增田涉对鲁迅先生这种埋头苦干，孜孜不倦的精神非常佩服，也十分感动，他曾这样想：鲁迅先生 50 多岁的人了，过了后半夜还在聚精会神地工作；而年轻的我，应该向他学习，急起直追啊！

有人从《鲁迅日记》中作过统计，从 1912 年到 1936 年，即鲁迅逝世前的 25 年里，不算友人赠送的书和借阅的书，鲁迅共购买各类书籍 9455 册，平均每年 370 多册。从这个数字中，我们不难看出，鲁迅的学习是多么勤奋啊！

陶行知读书的秘诀

陶行知先生早在青年时期，就勤奋好学，刻苦钻研，不耻下问，因而学识丰富，见解不凡，在教育领域有较深的造诣。

有一次，师生们向他求教学习的"秘诀"，他微笑着从抽屉里拿出一首名为《八位顾问》的诗来，念给大家听：

"我有八位好朋友，

肯把万事告诉我。

你若问他真姓名，

名字不同都姓何。

何事？何故？何人？何如？何时？何地？何去？

好像弟弟与哥哥。

还有一个西洋派，

姓名颠倒叫'几何'。

若向八贤常请教，

虽是笨人不会错。"

陶行知先生说；"这'八贤'是我治学治事不用报酬的常年顾问。"

为了使这"八位顾问"在自己强烈的求知欲望中发挥更好的作用，他还主张为这"八位顾问"配备好"四把钥匙"，即语文、外语、数学和治事治学的科学方法。这是掌握文化科学的基础，又是治学的工具。在此基础上他又规定了"五路探索"的治学方法：即在实践中体验、读书、求师、访友、思考。陶行知先生这种严谨的治学态度和科学方法，至今仍对我们有深刻的启发和教益。

陶行知先生在长期的读书实践中，总结出读书的十字秘诀。一曰序，即由浅入深，循序渐进；二曰勤，业精于勤，荒于嬉，只有勤奋好学，刻苦攻读，才能学有所成；三曰恒，持之以恒，锲而不舍，也就是"咬定青山不放松"；四曰博，从精出发，博览群书；五曰问，即不耻下问，像孔子那样，遇到不懂的事便来个"每事问"；六曰记，即多动笔墨，勤记笔记，勤于积累；七曰习，即做到"学而时习之"，温故而知新；八曰专，即专心致志，专一博广；九曰思，即学思结合，勤于思考，学会运用；十曰创，即触类旁通，勇于创新。这十字诀，反映了读书取得成效的客观规律，按照十字诀的要求长期坚持下去，一定会大有裨益。

一个通读《四库全书》的人

《四库全书》是我国清代编纂的一部大丛书，文津阁本《四库全书》包括3000多种，70000多卷。这样浩繁的卷帙有谁通读过吗？有，他就是我国史学大师陈垣。

那是民国初年的事，陈垣住在北京，开始全面研究《四库全书》。他自己手中并没有这部书，只能每天到京师图书馆去借读。他的家住在北京城内西南角，而京师图书馆在城东北角，中间隔着紫禁城。那时，紫禁城前后的东西街道还是宫廷禁地，行人不得通过。所以从陈垣的家到京师图书馆没有直达之路，必须绕一个大弯，往返要花很多时间。为了争取时间，陈垣每天清早赶路，总在开馆之前赶到，不管是刮风下雨、三伏酷暑，还是结冰下雪、天寒地冻，他都随身带着午餐来到图书馆，这样持续不断，整整坚持了10年。

京师图书馆读书10年，陈垣不仅通读了《四库全书》，还把著录的书名和撰者作了索引，并将当时流行的《四库简明目录》与实际存目进行对照，把一些有书无目、有目无书和书名不相符等差错校对出来；撰写了《四库书目考异》五卷。他还发现纂修《四库全书》的掌故，人们一般都不知道，便利用乾隆御制诗文集注等资料，写成《四库全书纂修始末》。经过这样反复细致的研讨，陈垣对我国这部最大的丛书的情况就十分熟悉了。后来他给学生上课或指导研究生，运用资料得心应手，正是他刻苦读书勤于积累的结果。

章太炎"叛道"

1900年7月26日，80多位上海名流聚集在上海愚园南新厅，准备成立"中国议会"。当时章太炎也在其中。

"中国议会"发起人是康有为的弟子唐才常，他开宗明义地宣布了"议会"的三条宗旨：一、保全中国自主之权，创造新自立国；二、不承认满洲政府有统治之权；三，请光绪皇帝复位。章太炎虽然也曾寄希望于改良主义，但"康梁变法"的失败打破了他改良主义的幻想。此时，他已认识到：欲救中华，必须踏上反满革命的道路。所以，他听了唐才常宣布的宗旨后，立即反驳道："一面排满，一面勤王，既不承认满清政府，又称拥护光绪皇帝，实属大相矛盾，决无成事之理。"他当众剪掉了辫子，脱去"戎狄之服"，换上"欧罗巴衣笠"，然后宣布脱离这个组织，扬长而去，给这班"既排满又勤王"的改良者泼了一瓢冷水。

章太炎的举动，传到他的老师俞樾耳里。这位老先生已有八旬高寿，也是一位虔诚的"尊清者"，对他弟子的"叛道"行为感到不可容忍。当章太炎回杭州拜谒老师时，俞樾怒不可遏，当面大骂他一顿："讼言革命是不忠，远去父母之邦是不孝；不忠不孝，非人类也，小子鸣鼓而攻之可也。"俞樾是他早年的老师，他对老师一向十分敬重。但在这大是大非面前，对老师的错误批评却没有接受。虽然俞樾越说越气，他仍据理力争，对老师的错误观点进行了反驳。以后他又特地写了一篇《谢本师》，公开表示与持不同政见的老师分道扬镳，甘心情愿地做了"叛道者"。

1903年，章太炎从日本回到上海，在"爱国学社"任教员。6月30日因在《苏报》发表反对清政府的文章而被上海租界的外国巡捕和清政府的警察逮捕。章太炎早已以"疯"著称，在公堂上摆出一副桀骜不驯的样子，气得清朝官吏暴跳如雷。

就在这判决之前生死未卜的情况下，他并没有停止战斗。在狱中，他写了许多文章，揭露清政府的罪恶，宣传革命主张。1904年，慈禧大搞她70寿辰的祝寿活动，通令全国要贴一副内容相同的对联："一人有庆，万寿无疆。"章太炎对慈禧这种厚颜无耻的行径异常气愤，脑子一动，也随机撰成一联：

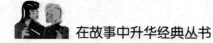

"今日庆海子，明日幸颐和，几忘曾幸长安。亿兆膏血轻抛，只顾一人庆有，五旬割云南，六旬割台湾，此时又割东三省，数千里版图尽弃，每逢万寿疆无。"这副对联不仅对慈禧丧权辱国的卑劣行径进行了无情的揭露和鞭挞，而且对慈禧进行了辛辣的讽刺。特别是最后两句，它只是把"一人有庆，万寿无疆"的词序颠倒了一下，便成了"一人庆有，万寿疆无"，变歌功颂德之词为辛辣讽刺之语，堪称神来之笔。

1906 年，章太炎出狱到日本，参加了孙中山先生领导的同盟会，在反对封建主义的斗争中成为我国近代著名的民主革命家、思想家。

袁世凯对老师张謇变脸记

淮军统领吴长庆身边有一个饱学的幕僚，姓张名謇，字季直，文章写得相当好，后来年过 40 而中状元，取得了科场的最高荣誉。吴长庆为了照顾自己把兄弟的嗣子袁世凯，从科举场上求得出路，令袁世凯拜张謇为师，向他学习诗文。

袁世凯驻军朝鲜，时常与在国内的张謇通信。起初写信，一直称张謇作"夫子大人"。

过了一段时间，由于帮助朝鲜统治者大肆屠杀起义者，袁被授予五品官阶。他得意洋洋，逢人便说："我投军虽然只一年多点，却胜过寒窗苦读十载！"五品官自以为身价增高，不能再称张謇为"夫子大人"了，于是改称为"季直先生"。

袁世凯的野心，远不止当五品官，因此打定主意，越过顶头上司吴长庆，直接投靠淮军头子、直隶总督兼北洋大臣李鸿章。于是使出全部拍马溜须功夫，奉承李鸿章，而且以怨报德，向李鸿章打吴长庆的小报告。李鸿章将吴长庆调回国内，在朝鲜的清朝官兵，全由袁世凯统领。吴长庆无形中被削去一半兵权，闷闷不乐，不久病死。而袁世凯更加目中无人。叫了几次"季直先生"，袁世凯又想，总还是尊对方为自己的前辈，犯不着，又把称呼改为"季翁"。

过了一段时间，朝鲜进步力量发动"甲申政变"，打击了袁世凯支持的保守派势力。袁世凯利用手中的兵权，率领清军闯入王宫，支持保守派重新执政，屠杀进步的开化党人。这一行动，颇受李鸿章赞赏。等袁世凯受到李鸿章的嘉奖，认为不必对张謇太客气，于是连"季翁"都再不叫，索性和张謇称兄道弟，称起"季兄"来了。

张謇是状元，很看重面子，况且连前辈大臣也对张謇另眼相看，袁世凯算个什么东西。见袁世凯来信称呼越来越低，由"大人"变成平辈，终于忍不住了，写信质问袁世凯："我过去现在都是姓张名謇字季直一个人，而你对我的称呼，却忽而'大人'，忽而'先生'，忽而'季翁'，忽而'季兄'。你的官阶愈升愈高，而我的称谓就愈变愈小，真是岂有此理！"

张謇越想越气，越写越火，信的后半段，索性举了许多例子，斥责袁世凯不忠不信，忘恩负义，居然过河拆桥，活活气死吴长庆。

袁世凯收到张謇这封信，鼻孔里"哼"了一声："吴长庆算什么，只要能飞黄腾达，我就是过河拆桥又怎么着！"

康德黎和他的中国学生孙中山

近代中国民主革命的先驱者孙中山先生，不但是一位伟大的资产阶级革命家和思想家，而且还是一位伟大的爱国主义者。他所领导的辛亥革命推翻了我国两千多年的封建帝制，为中国人民的革命事业做出了伟大的贡献。

孙中山先生的一生，是伟大革命家的一生。为了振兴中华，他百折不挠，鞠躬尽瘁，一生经历了许多磨难。这些经历或感人至深，或因戏剧性而使这位伟人更具有一种辉煌神秘的色彩。

1896 年 10 月，孙中山先生在伦敦蒙难获释，曾轰动整个英伦三岛，从此，孙中山先生的名字更为世人所知。正如孙中山先生自己所述："予之以奔走国事，而使姓名喧腾于英人之口，实始于是地。"伦敦的死里逃生，对孙中山先生以后的革命生涯确实发生了深远的影响。因此每当人们纪念辛亥革命或孙中山先生的时候，都不会忘记曾鼎力营救过他的英国老师詹姆士·康德黎以及其他一些英国朋友。

提到孙中山先生和詹姆士·康德黎老师的友谊，还得从中山先生在香港求学谈起。1887 年，中山先生 21 岁，由广州博济医院附属南华医学校转学到香港西医书院即雅丽氏医院附设医大就读。

入校后，中山先生结识了英籍外科医生、该校的创办人康德黎教授，师生之间交往弥密，感情甚笃。孙中山先生在西医书院学习了五年。前四度学年考试，他两次获得全级第一名，最后一次考试获全校第一名。

他平日的学习成绩，不论什么学科总是满分的，毕业考试中也只有一科是九十几分。如果这一科也是满分，他将获得一个全部"满分"的荣誉。

这一天，学校的老师们召开了会议，康德黎先生在会上郑重提出，他认为孙中山这个学生是本校最好的学生，他建议以学校的名义赠给孙中山几分，使他得到"满分"的荣誉！到会的人一致同意，康德黎高兴异常。1892 年 7月，孙中山以"满分"的成绩在该校毕业，康德黎曾亲自为孙中山颁发了博士文凭。毕业后，孙中山即在澳门、广州等地行医并从事革命活动。1895 年10 月，广州武装起义失败后，孙中山被迫逃往香港，重访老师康德黎，随即东渡日本神户，并由横滨转赴夏威夷群岛，就寓于檀香山。在赴檀香山的路上，不意又遇到归国途中的康德黎夫妇。他们给孙中山留下了他们在伦敦的地址，师生依依惜别。

1896 年 6 月，孙中山先生考虑到"久留檀岛，无大可为"。就毅然离开檀香山赴美国旧金山。三个月后，乘轮船"麦竭斯的"号东行至英国利物浦，10 月 1 日抵达伦敦。第二天，孙中山来到康德黎寓所，师生在欢乐中重逢。康德黎夫妇殷勤款待孙中山，并安排孙中山迁居到他们寓所附近的葛兰旅馆。

那时，清政府正在到处缉拿孙中山先生。它曾明令驻英公使馆"不惜一切代价捉拿孙中山，死活不论。"10 月 11 日（星期日）上午十时半，孙中山先生由葛兰旅馆去老师住处途中，清政府驻英使馆的歹徒竟悍然违反国际准则，将孙中山先生秘密绑架，囚禁在使馆三楼一间窗户有铁栅的斗室里。孙中山先生被囚后，急于把自己的处境告诉康德黎老师，曾托使馆英国工人送信或用信纸裹着银币向窗外投掷，但屡试均遭失败。从此使馆对孙中山先生看守更加严密了。身陷囹圄的孙中山先生大义凛然，临危不惧，使馆对他千方百计的利诱威逼均遭破产。这时，驻英使馆根据清政府密令，正阴谋用7000 英镑的高价，租用一艘 2000 吨的轮船，把孙中山装入一只特制的木箱内，准备几天后秘密押送回国处死。

在这十分危急的时刻，孙中山从事的革命活动和危险处境感动了英籍清洁工人柯尔。10月17日晨，柯尔冒险为孙中山先生送信。当天深夜，由柯尔之妻秘密投书康德黎住宅，大意是："君有友自前星期日来，被禁于中国使馆中。使馆即拟将其递解回华，处以死刑。……如不急起营救，必将罹难。"第二天，柯尔又亲自将孙中山用英文书写的两张名片面呈康德黎，内容是：一、我于星期日被绑架到中国使馆，将被偷运回中国处死，请从速救我；二、目前请关照送信之人，他很穷，为我做的这件事使他不免失业；三、中国使馆已雇一船，载我回中国去，我沿途将被封锁起来，不能与任何人通消息。

　　康德黎17日深夜得知孙中山先生被绑架后，连夜赶到苏格兰场警署，请他们出面干预此事。第二天，他又约孙中山先生在香港结识的英籍朋友孟生医生同去英国外交部，报告清政府使馆非法绑架、囚禁孙中山之事，但均无结果。二人心急如焚，深知稍有迟疑，则中山性命不保。因此，他们果断地一面由孟生告知清使馆：囚禁孙中山已为外人所知，英国政府和伦敦警察署将出面干涉，一面由康德黎驱车至《泰晤士报》馆，拟约见该报记者，详细揭露清使馆在英国侵犯人权始末。同时，康德黎为防止清使馆提前行动，又雇用私人侦探，坐在离使馆大门不远处的汽车里。注视着使馆的一举一动。过了不久，孙中山从柯尔送来的煤篓里收到一张纸条，带来令人兴奋的消息："勉之，毋自馁！吾政府正为君尽力，不日即可见释。康德黎。"这一夜，孙中山先生在囚中安睡了。

　　然而，康德黎先生却更在忙中。

　　10月19日中午，康德黎先生按英国外交部的通知将其学生被囚经过上报。英国外交部经过调查，得知清政府使馆确已向格来轮船公司租定过轮船，证实了康德黎的申述。于是英国政府在外界舆论的压力下，派了六名警察守候在清使馆门外，加以监视。10月22日，英国《环球报》以《惊人消息！》为题，首先披露了中国伟大革命家孙中山在伦敦被绑架的事。《中央新闻》、《每日邮报》的记者纷纷来采访康德黎。接着，伦敦各报均以特大标题报道了清廷使馆的这一丑闻。

　　清廷使馆的丑闻一经传开，广大同情中国革命的伦敦市民和其他一些英

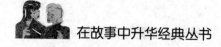

国民众拥至清廷使馆门前，强烈抗议清廷的非法行径。清驻英使馆在各方面舆论的压力下无计可施，被迫同意释放中山先生。10月23日，老师康德黎迎接恢复自由的孙中山先生。这一天，伦敦街头人山人海，当中山先生走出使馆时，热情的英国人民向孙中山先生挥手致意。孙中山先生则向报界和公众揭露清政府绑架他和企图把他偷运回国的阴谋和经过。孙中山先生获释后，曾投函英国伦敦的报纸，为英国各界在他蒙难时全力相助，表示感谢。1897年，孙中山先生用英文撰写了他著名的回忆性著作——《伦敦蒙难记》。书中深怀敬仰和感激之情谈到康德黎老师为营救他而竭力奔走，说，每想到此："不禁感极而泣矣！"

孙中山的这位老师的晚年，由于营救孙中山成功而引人注目和受到人民的尊敬，他曾任伦敦市议会顾问医生，1921年在伦敦设立皇家热带医药卫生协会，发行《热带医学评论杂志》。1925年，孙中山先生因病不幸逝世后，他还拖着年迈的身体，参加在伦敦举行的中山先生追悼会。学生去世的第二年，即1926年，康德黎也离开了人世，享年75岁。

康德黎营救他的学生孙中山一事，是这位老师一生中的光辉一页。这不仅表明他们师生的深挚情谊，而且也从一个侧面，反映了中英两国人民之间的友谊。中国人民会永远记住这位中国革命先驱者孙中山的外国老师的。

章太炎和老师俞曲园反目的故事

章太炎，这位维新运动的热烈鼓吹者，辛亥革命的主将，近代中国文坛上鼎鼎有名的学者，却在年轻时与自己授业老师俞曲园大动"干戈"，以致互相反目，在学术界掀起轩然大波。这一小小插曲，非但没有给他抹黑，反而使他名声大振。

1899年，章太炎32岁。当时清政府腐败无能，帝国主义者连年侵略我国，国内人民的斗争风起云涌。严酷的现实，唤醒了闭门读书的章太炎，他的视线由发黄的线装书转到活生生的现实世界。他决心把自己的满腹经纶，致用于富国强民上。这年，他走出书屋，考察了台湾的政治、经济。他深感祖国的落后，人民灾难的深重，于是他积极撰写文章，攻击清朝统治者

作为章太炎的老师，俞曲园并不反对学生搞维新运动。他认为，关心国

事，关心人民痛苦，并不是什么坏事，值得称道。可是，学生肆无忌惮地反清朝，骂皇帝，这是他绝对不能容忍的。他大发脾气，将学生章太炎骂了个狗血喷头。

这件事，发生在1901年。一天，俞曲园将章太炎召至书屋，章太炎下跪行礼，轻声问老师："先生，您叫我有什么事？"

俞曲园脸色铁青，背着双手，在书屋里走来走去，一言不发。根据以往的经验，章太炎预感到大事不好。

俞曲园先生不瞅章太炎一眼，在青砖地上越走越快。空气仿佛凝固了一样，屋里死一般沉寂。章太炎诚惶诚恐地跪在地上，心里像15个吊桶——七上八下。

果然，"火山"喷发了。俞曲园先生一反平日的温文尔雅，手指章太炎，高声断骂道："你只身去台湾、入异域，如同违背祖宗的陵墓，这是天大的不孝；你口出狂言，辱骂当今的朝廷，这是天大的不忠！你不配做我的学生，从今日起，我们断绝师生关系。退下！"

章太炎傻眼了。没想到师生相处八年，竟是这样的结局，心里很不是滋味。回家的路上，章太炎越想越气，不禁有些愤愤然。人各有志，何必强求他人呢？你忠心耿耿地拥护朝廷，朝廷又给了你什么好处？说我"不忠不孝"，你既治经、又博学，难道看不见国家日渐衰败的现实吗？章太炎对俞曲园先生的印象，开始失色。

然而，老师俞曲园并未就此放过章太炎。以后几天里，俞老先生公开宣称将章太炎革出师门。并动员大家"鸣鼓而攻之"，使其走投无路，自当改悔。因为他"不忠不孝，非人类也"。一时，学术界应者云集，对章太炎嗤之以鼻，视为跳梁小丑。

章太炎真的走投无路了。他再不能保持沉默了。沉默就意味着退却。他决定撕破脸皮，批评俞曲园对他的无理干涉，于是产生了《谢本师》这篇文章。

章太炎在《谢本师》一文里，并没有把俞曲园一概抹杀，他称赞俞曲园有学问，"为人恺悌"，不好声色。说师生相处八年，感情很好。又说俞先生

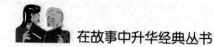

虽当"伪编修",但还不同于那些掌政治实权作"谋主"的官儿们。他诚心诚意地劝老师俞曲园不要助纣为虐,如果只做学问,教育后生,"虽扬雄、孔颖达,何以加焉?"可见章太炎还是相当念及师生之情的。只是出于志向不同而不得已为之。

章太炎与老师俞曲园反目,究其根源,实是所站立场不同。俞曲园受清朝恩惠,并对曾国藩一直感恩戴德。"追念微名所至,每饭不敢忘也。"他曾说,曾国藩"湘乡出入将相,手定东南,勋业之盛,一时无两。尤善相士,其所识拔者,名臣名将,指不胜屈……"对镇压太平军的刽子手如此恭维,那么他对章太炎大发脾气,革出师门,也就不足为奇了。

章太炎虽为学生,但事关信仰,奋起抗争,不为过矣。

鲁迅先生和他的两位老师

鲁迅先生是我国现代伟大的文学家、思想家和革命家。在鲁迅先生的文集中,我们不难发现有两位老师,对他的成长起了重大的作用。这两位老师一个是"三味书屋"的寿镜吾老先生,一个是日本仙台医科专门学校的藤野先生。

寿镜吾先生"是本城中极方正,质朴,博学的人。"他,消瘦高颅的身材,有着花白的须发,说话、读书全都抑扬顿挫,音调铿锵。这位老人生于1849年,就是鸦片战争后的第九年,那时,帝国主义的铁蹄已践踏着中国的大地,文明古老而又富饶的中国成为列强瓜分的"肥肉"。清朝封建政府对外卑躬屈膝,对内进行残酷的阶级压迫,使老大中国沦为半殖民地半封建社会。寿镜吾很早就考取了秀才,但他没有就此爬向腐败无能、丧权辱国的官场,而选择了"传技授业解惑"的职业,成了"三味书屋"的主人。

在鲁迅早年的教育中,他可以说是鲁迅的真正的启蒙老师。寿老先生的朴素的爱国思想,和他丰富的知识,深厚的文学修养不可能不对具有强烈敏感、同情心,而又刻苦好学、热爱文学艺术的鲁迅产生深刻的影响。

少年时的鲁迅,常常侍立于老师身旁,听老师和友人闲谈。每逢谈到国事,老师总是拍案击节,大骂那些卖国贼。有一次,他看到寿老师与友人谈论起甲午之战、中法战争、八国联军攻打北京,当谈到中国被列强强逼赔款时，寿先生气得手都发抖，痛骂李鸿章卖国贼。鲁迅非常敬佩寿先生这一点。

寿老师对学生要求极严，他的私塾，是全城最严厉的。进了他的"三味书屋"，就必须用功读书，不许无故不上学，三天不上学，他就会上门查问。他不准迟到、早退，放学后回家路上不许学生逗留。中午和傍晚学生回家时，他总是把学生送出黑漆竹门之外，站在石桥上，看着他们走得好远，才放心地回到"三味书屋"。

在众多学生当中，鲁迅是最出色的一个。无论写字，读书，还是尊师敬长，常常令老先生高兴得不得了。可是，鲁迅也有违反他的规定的时候，那是鲁迅为父亲忙着找什么"经霜三年的甘蔗"之类的药引，忙了一圈没找到不说，等赶到"三味书屋"时，老师已经开始上课了。结果，不明真相的寿老先生狠狠地批评了他。而鲁迅却以为老师批评得对，学生就要遵守纪律，上课不能迟到，哪怕一次也不行。为了警告自己，他在自己课桌的右上角，刻下了一个篆书的"早"字，这个篆刻的"早"字，像一小小的火把，时时鞭策着他。从那以后，鲁迅从未迟到过。

"三味书屋"的课程安排是"上午读书、背书，讲课，正午习字，晚上对课。""对课"，就是通常说的对"对子"。它要求非常严格，讲究工对，就是名词对名词，动词对动词……甚至声音、颜色都要同类相对才行。寿镜吾老师很重视对课，他要从对课中检查学生书读得熟不熟，词用得准不准，理解得透不透。一些平时不爱读书、贪玩的学生，一到对课时便抓耳挠腮，而鲁迅却往往对答如流，还经常帮助同学。有一次，老师出了个"独角兽"的课题要大家对，有的同学对"四眼狗"，有的同学对什么"二头蛇""八角虫""九头鸟"之类，弄得老先生啼笑皆非，最后，鲁迅站起来说道：

"老师，你看对'比目鱼'行吗？"

寿老一听，异常高兴，连连称好。他又问鲁迅："你说为什么对'比目鱼'呢？"

鲁迅朗声答道："这'独角兽'的'独'不是数字，但有'单'的意思；'比目鱼'的'比'字也不是数字，但有"双"的意思……"

鲁迅的学习是这样突出，成绩是这样优异，寿老先生从心里看重和喜欢

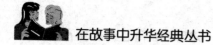

他。而鲁迅这株拼命汲取知识营养的小苗，也愈来愈茁壮了。

寿老师不仅仅关心学生的学习，学生其它方面的困难他也经常帮助解决。那次"早"的事件以后，他知道鲁迅是因为给父亲找药引而迟到的时候，深深地感到自己对鲁迅的批评太严厉了。因此，他经常帮助鲁迅解决家里的困难。有一次，鲁迅为了找一点陈仓米作药引而四处奔跑，最后寿老师知道了，找到了陈仓米并亲自送到鲁迅家。

鲁迅十分感激寿老师对他的培养，当他离开故乡去南京时，当他从日本留学回来时，都去"三味书屋"，看望白发苍苍的寿老师，对老人始终怀着由衷的敬意。

鲁迅先生在自己的纪念性散文《藤野先生》里，满怀感激之情地写下了他从认识这位日本先生，到离开日本仙台后，他对藤野先生的为人、为教的许多事情，和他对自己后来的影响。

藤野先生是一个黑瘦黑瘦的人，八字须，戴着眼镜，挟着一叠大大小小的书匆匆地来往于教室、试验室之间。每当一个新的班级受教于他的门下，他总是缓步登上讲台，把书放在教桌上；用缓慢而很有顿挫的声调，向学生自我介绍：

"我就是叫作藤野严九郎的……"

藤野先生是日本福井田县坂井郡本藏村人，爱知县立医学专门学校毕业后，留母校任教，后转到第二高等学校医学部任教。仙台医学专门学校便是以第二高等学校医学部为基础而建的。这样藤野先生就成为仙台医专的教师了，鲁迅来到仙台时，他刚升为教授不久。

藤野先生生活清贫，不讲究吃穿，把全部精力用以医学研究和教书。虽然他教学认真、循循善诱，为人却有些迂板，以致于留下许多"掌故"在那些留级生口里。据说，藤野先生极不讲究穿戴，有时竟会忘记戴领结而来上课。戴领结，这对于日本人是很讲究的事情哩。冬天，他总穿一件旧外套，寒颤颤的。有一回在火车上，管车的人竟疑心他是扒手，叫车里的客人都小心些。

藤野先生教学十分认真。他对鲁迅这个唯一的中国学生，丝毫没有民族歧视，以诚相待，耐心教诲，甚至较日本学生还要关怀。他怀着对中国人民的真诚友谊，热情的希望通过年轻的鲁迅把先进的医学科学及早传入中国，这和鲁迅渴望祖国富强起来的心理是不谋而合的。

鲁迅在藤野先生的辛勤培养下，以不休不止的姿态进行学习。藤野先生上课，时间抓得很紧，一到点就把解剖室的门关闭，使迟到的学生进不来，而鲁迅从来未迟到过。

当时学校没有课本，讲义完全用笔记，低年级的学生都争着借用高年级的旧笔记。鲁迅在记笔记时用毛笔，一字一划，一图一表都十分整洁，深受同学的赞扬。

藤野先生也十分关心鲁迅的笔记。在开学后大约一星期的光景，他派人找来鲁迅，其时他正坐在人骨和许多单独的头骨中间。

"我的讲义，你能抄下来么？"他问。

"可以抄一点。"鲁迅答。

"拿来我看！"

鲁迅把自己所抄的讲义交给他，他第二天便还给了鲁迅，并说，此后每一星期要送给他看一回。鲁迅接过所抄讲义一看，吃了一惊，同时也感到一种不安和感激。原来鲁迅所抄的讲义已经从头到末，都用红笔添改过了。不但增加了许多脱漏的地方，连文法的错误，也都一一订正过了。这样一直继续到教完了他所担任的功课：骨学、血管学、神经学。

藤野先生由衷地喜爱鲁迅这位刻苦上进的学生，对鲁迅的要求也十分严格。有一次，他把鲁迅叫到他的研究室里，翻出鲁迅所抄讲义上的一个图来，是下臂的血管，他指着，和蔼地说：

"你看，你将这条血管移了一点位置了。——自然，这样一移，的确比较的好看些，然而解剖图不是美术，实物是那么样的，我们没有法改变它。现在，我给你改好了，以后你要全照着黑板上那样的画。"

科学是实实在在的学问，来不得半点虚伪的牵强附会。藤野先生这样耐心地教诲鲁迅，使一向严格要求自己的鲁迅，更加刻苦地学习，更加以严格的科学态度对待学问。

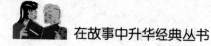

在中国国内的时候，鲁迅所接触的医生，几乎全是些误人的庸医。又不是所谓的洋医学，所以在解剖实习时，鲁迅感到有些不安，尤其对青年女子和婴孩、幼孩的尸体，鲁迅常产生一种不忍破坏的情绪，非特别鼓起勇气，不敢下刀。藤野先生察觉到这一点以后，立刻对鲁迅进行细心的引导，热情鼓励。经过一个星期的实践，藤野先生看到鲁迅消除了担心和顾虑，勇于解剖而又善于解剖了。鲁迅的这一进步，使藤野先生十分高兴，他亲切地对鲁迅说：

"我因为听说中国人是很敬重鬼的，所以很担心，怕你不肯解剖尸体。现在总算放心了，没有这回事。"

藤野先生这种深切关怀，使鲁迅永志不忘，他在《藤野先生》中写道：

"在我所认为我师之中，他是最使我感激，给我鼓励的一个。有时我常常想：他的对于我的热心的希望，不倦的教诲，小而言之，是为中国，就是希望中国有新的医学；大而言之，是为学术，就是希望新的医学传到中国去。"

鲁迅先生和藤野先生之间所建立的这种深厚的友谊不只是一般的师生感情，它已冲破了民族偏见和狭隘的民族意识，也是中日两国人民传统友谊的又一见证。

但是鲁迅先生在日本的学生生活并不是十分惬意的，少数有军国主义思想的学生，对鲁迅取得较好成绩无端诬蔑，说是藤野先生在鲁迅的笔记上透露题目的结果，而且还写匿名信。大概在这些人看来："中国是弱国，所以中国人当然是低能儿，分数在 60 分以上，便不是自己的能力了。"

这使鲁迅十分气愤，他痛感弱国人民的痛苦，更激起他奋发图强的革命精神。这件事后，在仙台的第二年，鲁迅又看到了一些"枪毙中国人"的影片。影片上说这个被枪毙的中国人是俄国的"侦探"而被日军捕获，要立即处决。而围观的中国人却麻木不仁！这种悲剧使鲁迅多么难忍、多么愤慨、多么痛心疾首啊！

他回想来日本前自己的决心：日本明治维新是从医学而开端的，而父亲又是被庸医假药所害，因此他才决定远涉重洋来到日本学习科学的医学以拯救中国……但无情的现实粉碎了鲁迅的梦想，使他认识到没有觉悟的人民，无论身体怎样强壮，也只能是被人杀头，作毫无意义的看客的材料。他下决心去唤起民众，而弃医从文了。

离开仙台的前几天，鲁迅曾到藤野先生家，向敬爱的先生作最后的告别。藤野先生得知这个得意门生要离开仙台，离开自己，"脸色仿佛有些悲哀"，甚至"有些凄然"，致使鲁迅也有些心动，不得不违心地"说了一个安慰他的谎言"以减轻他的悲哀。

鲁迅这样安慰他说：

"我想去学生物学，先生教给我的学问，也还有用的。"

"为医学而教的解剖学之类，怕于生物学也没有什么大帮助。"藤野先生的心并未稍稍释然。

鲁迅将离仙台的前几天，藤野先生把他叫到他家去，交给鲁迅一张照片，在照片后面工工正正地写下了两个字"惜别"。还嘱咐鲁迅把照片送他一张。但鲁迅当时没有照片，而一别20年后，鲁迅仍未和他取得联系，但鲁迅"总时时记起他"，"他的性格，在我的眼里和心里是伟大的，虽然他的姓名并不为许多人所知道。"

是的，师者，并不在于他的名气大小，有无地位，而在于他朴实，正直，博学，崇高的品德，有认真严肃的治学精神；在于他耐心、诚恳地向学生传授自己的全部知识。师者，为人师表，无论在治学还是作人都一样。而藤野先生与鲁迅之间还不仅仅如此，更在于他们冲破民族偏见的珍贵友谊，灌溉了中日友谊之花。藤野先生是伟大的日本民族中尤其伟大者，是中国人民的亲密而忠诚的朋友。

为了纪念他，鲁迅于1926年秋，写下了著名的散文《藤野先生》，满怀深情地记叙了自己和藤野先生认识和交往的经过，抒发了他对藤野先生深沉的缅怀和思念。

鲁迅先生把藤野先生所改正的讲义订成三厚本，珍重地收藏着，作为永久的纪念，而且鲁迅先生一直把藤野先生的相片挂在自己北京寓所的东墙即书桌的对面。鲁迅先生在《藤野先生》中这样写道："每当夜间疲倦，正想偷懒时，仰面在灯光中瞥见他黑瘦的面貌，似乎正要说出抑扬顿挫的话来，便

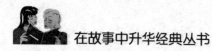

使我忽又良心发现，而且增加勇气了，于是点上一支烟，再继续写些为'正人君子'之流所深恶痛绝的文字。"鲁迅先生把自己对于藤野先生的尊重和感激，化作向敌人冲锋陷阵的勇气和力量，以自己的不懈的战斗来实践藤野先生对自己、也是对中国和中国人民的希望。

1934年，日本出版《鲁迅选集》时，鲁迅强调一定要把《藤野先生》一文译出补进去。还不断托友人打听他老人家的情况，直到逝世前不久，1936年7月7日，鲁迅还向友人增田涉打听他。

其实，直到鲁迅先生逝世后七年（1945年），藤野先生才在家乡病逝。

1937年，藤野先生读到《鲁迅选集》，他一面用放大镜看看卷首鲁迅的照片，一面说："这就是周君啊！真有出息了！"以后，他得知鲁迅已经逝世，非常悲痛，向前来访问他的人说："谨对因我的一点照顾那样感恩不尽的周君之灵表示深切的哀悼。"还用毛笔题写了"谨忆周树人君，藤野严九郎。"

1964年4月，在藤野严九郎先生的故乡福井市足羽山山顶上，建立了一座他的纪念碑。藤野先生赠给鲁迅的那张照片的头像和"惜别"二字，放大后刻在巨大的碑石上。

藤野先生，是使鲁迅终生感激、难忘的老师，同样他也是中国、中国人民难忘的朋友。

从师如流

冯玉祥将军是我国近代史上一位杰出的爱国主义者，著名的军事家和政治家，在国内外有重大影响的历史人物。

在冯将军的行伍生活和政治生涯中，读书好学、尊师重教，已形成这位传奇人物的一大特色。

冯将军长期以来有一个散步听书的习惯，他在散步的时候，让随从给他朗读书文。冯将军散步，还总爱找小路或树林子走，这就使给他念书文的随从不得不一边探路、一边看书朗读。稍一分心，不是绊了脚，就是念错了。每遇到这种情况，随从们都有些着急和害怕，而冯将军总是笑一笑后温和地说："重念、重念。"从来没有责怪过他们。冯将军一直保持着这个散步听书的好习惯，不论是在寓所、是在军旅，还是在泰山的隐居中，他从没有间断过。在这长期的听书学习中，博大了将军的胸怀，增长了将军的知识。

冯将军求知欲十分旺盛，所以读书很杂，上自天文下至地理，他都想了解，都要知道。因此，他不断地邀请一些有学识见解的名流学者来给他上课。为了拜师求教，他还专门成立了一个"研究室"。冯将军在泰山的"研究室"就建在泰山西麓半山腰的五贤祠中。这里树木郁郁葱葱，幽雅而沉静。冯将军在"研究室"里听课十分用心，不仅做笔记，而且还特别喜欢提问。上理工课如化学、物理，他还非要亲自做实验不可。

在"研究室"里，冯将军不但听老师讲课、读书学习，还常和老师们一起研讨治国、治军的韬略。大凡军政要事，他总是先请教了老师们的意见之后，才自己做出决策。

在冯玉祥将军的生涯中，给他当过老师的人可不少，如邓鉴三、吴组湘、范明枢、邓初民、翦伯赞、陈豹隐、赵望云、董志诚、刘屺夫、陈定民、陶宏、李达、刘思慕、梁浚九、赵澄之、宋瑞华、赖亚力等。

冯玉祥将军的这些老师，大部分是当时中国出类拔萃的人物，其中有不少是中国共产党党员或是同情和支持我党的朋友。这些人的思想和作为，对冯玉祥将军的一生都曾起过重要的影响。

李达，号鹤鸣，是我党的创建人之一，也是中国著名的政治经济学家。李达当冯玉祥的老师，还当过他的"研究室"的负责人。冯玉祥将军原来是基督教徒，他还命令他的西北军官兵也一律信基督教。他把平等、博爱作为自己作人的信条。可是当李达先生向他讲解了辩证唯物主义之后，而他自己又亲眼看到蒋介石叛变革命、叛变了孙中山先生的"三民主义"，他在李达老师的开导下，悟出了这样一条真理：

"若不信辩证唯物论，则我民族不能复兴。"冯将军不再信基督教了，他还命令西北军官兵一律退出基督教。为此他还写了一首诗说：

> 可敬的同胞们赶快醒起，
>
> 赶快的注重科学，研究真理，
>
> 打破一切迷信，
>
> 要靠自己救自己。

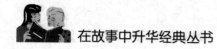

1935年8月3日这一天，他还特意把"若不信辩证唯物论，则我民族不能复兴"这句话，亲笔书写，请石匠镌刻于石碑，立在了泰山普照寺上边林中的空地上，以示他思想的转变。

冯玉祥将军拜师求学，是特别心诚的，绝没有半点沽名钓誉的意思。正因为学生心诚，所以老师教课也是十分认真的。

有一次刘屺夫给冯将军讲物理课，做氢气实验，不知怎么一下子爆炸了。听见爆炸声，远处的卫队如临大敌，赶快跑来警戒，而这时的刘屺夫先生却被炸得满脸是血。虽然这是一场虚惊，然而这次实验却给刘屺夫脸上留下了一块伤疤。

还有一位给冯将军讲天文学的陶宏老师，他是著名教育家陶行知先生的儿子。他白天给冯将军讲天文课，晚上必定约请冯将军一起登高，对着满天的星斗进行实际的观察。

给冯将军教英语的刘思慕先生，是一位做秘密工作的地下共产党员。他被国民党通缉捉拿，被别人送来，请冯将军保护的，在留住冯将军寓所的这段日子里，冯将军和他学英语。由于岁数大了，冯将军老是记不住单词，另外发音也不准，于是他便死记苦练。每天清晨天不亮他就起来了，说是要到树林子里朗读英语课文。随从只好提一盏马灯，跟他进到黑乎乎的树林中，把马灯挂在树枝上，他就在那荧荧的灯光下，叽里咕噜的大声朗读起来。随从见他学外国话那种认真的样子，就像私塾房里背古文的劲头，不由得笑起来。冯将军也不生气，只是瞪大眼睛冲他"嗯"一声。

有一次国民党从济南派来好几百名宪兵和特务，团团围住了冯玉祥将军隐居的泰山。扬言要抓拿这位姓刘的共产党。冯将军当即就派自己的副官和一名团长去传话说：没有冯将军的命令，任何武装人员不准上山！特务们听了传话，虽然堵死了山路，但也毫无办法。

以后冯将军秘密将刘思慕一家送到了安全之处，并派人带了一笔经费，直护送刘思慕一家到了烟台，又乘船去了广州。不久，刘思慕去了日本，冯将军依然接济他生活费用，直到抗战开始。

冯玉祥将军对请来给他讲课的老师，都是每月按时送工资的。可是跟随冯将军的西北军军官，不论过去官职多高，都是没有工资的，有时只是发点零用钱。当有的老师知道这个情况之后，表示也不要工资，冯将军便在老师们授课完毕，要离去的时候，总是亲自双手捧着一只装着钞票的信袋送上去，并说"先生是我聘来的，这是我当学生的一点点敬意。"

值得一提的是为冯将军讲古文的邓鉴三先生。他早年在冯玉祥将军的第16混成旅当过军医官，后来还任过陕西省的民政厅长，代理过一段陕西省主席的工作。邓先生为官多年，却清廉正直，两袖清风。以后在南京、汉口、重庆，一直都在冯将军身边。邓先生在冯将军身边没有什么军职，只是随军给冯将军讲讲古书，如《史记》、《礼记》、《三国志》、《资治通鉴》等，但冯将军尊他为师友"邓大哥"，一直将他的床铺和自己的床铺放在一个房间，两人食住在一起。

冯将军十分尊重这位老师，1936年的一天，将军发现他的大公子冯洪国正和一位日本女子搞恋爱。出于对日本帝国主义的痛恨，他是不能容忍儿子这样做的。所以他当时就传令他的手枪排长，拿来一根棍子和一条麻绳。儿子冯洪国一进门，冯将军大喝一声："给我把他捆起来！"接着就厉声斥责道："你是一个中国人，你的国家、你的民族，正在遭受日本强盗的欺凌，你难道不感到痛心吗？可是你却和一个日本女人勾勾搭搭，你还有一点中国人的气味吗？……"冯将军越说越火，如何处置冯洪国，是谁也难以预料的。弄不好，真会送了这孩子的命。随从们知道，这时候谁要出来劝阻，都是无济于事的。

突然，住在二楼上的邓鉴三先生来到了堂上，这时候冯将军正操起棍子抽打冯洪国。邓先生赶忙以身挡住，并对冯将军说："请先生息怒，让我再来教训他几句。"冯将军见老师出来挡驾了，只好顺从地放下了棍子。一场灾祸总因老师的干预，才算化险为夷。

冯玉祥自己读书求师，也十分关心贫苦孩子们的上学问题。冯将军仅在泰山，就先后为贫苦的山民子弟，办起了12所学校。并请老学者范明枢主持校务，成绩十分可观。有一次冯玉祥将军到几处小学去看望，回来的路上，他若有所思地说："我还没有给家乡人办过一点好事呢，能不能在家乡也办个

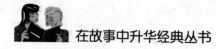
学校?"他接着对随从说:"家乡没有学校,要跑到很远的地方才能上学。我是最喜欢办学校的了,我们西北军走到哪里,学校就办到哪里。许多人当了将官,思想还是稀里糊涂,就是吃亏在没有好好地读书!"

冯将军的家乡在巢县,于是他给县里的一位乡绅葛新斋写了一封信。想请他出来在家乡办一所学校。1935年夏天,葛新斋接到冯将军的信后就立即去泰山面见冯将军,表示愿意为家乡教育事业尽力。后来,他们便一起商谈了办学的经费、校舍、招生和师资等问题。经费问题,冯将军答应每年个人捐款送去;校舍问题,可利用冯家祠堂的四十多间房子办起来,以后再逐步扩大;师资问题没着落,冯将军就亲笔写了信,让葛新斋去上海找陶行知先生帮助解决。

陶先生对冯将军的请求自然是乐意帮助的,所以在较短的时间里,便从自己主办的南京晓庄师范学校中,抽调出一部分有教学经验的教师,陆续去巢县办学。

学校很快筹办起来了,因家乡有座园山,所以便命名为"园山学校"。这所学校不收学费,不收书费,还发衣服。后来,冯将军又出资把祠堂前的十几亩地买下来,扩大了学校。

有一年夏天,家乡的不少农民"打摆子"(疟疾),学校教师和学生也有一些得了这病。冯将军知道了这件事,便写了一张条子,叫副官送给中央卫生署的署长,从卫生署领取了几箱药品给家乡带了回去。同时,卫生署还遵照冯将军的意见,抽调一名医生到园山学校,一边任生理卫生课,一边为师生和农民看病。从1936年到1938年,还先后派去两位女医生。

为办这所学校,冯玉祥将军花费了不少心血。后来,园山学校有不少学生参加到人民军队的行列中去,英勇杀敌,有的光荣牺牲在抗日前线。

邹容效法谭嗣同

最近几天,为了谭嗣同,邹容与同学在住宿的地方争论起来。当时谁也说服不了谁,今天听课,在回去的路上又争论起来。

谭嗣同是湖南人,一个忧国忧民的伟大爱国者。中日甲午战争之后,他勇敢地投入革新和守旧两种思潮的激烈搏斗之中。他向往民主与自由,赞赏太平天国的革命行动，支持"维新"的措施。

邹容非常崇拜谭嗣同。但是邹容的同伴们并不赞成，因此经常争论。

回到住处，邹容感到自己的胸口十分胀闷，他谢绝了同伴要他出外散心的邀请，独自一个人坐在屋内沉思。

邹容是通过谭嗣同所写的大量文章而知道这位斗士的。他几乎可以一字不漏地背诵谭嗣同宏文中的精彩片断。此刻，他掩卷默思谭嗣同的文章，一幕幕中国人处处挨打的悲剧，展现在邹容眼前：

洋炮"轰"的一声，厚厚的城墙倒塌了；米字旗、太阳徽饰的炮舰，在中国内河上横冲直撞；英租界、法租界相继在开辟；一群群中国的难民在流浪……

想到这里，邹容的胸脯急速地起伏，他有着巨大的痛苦。

突然，一道光亮在他眼前闪过，"唯变法可以救亡"——谭嗣同的这句名言浮现在邹容脑际，使他精神为之一振。他快步走向床边，从枕旁书夹里恭敬地拿起了谭嗣同的相片，凑着油灯跳蹿的火焰，他深情地凝视着，凝视着。

"老师，我的老师!"声音是那样清晰和亲切。

1898年6月，我国一批变法维新的有识之士，搞起了一场"变法"运动。但只持续到同年九月被当时"垂帘听政"的慈禧扼杀了。这场"百日维新"的两名领导人康有为、梁启超分别逃往香港和日本。谭嗣同决心以自己的热血保卫"变法"，唤起民众，终于被捕。他临刑前高呼："各国变法，无不从流血而成，今中国未闻有因变法而流血者，此国之所以不昌也。有之，请自嗣同始。"消息传开，全国举哀。人们哀悼谭嗣同是出于对清政府的强烈愤慨，对真正好汉的尊敬；而对邹容来说，这种缅怀之情更为强烈。他不仅认为谭嗣同是自己的老师，而且更是一个"誓拯同类"的英雄，他的死是一个真正英雄的死，邹容要好好纪念他。

夜深了，邹容没有半点睡意。他把谭嗣同的遗像装入镜框，然后恭敬地将它挂在自己座位的上方。遗像下端是邹容自制的一朵绢花，秋风吹进来，花瓣轻轻地抖动，好像在为忠魂翩翩起舞。同往日一样，邹容端正地坐着，无限深情地凝视着谭嗣同微笑的面孔。

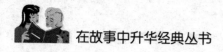

远处传来了鸡啼声，天快要亮了。

邹容往油灯里注入了一些油，随即剔了剔灯芯，房间顿时明亮了不少。他觉得应该写点悼念的文字。于是，在书桌上，他铺开几张素笺。

写什么呢？要写的话实在太多，最后，邹容两条浓眉一扬，挥笔在素笺上写下五个大字：

赫赫谭君故，

几滴热泪已湿透字面。邹容用衣袖按按眼圈，泪水像涌泉夺眶而出，感情怎么也控制不了。猛然间，他好像看到像片中的谭嗣同在指着他说："哭有什么用？"对，哭是救不回先烈的，哭也坍不了清朝宫殿的墙基，邹容在沉思着。突然，邹容的心一下子飞到了烈士的故乡——湖南浏阳。"如今那儿该是怎样的一番模样？"他的思路至此，笔锋已印下第二行：

湖湘志气衰。

写最后一个字，邹容不由地敲了一下自己的前额，"不行，我不能老在'衰'啊'故'啊的悲怆漩涡中打圈圈，稍遇挫折就哭个没完，这哪像个革新图强好汉的学生！我不哭，我要顺着老师走过的路，一直走下去！"想到这里，邹容提起笔，屏住气，写下五绝的最后两句：

惟冀后来者，

继起志勿灰。

'对，'志勿灰'才对得起老师！"邹容双颊绯红，在他心头有一股暖流在奔腾。

从此，邹容把谭嗣同作为杀身成仁的榜样，作为奋发自强的导师，自己活一天，就要为"仁义"而奋进。

留学日本，邹容和陈天华勇敢地领导了留学生的爱国运动，因此遭到满清驻日公使的迫害，被迫回国。

回到上海，邹容和蔡元培、章太炎成为至交，为爱国学社教课，为《苏报》撰稿。18岁时精心写作了号召革命的论著——《革命军》，像一颗炸弹爆炸，引起了社会强烈反响，导致章太炎被捕，邹容不愿章太炎一人坐狱，因而自动投案，在法庭上慷慨陈词，轰动全国。

由于酷刑，由于狱中非人的待遇，邹容死于狱中，时年仅20岁。这位自谦为"革命军中马前卒"的邹容，以谭嗣同为楷模走完自己短暂而光辉的一生。辛亥革命胜利，临时大总统孙中山为表彰邹容对革命的特殊功勋，追封邹容为"大将军"。

周恩来和校长张伯苓

威海卫。降下日本旗，升起中国旗；第二天。却又降下中国旗，升起英国旗……

甲午战败，年轻的海军官张伯苓目睹这一丧权辱国的转租仪式，悲痛欲绝。他亲眼见到，英国水兵魁梧剽悍，中国水兵猥琐萎靡，痛感我中华虽然广土众民，但国民身体不如人，精神不如人，非从根本上改造不可！

从那时起，张伯苓先生弃武从文，决心兴办教育，推广新学。张先生曾东渡日本，西赴欧美，考察教育。还曾二次赴美，入哥伦比亚大学师范班，研究大学教育。

因此张伯苓先生办学有力，特别强调学生必须具有爱国的精神和爱国本领。学生一入南开，他就大讲"国帜三易"对他的刺激，每周"修身课"，主要激励学生团结救国。

在五四运动中，北京学生被捕，张先生打电报给北京政府总统徐世昌"吁请即为释放"。他反对反动军警到南开逮捕爱国学生，南开中学学生周恩来、马骏等和教师时子周、马千里等40余人被捕，张先生设法营救才获释。

"九·一八"前夕，强敌压境。天津宁园举行华北运动会。一声哨响，南开同学举旗排成"勿忘国耻"四字，全场振奋。在座的日本领事气急败坏，向当时的河北省长抗议。张伯苓虚与委蛇，把领头的学生严仁颖说了几句。事后又悄悄告诉严："下回还这么办！"并在校内成立了东北研究会，编出教材让学生们了解富饶的东北。这一切都引起日本帝国主义者的仇恨，入侵华北时专门派机轰炸南开，夷为废墟。

张伯苓先生许多办学思想值得借鉴。

首先是重体育。张伯苓说过"中国人的身体软弱以读书人为甚"，竭力提倡体育。最初甚至用两个椅子放上竹竿让学生跳高。中国人在国际体育比赛

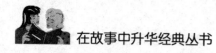

中第一个获奖者是南开中学学生郭毓彬，他在四百米赛跑中得过冠军。南开中学的住校生，当时每天都要早早起来跑步，谁恋被窝，会被同学掀掉被子。

重道德教育。嫖、赌、烟、酒、早婚均属禁戒，犯者退学。张校长律己很严。有一回，张校长训斥一个犯禁抽烟的学生。那个学生说："那您干嘛也抽烟？"张校长当即唤来校工，将自己所存吕宋烟，全数取来，当众销毁，说："我不抽，你也别抽！"从此，张校长终身再不吸烟，南开在校学生，再没有吸烟的了。

重科学实验。张伯苓从日本购进大批仪器教材，教学生做理化实验，其操作之认真和设备之完善使来参观的美国哈佛大学校长表示钦佩。

张伯苓还重视开展课外活动，锻炼学生的组织能力。他把办学的宗旨概括为"公、能"二字。"公"就是为公不为私，"能"就是知识、技能、本领。南开确实培养了大批办事公正的人才。张伯苓自己也廉洁奉公，当时南开学校秘书长月薪220元，张伯苓兼五校之长，只拿月薪200元，理财公私分明，一切讲"苦干、硬干、实干"，为办学耗尽心血，有极强感召力。当时南开一些名教授，如当代数学大师陈省身的老师姜立夫及杨石先、邱宗岳等，北大、清华等校用高出一倍的薪金，都请不去。

张伯苓和他最杰出的学生周恩来交往近四十年。周恩来1913年考入南开中学，他品学兼优，才华出众。周恩来曾任全校演说会会长，曾任校报《校风》的第二任负责人，在全校国文比赛中获第一名，在轰动华北的新剧《一元钱》中担任角色。张伯苓很早就发现了周恩来的见识和能力。学校成立暑假"乐群会"时，张伯苓是名誉总干事，而任命周恩来为总干事。周恩来带领同学反日请愿被捕，张伯苓去警察厅探望并营救。后来，又支持周恩来旅欧勤工俭学。

抗战时代，张伯苓先生住在重庆津南村，周恩来、邓颖超多次到张先生家聊天。那时，国民党的宣传部长吴国桢也常去。周、吴两同学见面，常就时局各抒己见，有时辩论激烈。张伯苓在旁听着，间或打趣："几时你们两人不吵了，天下就太平了。"这一时期，针对蒋介石掀起的反共高潮，周恩来多次给张伯苓分析形势。后来毛主席到重庆时，周恩来陪同毛泽东去拜望张伯苓，会面时相谈甚欢。

重庆解放前，张伯苓收到南开校友王恩东关于"老同学飞飞不让老校长动"的香港来信，他知道这是周恩来对他的关照和爱护，使他下定了转向人民革命阵营的决心。

蒋介石到重庆后，一直想让张伯苓离开重庆到台湾，为此，蒋介石曾两次亲自到津南村，当面许诺张伯苓，只要肯走，什么条件都可以答应。对此，张伯苓不但没答应，而且坚决要求辞去考试院院长一职。后来蒋介石飞离重庆，蒋经国再次催请，并说："给先生留下一架飞机，几时想走几时走！"张伯苓又以"不愿离开南开，更不想离开祖国"而拒绝。

1950 年 5 月，周恩来听傅作义报告张伯苓希望北归，周恩来亲自安排飞机接张伯苓及夫人。并让重庆军管会给予协助。张伯苓到北京后，政务院派车接他到西城傅作义住宅，周恩来马上前去看望。博作、竺可桢、陶孟和、吴有训以及其他朋友也常去聚谈，向他讲解放后的情况，说明人民政府的政策。

9 月 15 日张伯苓从北京返回天津，临行前，周总理和邓颖超热情欢送，在中南海西华厅请他吃饭。张伯苓回津定居，周恩来嘱托天津市的负责同志妥为照应。

正当张伯苓兴奋地准备为建设新中国而努力时，1951 年 2 月 14 日突患脑栓塞，延至 2 月 23 日逝世。周恩来闻讯立即赶到天津张宅吊唁，向校长遗体行礼默哀，慰问了张师母，然后到客厅同校友们见面谈话，说自己很遗憾没能早点来，又说道："张校长在他的一生中是进步的、爱国的，他办教育是有成绩的，有功于人民的。"成立了由周总理、傅作义等人组成的治丧委员会，周总理送了花圈，白色缎带上写着"伯苓师千古，学生周恩来敬挽"。表达了一个无产阶级革命家对一位爱国教育家的尊敬，也表示了一个杰出的学生对他尊敬的校长的深沉挚爱的心。

丁玲与瞿秋白的故事

中国著名的文学家丁玲，1923 年在上海大学文学系读书的时候，那里正荟萃着一批当时中国文坛上的精英。

这所原来由于右任先生当校长的学校，设在当时上海极为偏僻的青云路。给文学系讲课的有沈雁冰（茅盾）、俞平伯、田汉、邵力子等著名的作家和学者，还有我党早期的著名政治活动家、思想家、文学家、党的领导人之一的瞿秋白同志。丁玲晚年曾写文章回忆了她的这段学生生活，也回忆了这些教他读书和做人的老师。

　　当时给丁玲他们讲授外国文学的是沈雁冰先生。这是一位极会讲故事的老师。他讲的《奥德赛》、《伊利阿特》这些远古的、异族的极为离奇又极为美丽的故事，曾把学生们带入了幻想的世界。但沈先生是一位极不会接近学生的老师，他一本正经地教书，从来不讲课外的闲话，也不询问学生的功课，所以学生爱他、敬他，却从不敢近前去打扰他。

　　教丁玲他们古典文学的是俞平伯先生。这位老师每次上课，是全神贯注于他的讲解的。他摇头晃脑，手舞足蹈，口沫四溅，在深度的近视眼镜里，极有情致地左右环顾。他自己就首先沉醉在那些"独倚望江楼，过尽千帆皆不是……"的既深情又蕴蓄的词句中了，继而把学生们感染得都跟着走了进去……

　　王剑虹，就是瞿秋白同志的第一位夫人，不幸的是，仅仅一年之后，王剑虹因肺病去世。剑虹的死，使瞿秋白先生十分痛苦，他曾把一张背面题着"我的魂儿我的心"的诗的剑虹的照片送给丁玲。剑虹生前，好友丁玲常叫她"虹儿"，瞿秋白却改成了"魂儿"；剑虹生前，瞿秋白总叫她"梦可"，"梦可"是法文"我的心"的译音。

　　在秋白先生和剑虹婚后的一段日子里，老师的小家庭是幸福美满的。在这段日子里，丁玲作为学生又作为朋友，和老师来往的机会更多了，她有幸听到老师的更多的发人深省的议论和鼓舞她进步的教诲。

　　在那些日子里，秋白先生和剑虹，常常在晚间双双来到丁玲的屋子里，他们总爱把电灯关了，只留下闪烁的微明的晃动着花样光圈的煤油烤火炉溢出的那一星小火。屋里气氛美极了，秋白先生谈锋极健，他常常幽默地谈些当时文坛的轶事，谈他和沈雁冰、郑振铎的交往，谈徐志摩的诗，还有郁达夫的文章……他还谈及当时文学研究会与创造社有关文学主张的争论。在这里，丁玲接受了文学理论上的最初的启蒙教育。她开始懂得了什么是浪漫主义、什么是自然主义、写实主义等等文艺理论知识。那时，秋白先生议论广泛，丁玲虽然还不能全懂，但她觉得老师议论的高超和不凡，她觉得老师是站在各种意见之上的。

有一次丁玲请教秋白先生："我将来究竟学什么好，干什么好，现在应该怎么搞？"秋白先生毫不思考地昂首答道："你么，按你喜欢的去学，去干，飞吧，飞得越高越好，越远越好，你是一个需要展翅高飞的鸟儿，嘿，就是这样……"

这些话给了丁玲无穷的信心，很大的力量。从此，丁玲坚定了自己的信念——一辈子走革命文学的道路。

在以后漫长的革命岁月里，丁玲同志多次得到瞿秋白同志在政治、工作、生活上的关心和支持。1931 年，丁玲在上海主编"左联"的机关刊物《北斗》的时候，秋白先生在党的地下活动的同时，用司马今的笔名，为《北斗》连续写了"乱弹"。"乱弹"的内容涉及很广，对当时政治的腐败，社会的黑暗等，都加以讽刺，给予打击；同时还翻译介绍了许多外国作品，也撰写了许多阐述马克思、恩格斯现实主义的文学理论。1932 年 3 月，丁玲同志被批准加入中国共产党。在上海南京路大三元酒家的一间雅座里举行秘密的入党仪式时，主持仪式的是文委负责人潘梓年，而代表中央宣传部出席会议的却是瞿秋白。

瞿秋白同志是江苏常州人，生于 1899 年 1 月 29 日。1922 年加入中国共产党，在 1923 年党的"三大"会议上，被选为中央委员。1927 年，在中国革命的最危急的关头，他挺身而出，和党的其他同志一起，主持召开了党的"八七"紧急会议，批判了右倾机会主义，确定了土地革命和武装反抗国民党反革命统治的正确方针。在这次会议上，他被选为中共中央书记。1932 年，瞿秋白同志在中央苏区工作，任中央工农民主政府人民教育委员。1934 年 10月，中央红军主力撤出中央苏区，开始了万里长征，瞿秋白同志因病留下坚持斗争。1935 年 2 月 23 日，他在福建武平县被国民党匪军逮捕。1935 年 6 月18 日上午十时在福建长汀县西门外英勇就义。就义时，瞿秋白同志慷慨、英勇、悲壮地高呼："中国共产党万岁！""中国革命胜利万岁！""共产主义万岁！"

1950年12月31日，毛泽东同志为瞿秋白遗著出版时题辞说：

"瞿秋白同志死去15年了。在他生前，许多人不了解他，或者反对他。但他为人民工作的勇气并没有挫下来。他在革命困难的年月里坚持了英雄的立场，宁愿向刽子手的屠刀走去，不愿屈服。他的这种为人民工作的精神，这种临难不屈的意志和他在文学中保存下来的思想，将永远活着，不会死去。瞿秋白同志是肯用脑子想问题的，他是有思想的……"

陈延年和他的刽子手老师吴稚晖

陈延年烈士是陈独秀长子。父亲年轻时背叛了封建家庭，奔走革命，传播进步思想。因此，祖母把继承封建官僚家业的希望寄托在陈延年身上。延年勤奋好学，在小学和中学阶段，开始接触近代科学知识，对那些爱国志士反抗帝国主义侵略和清王朝腐朽反动统治的英雄行为，尤为钦羡。常以"天下兴亡，匹夫有责"自勉。17岁那年，他同弟弟乔年一起，跟随父亲到上海求学。

刚踏上人生的道路，来到这十里洋场，帝国主义分子欺侮同胞的恶行，工人、贫民悲惨的生活境遇，进一步激发陈延年的爱国热情，促使他急于探求改造黑暗社会、救国救民的真理。当时，西方各种新思潮涌入中国，延年贪婪地阅读各种新书刊，研究各种思潮流派。他由于幼稚、偏激，缺乏分辨真理和谬误的能力，就接受了风靡一时的无政府主义思潮。

无政府主义是一种小资产阶级和流氓无产阶级的反动思潮，主要代表有法国普鲁东、俄国巴枯宁和克鲁泡特金等。他们认为国家是产生一切罪恶的根源，宣称一切权力是"屠杀人类智慧和心灵"的罪恶，否定一切国家政权和阶级斗争，反对一切权力和权威，鼓吹个人绝对自由，主张建立所谓"你喜欢怎么做，就怎么做，你喜欢怎么想，就怎么想"的"无命令、无权利、无服从、无制裁、绝对自由"的"无政府状态"社会。中国的最热烈的鼓吹者吴稚晖、李石曾等，在巴黎创办中文版的《新世纪》周刊，大肆宣传无政府主义，被信徒们捧为"革命之健将、人群之导师"、"时代的先驱者，思想界的急先锋"。陈延年虔诚地阅读了吴稚晖的《新世纪》等大量无政府主义著作，并且奉之为经典。从1919年1月开始，陈延年和黄凌霜等人在上海建立"进化社"，出版《进化》杂志，发表文章推崇无政府主义。

"五四"运动爆发后，陈独秀要延年、乔年兄弟到俄国去学习无产阶级革命的真理。可深受无政府主义影响的延年兄弟，不信马列主义，对十月革命有种种误解，遂违父志，求助于吴稚晖，决心到无政府主义盛行的法国去勤工俭学，探求真理。

1920年2月，延年兄弟在吴稚晖举荐和帮助下来到法国，积极参加留法学生中无政府主义派的活动，从事无政府主义刊物《工余》的编辑工作，同法国著名无政府主义大师格拉儒来往。然而，陈延年逐渐看到，无政府主义尽管盛行，却没有对改造法国的社会起过任何积极作用；相反，日益堕落为资本主义的辩护士。他在给友人的信中说："到海外来，耳所闻目所见，更有令人失望者。"

陈延年开始阅读大量马克思主义著作，又进行认真的分析、比较。同时，更多了解到俄国十月革命的真相，对俄国无产阶级专政的偏见也开始逐步纠正。他终于认识到，马克思主义是唯一科学的、彻底的、完整的世界观，而"无政府主义之信仰"，是"建在浮沙之上"的。但，使他彻底和吴稚晖决裂的，还是1921年在留法勤工俭学学生中发生的三次严峻斗争。

第一次是"二·二八"运动，贫困的勤工俭学学生游行示威，反对吴稚晖把国内汇来的救济款拿去买古董、换马克、做投机生意。结果有20名女学生被关进法国监狱。第二次是学生们反对北洋政府丧权辱国，向法国借款买军火打内战。学生们再次包围驻法公使馆，迫使法国政府取消借款。吴稚晖公开站在北洋政府和法国反动当局一边，对学生们的爱国正义行动施加压力。第三次是里昂中法大学风潮。里昂中法大学原是以资助勤工俭学募集来的资金建立的。校长吴稚晖居然拒这些学生于门外，另从国内招来一批官僚富商的纨袴子弟入学，激起勤工俭学留学生的强烈反对。在共产主义者蔡和森、周恩来、赵世炎的领导下，100多名学生进驻里昂大学。吴稚晖与法国当局勾结，以"扰乱治安"为名，将这些学生全部逮捕。蔡和森、李立三、陈毅等，

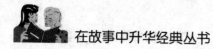

被强行押送回国。

延年在这一场场重大斗争中，终于认清了他曾"崇拜"的"导师"、"先驱"及其主义的伪善、丑恶的真面目，毅然脱离了无政府主义派。在周恩来、赵世炎、王若飞等同志的帮助下，他开始转向科学共产主义，参加筹建旅欧共产主义组织的革命活动。1922 年夏，在"中国少年共产党"成立大会上，被选为中央执行委员，担任宣传部长，负责编辑机关报《少年》月刊。不久，中共中央正式承认他们为中国共产党党员。1923 年 3 月，受中共中央派遣，延年兄弟赴俄，进入东方劳动者共产主义大学学习。陈延年如饥似渴地刻苦学习马列主义理论。

1924 年夏，延年奉命回国，到广州负责广东区团委工作。这年冬，接替周恩来担任广东区党委书记，参加领导了震惊中外的省港大罢工，表现了极坚强的奋斗精神。

随着革命运动的高涨，陈延年同毛泽东、周恩来等同志一起，坚决执行团结国民党左派，反对国民党右派的方针，对父亲陈独秀的右倾会机会主义错误进行了坚决抵制和尖锐批判。他曾在区委会上说："老头子（指陈独秀）不相信工农群众的力量，要他来广东看看工农运动的发展情况。"他还激动地说："我和老头子是父子关系，但我是共产党员，我坚决反对妥协退让的右倾机会主义。"三年如火如荼的斗争实践，充分显示了他的革命原则性和领导才干。

1927 年 4 月，陈延年调到上海，先后担任中共浙江区委书记和江苏省委书记；在党的"五大"上，被选为党的中央委员和政治局候补委员。蒋介石发动了"四·一二"反革命武装政变，遍地血雨腥风。陈延年不幸落入敌手，他机敏地自称受雇于人的茶房，敌人看他模样和打扮跟干粗活的工人一样，相信了他的自供。这时，爬上国民党中央监察委员、总司令政治部主任的吴稚晖，已变成蒋介石"清党"的刽子手。这个当初十分"敬佩"延年"志行"的"先驱"，极力举荐延年留法的"导师"，闻讯惊喜如狂，立即给上海警备司令杨虎写了"贺函"："今闻尊处捕获陈独秀之子延年。……陈延年之恃智肆恶，过于其父百倍。"杨虎接到告密"贺函"，立即严刑审讯。延年自知必死无疑，仍然镇定自若，始终坚贞不屈。被捕后的第九天，29岁的陈延年高呼革命口号走向刑场，从容就义。

谢国桢师梁启超治学之道

谢国桢先生是我国当代著名的明清史专家，一生治学严谨，著述极为丰富，对明末清初的历史有广泛深刻的研究，并有独到的见解。主要著作有：《晚明史籍考》、《清开国史料》、《明清之际党社运动考》、《清初史料四种》、《清初农民起义资料辑录》、《明清笔记谈丛》、《明代农民起义资料选编》等，蔚为大观，可谓文史界巨鼎。

1925年，谢国桢先生考取了清华大学国学研究院，就教于该院著名学者梁启超、王国维、陈寅恪诸先生，潜心从事历史研究，尤其是明清史和目录学。1926年在国学研究院毕业后，便专门在梁启超先生门下求学。谢先生深谙梁启超先生治学之道，一生受益无穷。在天津梁启超先生的"饮冰室"内，谢先生一方面辅导梁启超先生的子女梁思达、梁思懿等人的国语课，一方面在梁先生的指导下，研究了明末清初的学术思想，并收集了明清资料及建筑园林的史迹，为他今后的深入研究奠定了坚实的基础。梁启超是著名的维新派革命家，一生都没有停止对真理的追求，尽管历史证明维新道路在中国是行不通的，可是那种追求精神实在难能可贵。这种精神必然影响其弟子谢国桢先生。同时梁启超先生还是一位大学者，治学严谨、惜时如金，有"起趁鸡鸣舞一回"的座右铭，为后人称道。这也自然对其入室弟子有潜移默化的影响，况且梁先生又对学生要求很严。谢国桢先生一生能取得那样大的学术成果，与梁先生"传授"的这两种精神是分不开的。

1929年梁启超先生久病不愈，吃西药无效，弟子谢国桢力劝梁先生改服中药，并推荐当时驰誉北京的四大名医之一的萧龙友（现北京师范大学教授萧璋先生之父，谢国桢先生亲弟的岳父）去为梁先生治疗。梁先生也同意了。在登门诊治两次之后，就改为通信诊治。梁启超先生的病情都由谢国桢详细函告。服萧龙友的中药之后，初时颇见成效，但不久又有反复。主要原因就是梁启超先生，没有停止工作，当然主要是读书。后来萧龙友函告谢国桢说，梁先生的病要治好不能光吃药，同时必须停止工作，包括阅读，否则即使扁

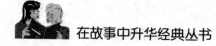

鹊再生，也无能为力。医生满怀希望梁启超能听从其劝告，配合治疗。想不到谢国桢回信说，梁先生听了劝告以后，回答是"战士死于沙场，学者死于讲座"，仅此二句。医生无可奈何。不久，梁启超即病逝。这种精神，实在令人慨叹。当然，受这两句话影响最大的莫过于他的弟子谢国桢了。

1982 年，谢国桢先生因胆石病住进北京首都医院治疗。这时他的病情很重。原来发胖的身体瘦了许多，反复发着高烧，有时体温达到四十度。大小便不能自理，更没有力气下床了。然而待他病情稍为稳定后，他便在病房内读书、工作起来。有一次，好友萧璋先生前去探望，见其病床旁边的桌子上放着书。谢国桢先生仍然在看书。萧璋先生劝他说，养病期间不要看书，要注意休息。可是，谢先生沉默片刻后，回答说："'战士死于沙场，学者死于讲座'，这是梁任公（启超）先生的遗训，记得当年曾经专函把这两句话奉告令尊，你想必也是知道的，你现在忘记了吗？我有幸列于梁先生门墙，亲承教诲，尽管由于我的资质鲁钝，也不够勤奋，垂老无成，愧对师门。但梁先生这两句遗言，我是一辈子也忘不了的。师训不可违。我现在虽然病了，但是还活着，怎能教我不读书呢？"不几月（1982 年 9 月 3 日），谢国桢先生即谢世故去。临终不违师训，工作到生命的最后一刻。谢国桢先生一辈子实践着老师梁启超的治学之道，可见老师的话对他影响之深。真可谓：有其师必有其弟子。

李苦禅和他的老师齐白石

以大写意花鸟鱼见长的我国著名画家李苦禅先生，早年曾投科在齐白石先生门下学画。李苦禅出自寒门，只能白天拉洋车，勉强果腹后，晚上到齐白石先生家中求教。年轻时的李苦禅先生非常爱好绘画，而且天资聪颖、勤奋刻苦，对艺术孜孜以求。白石先生对这位山东大汉弟子格外厚爱，不收学费、赠予颜料，并主动送给他自己的精品以资鼓励。白石先生之所以如此厚爱李苦禅，除发现李苦禅有过人的艺术天才外，李苦禅的处境，使他想到了自己贫苦的出身。

齐白石 1863 年诞生在湖南省湘潭县一个贫苦的农民家里，全家靠种田织布为生。他虽然自幼好学，却念不起书。直到九岁那年，母亲才把他送到外祖父那里读书；但未满一年，因家里贫困便又辍学回家，帮父亲放牛、砍柴。

齐白石酷爱绘画，七岁时便开始作画。祖母感叹地说："三日风，四日雨，哪有文章锅里煮；明天没有米，看你怎么办？"可贫穷不能使年幼的齐白石屈服。买不起纸，他把旧账簿上的纸剪下来画画、写字；有时间读书，他在放牛时把书挂在牛角上，一边放牛一边读。

繁重的劳动，贫困的生活，使齐白石的身体变得非常羸弱。12岁时，因身体不能种田，父亲便送他到一个木匠家里当学徒。先做了几年的粗木活，后来转学雕花木工。他作木匠15年，白天辛苦劳动，晚上仍孜孜不倦地绘画读书，一直到夜半鸡叫。27岁以后，齐白石先生才开始专门从师绘画。没有灯油的夜晚，他燃起松枝，照样读书、写诗、治印、作画。以后，军阀混战，齐白石先生到北京避难，以篆刻卖画为生。那时他为了避免干扰，每天凌晨起床，就把大门关锁。他整日闭门作画刻印，把整个生命都浸泡在艺术里。

齐白石发现李苦禅是个绘画的艺术天才，并预见不久的将来，苦禅必成大器。齐白石先生曾在李苦禅一张早年之作上题曰："余门下弟子数百人，人也学我手，英（若禅名）也夺我心。英也过我，英也无敌，来日英若不享大名，天地间是无鬼神矣！"白石先生在艺专授课时也曾对学生们说过："你们数十年后便知：白石后笔墨便推苦禅。"

青年李苦禅对自己的老师齐白石十分敬重，对老师的艺术造诣更是五体投地，对老师的要求言听计从，对老师的作品心摹手追，以效先生作品的神韵。白石先生及时提醒，反对李苦禅仅对自己笔墨的学习。告诫他说，学习别家长处，尤其是学习前辈艺术家时，决不能终生食而不经，而应创造性地运用。只有博采众长，才能自成一家，"学我者生，似我者死"。白石先生还告诉自己的学生说，自己原来取法于徐谓、朱耷、李鲜及吴昌硕诸家，但没有受到他们的局限，在艺术探索中逐渐找到了自己，"几十年才得其神"。

水墨写意画的最大难点是"气韵生动"，"以形写神"。白石先生要求李苦禅必须具有娴熟的笔墨技法和生活感受，苦练造型艺术的基本功。这几方面互相糅合，缺一不可。绘画"妙在似与不似之间"，才能使作品获得更多的艺术魅力。作画时要"胸有成竹"、"意在笔先"，一幅画贵在神韵。艺术家

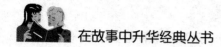

必须有自己的独特风格，突破前人的窠臼。他用自己画虾的经历来教诲李苦禅。

齐白石先生从年轻时就开始画虾了。他曾对明清画家徐青藤、八大山人、李复堂、郑板桥等人的画虾作品，反复临摹，虚心汲取前人的笔墨画技。苦练了几十年，他画的虾，外形逼肖已超过古人。但他总不满足，总觉得虾的透明感还没有充分表现出来，少姿态，不生动。于是，他在大碗里养几只长臂虾，经常置于画案，每天仔细观察，还常常用笔杆触动它们，让虾表演跳跃等各种姿态，然后抓住瞬间的姿态变化进行写生。虾的眼睛本来是两个小圆球，他原来也只画两个浓墨点，后来在写生中他观察到虾在水中游动时两眼外横，于是，他以夸张的手法，改画为两横笔，这便画出了虾的生气。虾臂和虾钳，是描绘虾的姿势和动作的主要部分，过去齐白石画法变化不多，经过反复观察，他发现虾在急游时双臂伸直，钳紧闭合；缓游时双臂弯曲，夹物时钳张开，斗嬉时双钳齐上，四钳相斗，互不相让。虾须也同姿势的动作关系极大，急游时，须向后的弯度较大；缓游或静止时，弯度较小。他把这些细心观察的微妙变化，统统融于自己的画面。他不断的实践和完善，终于巧妙地用粗、细、浓、软、硬不同的笔墨线条，画出了透明的、游动着的活虾。又充分利用纸、笔、墨的性能，掌握水墨在宣纸上的自然渗化，准确而生动地表现出虾的阴、阳、向、背、轻、重、厚、淡、薄、软、硬的质感。从而使他画的虾达到了脱出古人的桎梏、"形神兼备"的艺术境界。

李苦禅深深记住了老师的这些教诲。几十年后，当也功成名就之后，也对自己的学生谷宝玉说，一代名家没有只学一家的，博采众长，走自己的路，才是艺术家的出路。李苦禅还对自己的学生说，做人要老实，作画却不能太老实。所谓不老实，就是指另辟蹊径的意思。

附带一笔，当代著名画家许麟庐先生也是齐白石的学生，许麟庐早年嗜画如狂，可惜投师无门。后来不期遇到了李苦禅，两人十分投机。当时李苦禅已是白石先生门徒。于是在李苦禅的引荐下，许麟庐也拜在齐白石门下，二人同为齐门弟子，以哥弟相称。白石先生对这两个弟子也十分钟爱，笔墨燥润、浓淡、用笔轻重缓急这些细微之处也不吝教诲。白石老人92岁那年画了两幅荷花，一有水中倒影，一是花落一瓣，众蝌蚪顶瓣而游。他让二门生抓阄分而宝之。并分别题曰："问苦禅麟庐便知"，"问麟庐苦禅便知"。师生相知、相亲，尽在不言之中。

刘伯承念私塾

刘伯承同志幼时乳名孝生，他聪明、活泼，但也很顽皮。父亲刘文炳是个乡村知识分子，虽然生活非常困难，朝不保夕，但对孝生的教育非常重视。伯承五岁时，父亲借了些粮食，当作学费，背上他，送去念书。同学中间数他最小，他要坐一个高板凳，脚下再垫上两块砖，才能看得见先生。

孝生上学后，仍然贪玩，读书不知道用功，学习成绩不怎么好。有时他在学堂里淘气，还要挨先生的板子。

母亲见他不用心读书，非常着急，便经常督促他学习。可是母亲又不认识几个字，也不知道他作业做得怎么样，就想了个办法，看着他背书。有一天，孝生放学回家，正要跑出去玩，就被母亲叫住，让他背书，把当天学过的功课背完再去玩。孝生知道母亲不识字，又急着出去玩，就站在门里边，闭上眼睛瞎背一通。母亲坐在床上认真地听着，恰巧，父亲今天没有出门，在里屋看书。他听着听着，发现小孝生在乱背一气，就高声责备他："孝生，你欺负你妈妈不认字，乱背啥子！"母亲这才知道小孝生又在淘气，抱着书痛心地哭了起来。

孝生见妈妈哭了，知道自己做错了事，就赶紧过来劝母亲："妈妈，您别生气了，别哭了。"

母亲边哭边说："谁叫我小时候家里穷，念不起书，连自己的儿子也欺负我不识字，叫我怎么不伤心呢！"

父亲也十分生气地说："我告诉你，我没有南庄田、北庄田，只有一管笔、一锭墨留给你，你不用功，看你以后怎么过？"

聪明的孝生马上意识到自己伤了母亲的心，赶紧安慰母亲说："妈妈，是我错了，以后再也不让您着急了。"

"光知道错了就行吗？"母亲说，"从今天起，一定要好好念书，长大了才能做事。要不，你长大了，别人也会欺负你的。"

小孝生听了父母亲的话，心里非常难过，于是向双亲保证："爸爸，妈妈，请你们放心吧，我一定好好念书，长出息。妈，明天天不亮您就喊我起来上学吧！"

从此以后，小孝生真的立下志向，发奋读书了。他每天总是第一个到课堂，第一个发声背书，如果哪天晚到了些，他回家就哭，埋怨母亲早晨喊他起床晚了，让母亲第二天早点喊他。

孝生10岁以后，转到灯草坝刘家私塾就读。由于家里生活不宽裕，他学习之余，还要帮家里干农活。在干活时，他也老惦记着看书。就连推磨、放牛的时候，手里也拿着一本书看。

孝生的老师看他读书这样用功，学习成绩也很好，非常喜欢他，教他也更热心。在老师的指点下，他的进步很快。他读书一丝不苟，凡是他读过的书，他都要弄懂，并且都仔细地进行圈阅和批注。仅仅一部《孟子》，他就圈阅过数遍。练习书法，他更有耐力。他很喜欢元代赵孟頫頫的书法，经常照着字帖临摹。每一个字，他都要反复写上几十次，直到他认为和字帖上的字差不多了，才接着写下一字。

孝生的老师有这样一个学生，非常得意。有一次，他见到刘文炳，就对他说："孝生这孩子很聪明，记忆力也强，读书也知道用功。我叫他们背文章，光会背正文，我就满意。可是孝生这孩子有心，他不但背了正文，连注解也背了下来。我的底子也就到这儿了，这孩子你要想办法造就他，将来一定大有作为呀。"

孝生在灯草坝读了一年多私塾，就赶上开县科举考试，老师认为孝生年纪虽小，但是文才好，可以一试。老师还劝刘文炳也去考考看，一来陪孩子去，孩子不至于紧张；二来，如能考中秀才，家境可以好过一些。结果，父子俩在预考中同时考中，刘伯承在第三团考了第一名。谁知有人妒忌，打了一个小报告，主考听说孝生的祖父是吹鼓手，不由分说逐出考场。

刘伯承从此结束了私塾学习。

许德珩的回忆

1917年，正在北京大学读书的许德珩，由于家道贫寒，经济十分拮据，寒冬腊月连一件棉衣也没有。这时，蔡元培就任北大校长。校长秘书徐宝璜建议许德珩去找蔡元培，看能否想点办法。

许德珩向蔡元培陈述了自己的困难，希望校长帮他安置一个半工半读的工作。蔡元培问他会不会外文，他答会英文。蔡元培便从书架上拿下一本英译本的《多桑蒙古史》，叫他当场把一节翻译成中文。他在蔡元培的办公室里，译了两个多钟头，快到中午下班即交了卷。蔡元培看后，觉得译文符合原意，而且文笔流畅，比较满意，于是推荐许德珩课余担任翻译《多桑蒙古史》的工作，每月有10块银元的稿费。从此，许德珩不但生活安定下来，而且每月还可以给母亲寄点钱回去。这样一直延续到1919年他毕业为止。

蔡元培对许德珩思想上的进步也很关切。"五四"运动前夕，蔡元培听到了巴黎和会决定要把德国强占我山东的"权利"交给日本，并拒绝了关于取消二十一条卖国条约的建议，当即把这一消息告诉了许德珩。作为《国民杂志》负责人之一的许德珩，很快约集参加国民杂志社的各校代表，于5月2日夜间召开紧急会议。5月3日晚，北大学生会召开全体学生大会，并约北京13个中等以上学校学生代表参加，宣布了这一令人气愤的消息，并决定采取行动。

5月4日，北京大学学生整队出发到天安门示威，蔡元培是支持的，在许德珩等32名学生被捕后，蔡元培与各专门学校的校长到总统府请愿，并到警厅以身家作保，要求予以释放。当许德珩等20名北大学生出狱时，蔡元培亲自去迎接，并含着眼泪勉励、安慰学生，给许德珩等进步学生以极大的鼓舞。

老大哥和小弟弟

章太炎是近代民主革命家、思想家，一生中有不少时间从事教育工作，鲁迅、许寿裳、钱玄同都是他的学生。1902年，近代青年民主革命家邹容从日本回国后到上海住在蔡元培创办的"爱国学社"里。他听说章太炎也在学社，十分崇拜，就托人介绍拜章太炎为师。36岁的章太炎非常赏识这个年方19、具有非常激进的民主主义思想的学生，不久，就主动提出和邹容结拜为兄弟。邹容称呼章太炎为"老大哥"，章太炎称呼邹容为"小弟弟"，两人从此志同道合，感情十分融洽。

邹容写了一篇富有战斗性的宣传革命的著作《革命军》，章太炎为之作序，并同时在报刊上发表一系列介绍这篇著作的文章。由于章太炎的推荐，《革命军》不胫而走，很快就销售了几千册，在社会上产生了极为巨大的影响。清政府惶恐不安，在1903年6月勾结帝国主义将章太炎和邹容二人逮捕下狱。在狱中，师生二人受尽了非人的虐待。邹容受不住折磨病倒了。1905年2月初，邹容病势加重，经常昏迷过去。章太炎托人从外面买来黄连、阿胶等药给他滋补，也仍然没有产生效果。望着自己心爱的学生奄奄一息，章太炎悲愤难平，写下了著名的《狱中赠邹容》一诗：

> 邹容吾子弟，被发下瀛洲。
>
> 快剪刀除辫，干牛肉作糇。
>
> 英雄一入狱，天地亦悲秋。
>
> 临命须掺手，乾坤只两头。

1905年4月2日半夜里，邹容在狱中悲惨地死去，章太炎精神上受到极大打击。他手抚小弟弟的尸体，口张目视，哀痛得不能出声。邹容是他最心爱的学生和小弟弟，邹容的死是他永远不能忘记的。

13年后，已是孙中山先生领导下的护法军秘书长的章太炎，来到邹容家乡四川巴县，特地到邹容的柯堂里去致祭。面对着学生栩栩如生的遗像，章太炎百感交集，把满腔哀思寄托在一片放声的痛哭之中。

章太炎如此爱护学生，尊重学生，使得当时更多的青年学生聚集在他的周围。鲁迅在回忆当年情景的文章中说："前去听讲……并非因为他是学者，却为了他是有学问的革命家，所以直到现在，先生的音容笑貌，还在目前，而所讲的《说文解字》却是一句也不记得了。"

爱惜人才

1910年秋天，毛泽东同志从家乡韶山步行到湘乡，投考东山学堂。学堂的主持人李元甫先生以《言志》为题，让他写一篇文章。毛泽东同志激扬文字，在文章中表达了他救国救民的宏伟志愿。李先生阅后，极为赞赏，对教师们说："我们东山学堂，今天发现了一位建国的栋梁之材！"但当时有人认为毛泽东同志不是本县人，不同意收他入学，李先生对这种只讲狭隘的地方观念而丝毫不爱惜人才的议论非常气愤，他坚定地说："如果不录取毛泽东，我就辞职！"在他据理力争之下，毛泽东同志进入了东山学堂。在东山学堂学习期间，李先生一直很器重毛泽东同志，支持他反对旧教育制度和阅读进步书刊。后来，又亲笔写信，推荐毛泽东同志去长沙投考一中。

李先生在去世之前，曾作了这样一副对联自挽：

> 为国育才，应有一木支大厦；
>
> 齐家教子，不及诸葛在南阳。

上联典出《文中子·事君》篇："大厦将颠，非一木所支也。"李先生反其意而用之，表达了他对少年时代的毛泽东同志的特别赏识和钦佩，抒发了为国育才的豪情壮志。下联引用诸葛亮教子的故事，诸葛亮之子诸葛瞻深得父亲的教诲，与魏军战于绵州，兵败而死。这里李先生是说自己在教育后辈方面不及诸葛亮，表现了他谦逊的美德。1955年，毛泽东同志接见东山学堂的老同学时，还曾提起这副对联，称赞李先生"是热心的教育家，是爱惜人才的"，并"希望所有办教育的人，都注意爱惜人才"。

演讲前立下的遗嘱

1947年5月，上海市大中学校的学生举行罢课，声援请愿学生。66岁的马寅初教授贴出了一张声明："本教授遵照上海市学联决定罢教一天。"接着，他又接受邀请，去南京中央大学作演讲。

当时，马寅初的处境十分险恶。他曾当过蒋介石的老师。蒋介石叛变革命，与人民为敌后，马寅初就和蒋介石断绝了师生之谊。蒋介石派人送来请柬，用委员长的名义请他赴宴，他断然拒绝了。蒋介石又派人来游说："委员长说了，你是他的老前辈，既是老师，又是浙江同乡，委员长推荐你任财政部长，或者中央银行行长。"马寅初微笑道："你们想弄个官位把我的嘴巴封住，办不到！"蒋介石恼羞成怒，密令各地不准聘请马寅初任教授或安排其他工作，还不准他发表演说。

马寅初应邀去南京演讲的消息传开后，按照蒋介石的旨意暗布在马寅初周围的特务们就公开发出威胁："马寅初敢去演讲，就干掉他！"

马寅初临危不惧，在赴南京前写下一份遗嘱交给家属。到南京中央大学，

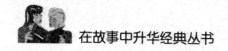

他作了题为《穷则变，变则通》的演讲，狠狠揭露了国民党反动派的罪行。

陶行知吟诗拒权贵

1917 年秋，陶行知结束了三年的留学生活，获得了政治硕士和教育学监两个学位，从美国回到祖国。因为他满载而归，回国后立即被南京高等师范学堂聘请为教授，不久又担任了教务长。

年仅 26 岁的陶行知，并没有因为自己留学生的身份和担任了在教育界有较大影响的职务而趋炎附势，作为向上爬的阶梯。相反，他大胆革新校政，认真清理积弊，显示出惊人的魄力。当时，流传着他坚持原则力拒权贵的一个动人故事：

南京有一个姓汪的有权有势的大人物，膝下有两个花花公子，平时游手好闲，嬉游无度，任意荒废时日，从不把学习放在心上。有一年，两个公子都参加了南京高师附中的招生考试，由于成绩低劣，学校发榜时，双双名落孙山。姓汪的不鞭策自己的孩子改掉恶习，专心学习，反而自恃有权有势，厚颜无耻地打电话给陶行知，请他高抬贵手，予以照顾。陶行知对此非常反感，坚决回绝了他的要求。他见硬的一手不行，便又变换手法，派他的秘书登门"拜访"，劝说通融，并答应只要允许他两个儿子入学，汪家一定厚礼相报。尽管那位秘书花言巧语，费尽心机，陶行知却仍是"雷打不动"。但来者不知趣，仍在耳边不停地聒噪。这时，陶行知实在不耐烦了，站起身来，不动声色地随口吟出苏东坡的一首五言诗："治生不求富，读书不求官，譬如饮不醉，陶然有余欢。"汪家的秘书听了，羞得无言以对，只好怏怏而去。

三请齐白石

提起齐白石到北京艺术学院当教授，其中还有一段徐悲鸿三请齐白石的动人故事呢！

1929 年，徐悲鸿在北京艺术学院任院长。他看到齐白石作画敢于打破师法创造，不落古人俗套，非常赞赏，于是决定聘请齐白石先生担任北京艺术学院的教授。

当时，徐悲鸿年仅 30 多岁，风华正茂，而白石先生却已须发尽白，但两人却一见如故，评画论诗，滔滔不绝。谁知，当徐悲鸿提出聘请白石先生到北京艺术学院任教授时，白石先生却连连摇头。过了几天，徐悲鸿又专程去拜访白石先生，重提任教一事，又遭到白石先生的婉言谢绝。不久，徐悲鸿怀着"三请诸葛"的决心又来到白石先生家里，言真意切，再三敦请。这时白石先生才深受感动地说："徐先生，我对你说实话吧！我不是不愿去当教授，是因为我是木匠出身，从来没有进过学堂，更没有教过书，连小学、中学都没有教过，怎么能去教大学呢？"徐悲鸿也被白石先生的毫不虚伪、直言相告深深感动了，便耐心解释说，只请白石先生在课堂上示范作画，课可以不讲。并说"我一定在旁边陪着你上课。"白石先生这才答应试试。

一个风和日丽的清晨，徐悲鸿亲自登车去接白石先生。白石先生在徐悲鸿的陪同下来到北京艺术学院，一同走进教室。这时，画案上早已摆好了笔墨纸砚，学生们正热切地等待着白石先生来上课。只见白石先生把手杖靠在墙边，稍稍挽了挽袖子，便提起笔来非常熟练地作起画来。学生们都聚精会神地注视着，一双双眼睛都在随着他的笔锋移动。画完之后，学生们赞叹不已。这时，徐悲鸿先生即因势利导，引导白石先生与学生们漫谈起来。就这样，一堂生动的示范表演课在当当的下课铃声中圆满结束。学生们感到收获很大，徐悲鸿也为白石先生的授课成功而十分高兴。白石先生看到大家虚心好学的诚恳态度，心情十分激动。他用微微发抖的声音说："徐先生，你真是个好人，以诚相待，说到做到，我可以在大学教画了，首先应当感谢你！"

诗　教

"教育学生不应该用强制的方法，更不应该有粗暴的态度。中国古代温柔敦厚的诗教，今天的学校教育中还用得着。"徐特立不光是口头上这样提倡，他在湖南第一女师时，就用"黑板诗"教育学生，留下不少佳话。

那时的湖南第一女师的自修室通往饭厅的走廊上，悬挂着一块大黑板，是专供徐特立写诗用的。徐特立写完诗，常喜欢请老师们提意见，语文教师黄厘叔（在家排行第四，故称黄四先生）就是经常被请的一个。黄老师曾写过一首诗描绘徐特立作诗时的情景，最后两句是："吟成写罢高声唤：黄四先生快看诗！"

徐特立写的黑板诗中，有表扬校中学习成绩比较整齐、数学尤其突出的第十二十三班学生的：

"女儿智力何曾弱？十二三班作例观。

学算刚刚三载半，几何三角一齐完。"

有夸赞女生丘伯箴在校外旅行中的表现的：

"人人共道伯箴强，一跃先登上女墙。

倘使女儿皆若辈，立将衰弱转强梁。"

还有对摔碗学生的批评、诱导的：

"我愿诸生青出蓝，人财物力莫摧残。

昨宵到底缘何事，打破厨房碗一篮。"

这些诗歌通俗易懂，词意恳切，为润物细雨，滋养学生心田。不少学生当时受到深刻教育，过后留下永远的记忆。解放以后，湖北省天门县第一中学教师单秀霞回忆过这样一件事：

一次，在女师15班读书的单秀霞为爱人打毛线衣，白天没工夫，晚上约了同学就厕所的灯光赶着编织。徐特立知道后很着急，可又不好进女厕所。单秀霞她们躲在里面不敢出来。徐特立只好站在门外细声细气叫喊，要学生回宿舍休息。单秀霞说："请您走开，我们就出来了。"徐特立果然走了。单秀霞回到寝室，心里忐忑不安：徐特立先生明天一定会批评她和那几名女生。但是徐特立第二天只在黑板上写了两首打油诗：

"昨夜已经三更天，厕所偷光把衣编。

爱人要紧我同意，不爱自己我着急。"

"东边奔跑到西边，不仅打衣还聊天。

莫说交谈声细细，夜深亦复扰人眠。"

读了这两首诗，单秀霞和同学在就寝时再不打衣，再不谈话了。而且每天都到黑板前去看徐特立写了什么新诗。30多年后，单秀霞回忆说："这是30年前的事了，至今还历历在目，并且给我们工作上很大的影响。解放几年来，我一直在搞女生辅导工作，我也就学了徐老这些办法，在同学中已收到很大的效果。我当了七年班主任，学生毕业后来信，都是呼我为妈妈。这是与我们前辈对我的教育分不开的。"

指点教学法

鲁迅先生先后从事教育工作近20年，曾在中等学校和大学任过多门课程。他的教学深受学生的欢迎。每逢他讲课，教室的门边、走道以至窗台上都挤满了人。鲁迅的讲课之所以有这么大的吸引力，除了他的知识渊博、讲课认真和鲜明的革命倾向以外，还有一条就是教学有方。鲁迅讲课，绝不照本宣科，也不翻来覆去地讲了又讲，而是把自己编写的讲义先念一遍，目的是让学生对讲义有个大致了解，然后再根据学生的情况，抽出几个疑难问题来加以解释。通过这些必要的指点，不仅使学生获得了宝贵的知识，而且提高了学生独立阅读和分析问题的能力。这就是鲁迅先生的"指点教学法"。

他在北京大学讲小说史时，教材是先生亲手编的《中国小说史略》。有一次课堂上，他将讲义念了一遍之后，针对学生中的疑惑，作了如下两方面的指点：一、"汉唐宋统治较久的朝代，歌功颂德的作品多，乃因统治者已将不利于他们的文章查封了，毁灭了。"二、"一个强盛的朝代，极愿与外国文化交流，只有在本身有病的朝代，才排斥外国文化输入。"这样指点，的确非常精彩，立论新奇，切中要害，像交给了学生一把打开《中国小说史略》的钥匙。而且发人深省，虽然谈的是历史，却让人联想到现实。这种指点教学法，有效地把学生们的学习积极性调动起来，使学生们对学习这门课程产生了极为浓厚的兴趣，有些学生一连听三四遍毫无厌烦之感，而感到是一种艺术享受。

把学习的自由还给学生

人民教育家陶行知，积多年的教育实践经验提出：对于儿童教育，要着力于发展其创造力，这就必须把学习的自由还给学生。为此，他主张：在教学中要努力做到"六个解放"：

一、解放儿童的头脑，使他们能想。层层束缚儿童创造力的裹头布必须撕下来。

二、解放儿童的双手，使他们能干，双手要接受头脑的命令。

三、解放儿童的眼睛，使他们能看，不戴有色眼镜，使眼睛能看事实。

四、解放儿童的嘴，使他们能讲话。特别要有问的自由。

五、解放儿童的空间，不要把儿童关在笼子中，使他们能到大自然、大社会里去扩大认识的眼界，吸取丰富的营养。

六、解放儿童的时间，不要把他们的课程表都填满，不逼迫他们赶考，不和家长联合起来在功课上夹攻他们。要给他们一些时间消化所学的功课，并且留出一些时间让他们干一些他们喜欢干的事情，决不能把儿童的时间全部占去，使儿童失去学习人生的机会，养成不思创造的惰性。富有创造性的儿童教育，首先要为儿童争取时间的解放。

陶先生曾多次给一些教师讲，"六个解放"将会"使中华民族的创造力可以突围出去。"

有一次，一位孩子的母亲来陶先生家里作客。谈话之间，她情绪激动地讲了这样一件事：她刚刚省吃俭用买来一块金表，不想却被她的儿子当作一件新鲜玩具摆弄起来，竟致拆坏了。她一怒之下，把孩子狠狠地打了一顿。说完之后，还余怒未消。

听到这里，陶先生笑了起来，非常幽默地说："恐怕一位中国的爱迪生被你打死了！"这位母亲不解其意，惊愕地望着陶先生。陶行知便慢慢地对她解释说："孩子的这种行动是受一种好奇心的支配，是求知的表现，是一种有出息的行为。但遗憾的是，不少父母对此却不甚理解，不许孩子动手，动手就打手心，往往因此而摧残了儿童的创造力。"听了陶先生的一席话，这位母亲才恍然大悟，并急着向陶先生请教补救办法。

陶先生便因势利导地说："你可以和孩子一起把金表送到钟表铺，请求修表师傅同意，让孩子看师傅如何修理。这样，就可以把钟表铺当成课堂，修表师傅成了老师，修理费成了学费，令郎的好奇心就会得到满足，或许他还可能学会修表哩！总之，做教师和家长的，要想方设法解放儿童的双手，让他们从小有动手的机会，这有助于发展孩子的创造力。"那位母亲听了，连连点头称是，并表示要按照陶先生的指导去教育孩子。

"文化早餐"

30 年代末，在四川省合川县的凤凰山上，出现了一座朝气蓬勃的新型学校。这就是人民教育家陶行知创办的育才学校。

每天早晨，陶行知早早来到操场，集合师生上早操。早操完毕，接着举行朝会。朝会开始先唱陶先生写的《手脑相长歌》。这首歌的歌词是：

"人生两个宝，双手和大脑。

用脑不用手，快要被打倒。

用手不用脑，饭也吃不饱。

手脑都会用，才是开天辟地的大好姥。"

唱完歌，便是师生轮流演讲。时间每人只讲三五分钟。讲话的内容丰富多彩，生动有趣。陶先生把这种讲话，称之谓"文化早餐"。

有人曾询问陶行知搞"文化早餐"的意图何在。陶先生回答说，这种"文化早餐"至少有三方面的好处：第一，为了讲演，自己动了脑筋，自己做了学问；第二，锻炼了讲话能力；第三，听的人受到启发，得到了精神食物。那人听了，诙谐地说："你这种'文化早餐'，不仅'点心'，还有些'点脑'的作用呢！"

恽代英教学生作文

1921 年恽代英同志任川南师范学校校长时，创办了一所平民夜校。他除了亲自担任夜校的"训话课"，对贫苦学生进行爱国主义教育外，有时还给其他学科的老师代课，给川南人民留下了宝贵的精神财富。

有一次，他给国文教师代课，出了个作文题《我》。学生们看了题目，一个个抓耳挠腮，不知从何处写起。恽校长便启发大家说："大家想一想，我们的祖国怎么样啊？我们爱什么？恨什么？我们长大了要做什么呢？"经他这样一启发，许多学生思索的闸门打开了，觉得以《我》为题并不难写。有的写《我们不做奴隶》，有的写《我要做一个真正的中国人》，还有的写《我的前途和命运》等等。

有一个叫王一的学生，以《我要做一只恶狗》为题。作了一篇短文。恽校长看后，启发他说："做一只恶狗，去咬死洋狗，去咬死高鼻子、洋鬼子，当然不错。但洋人在租借地挂上'华人与狗不得入内'的牌子，以此来侮辱我们中国人，你何必要做恶狗而不做一个人呢？"王一点了点头，把作文本收回去，重新写起来。不长时间，他又写成了《我要做一个"恶人"》的文章。恽校长看了，为这个学生具有勤于学习并勇于同恶势力作斗争的思想而高兴，便进一步指点他说："做人不光做敢于和恶魔斗的恶人，还要做有志气、有理想、有高尚道德品质的人，并且要做一个善于斗争的人，做一个中华民族的优秀子孙。你看是否再改一改呢？"根据恽校长的诱导，王一经过深思熟虑，重新作了一篇《我要做一只蚂蚁》的文章，表达了他要以蚂蚁啃骨头的精神学习文化知识，为建设新中国而贡献力量的志向。恽校长对这篇文章作了精批细改，在批语中热情地赞扬了他这种为中华民族崛起而发愤学习的精神。

第二章

教育：成就天才的根本

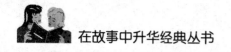

卡尔·威特的誓言

天才更多地取决于后天的教育，即使并不聪明的孩子，只要教育得法，都有可能取得非凡的成就。良好的教育是父母给予孩子最好的礼物。

19世纪初，德国有一个叫卡尔·威特的人，他是一名乡村牧师。他主张孩子必须从幼儿时开始教育，即使是普通智商的孩子，只要因材施教，也会成为一个不平凡的人。他的观点遭到了很多人的嘲笑和鄙夷。

幸运的是，威特的观点得到了好友格拉彼茨牧师的赞同和支持。格拉彼茨牧师因道德高尚而在威特的家乡远近闻名，他与威特是自幼一起成长起来的朋友，可以说他是最了解威特的人。

为了使威特的教育理念得到更多人的认同和接受，格拉彼茨牧师积极奔走为他组织演讲。在小威特出生之前，玛得布鲁特市就有一个探讨教育问题的学会，是由几个青年教育家和青年牧师共同发起组织的，格拉彼茨牧师是该会的会员，经他的介绍威特也加入了这个学会。

在一次聚会上，有一个叫希拉德的牧师认为孩子的天赋决定一切，他断言："对于孩子来说最重要的是天赋而不是后天的教育。教育家无论用什么教育方法来开导和启发都是徒劳。"这种观点与卡尔·威特的意见截然相反，所以立即遭到了卡尔·威特的反驳："你的观点太片面了，对于孩子的成长来说最重要的是教育而不是天赋。孩子最终会成为一个成功的人还是一个平庸的人，不是一生下来就注定了的，成才的关键在于孩子从生下来到五六岁时的教育。诚然，孩子们的天赋是有差异的，但这种差异是有限度的，天赋不能决定一切。我认为，任何正常的普通孩子，只要教育得法，也能成就一番伟业。正如爱尔维修所言：'即使是普通的孩子，只要教育得法，也会成为不平凡的人。'我永远坚信并支持这一论断。"

卡尔·威特的这番言论，使他成了众矢之的，遭到了与会者的一致反对。面对众人的围攻，寡不敌众的威特只得说："你们十多个人辩驳我一人，我自然是无法辩过你们。这种辩来驳去的争论即便能分出输赢也只是停留在口头上，咱们不如拿事实来说话。如果上帝赐给我一个孩子，只要他禀赋一般不是白痴，我就一定能把他培养成一个非凡之人。"听到他的提议，其他会员认为自己稳操胜券，得意地说："行，我们等着瞧！"

不久威特夫妇的第一个孩子降生了，但还未等到威特对其着手教育，孩子就不幸夭折了。之后，他们又有了第二个孩子也取名为卡尔·威特，但让人难过的是小威特是一个再普通不过的孩子了，甚至让人觉得有点傻。

父亲老威特悲伤地说："上天怎么给了我这样一个傻孩子呢？为什么要这样惩罚我呢？"对老威特的不幸遭遇，邻居们尽管也劝他不要这么想，不要这么忧伤，但内心里却认为小威特的确是个白痴，有这样一个孩子真是件倒霉透顶的事情。

无论孩子生得如何，天下的父母都不会放弃他们。作为父亲的老威特更不会放弃，他丢掉悲伤的情绪，开始踏踏实实地实行自己的教子计划。起初，面对丈夫的苦心妻子并不看好，说："这样的孩子无论如何教育都是白费力气，他是不会有什么出息的。"

老威特有了个不尽如人意的儿子的消息很快传遍了整个小镇。在聚会上，曾遭到老威特反驳的希拉德牧师立即把这个消息告诉学会的其他会员，并组织他们来验正。经过询问和考察，他们确信小威特确实不是一个天赋非凡的孩子。

功夫不负有心人，在老威特的"特殊"教育下，这个曾经知名的"傻"孩子很快就做出了惊人的成绩，他的表现让邻里和亲戚都惊叹不已。当小威特长到五六岁时，他在各方面的能力已超出了同龄孩子一大截，7岁半时就已远近驰名，小威特的成长奇迹成为当地教育史上的惊人事件。其实这正是老威特对儿子实施了正确的教育计划，使得小威特健康成长，全面发展，学业进步神速。

小威特的事情逐渐传遍了全国，国内各行各业的精英带着怀疑态度从四面八方赶来考他，结果没有一个人不对小威特伸出大拇指连连夸赞，这更使他声名远扬。

1808 年 5 月，一个名叫台尔琼斯·兰特福克的教师，他在梅泽堡某学校任教。为了激励自己的学生，他要求小威特和他的学生们比一比。父亲老威特怕这种比较和赞扬会使儿子骄傲自满，颇为犹豫，但最终还是答应了。但和往常一样，老威特提出了一个条件，即为了不使儿子有自满情绪，不要告诉他这是比赛，学生们也不要因惊讶于他的才智而当面夸奖和赞美他。得到兰特福克的应允后，老威特才带着儿子小威特来到兰特福克所在的学校。到了学校，兰特福克把父子俩带进教室介绍给自己的学生，并安排他们坐到最后一排。那堂课正好是讲希腊语，教科书是《波鲁塔克》，学生对这门课程都深感头痛。兰特福克提出了很多学生们平时都答不出的问题请小威特作答，让同学们见识小威特的才智，小威特很轻松地应对了兰特福克的所有问题。

随后，兰特福克又让小威特浏览了用拉丁语写成的《凯撒大帝》一书，随即提出问题。小威特又全部毫不迟疑地作了回答。接着小威特按照兰特福克的意思又读了一本用意大利文写的书，他流利的语速，正确的发音，让学生们暗暗惊叹不已。他父亲还用意大利语插话提了几个问题，小威特也都一一作了回答。兰特福克又用法语向小威特提问，这也丝毫没有难住小威特。他就像在说自己的母语一样非常流畅地回答了各个问题。后来兰特福克又考了考他关于希腊的历史和地理方面的问题，尽管提的问题涵盖范围广，但小威特全部做出了回答。最后，学生和老师们更是惊讶于小威特在数学问题上给出的圆满答案。那一年，小威特仅 7 岁零 10 个月。

两天后，《汉堡通讯》将小威特的这一事件做了全面的报道，开头是这样写的："几天前，在本地教育史上发生了一起惊人事件。"

这一报道随即被各地的报纸争相转载。于是威特的名字一下子轰动了整个德国。这引来了更多的拜访者，其中很多都是当时的一流学者。当小威特顺利通过测试时，他们连连点头称奇，佩服不已，并对外宣布小威特的才智和能力的确非同一般，令人惊叹。

在德国，自古以来尊重学者就成为一种社会风气，这也是德国之所以能够繁荣昌盛的原因之一。小威特的惊人学识传开之后，莱比锡大学的一位教授打算让小威特进莱比锡大学学习。在入学之前，该市托马斯中学校长劳斯特博士要对小威特进行一次考核。刚开始，老威特怕他们乱出考题并没有同意考核。在他见到劳斯特博士后便立即同意让儿子参加考核，因为劳斯特博士并不是老威特所想象的那种人。劳斯特博士是一个深明事理、处事稳重的学者，他极会掌握分寸，并没有让小威特察觉这是一次考试，而是在轻松愉快的交谈中完成了考核。考试过后。劳斯特博士就给他写下了入学证明书。

劳斯特博士的证明书送到莱比锡大学后，校方同意小威特在第二年入学。校长居恩博士向市里的权势人物发出了一封信，内容如下：

牧师威特博士的儿子卡尔·威特，年仅9岁就已经具备了18岁成年人所不及的智力和学识。这一切都缘于他的父亲对他实行早期教育的结果。由此可见，适当的早期教育能使儿童的能力发展到令人咋舌的程度。小威特可以非常熟练地翻译法语、意大利语、拉丁语、英语以及希腊语的诗词和文章。很多学者听说后，纷纷对他进行考核，无不为其学识惊叹，连国王都对其赞叹不已。他已经具备了人类有史以来在文学、历史和地理等方面所积累的丰富知识。而这一切都是其父教育的结果，因此说，威特博士的教育方法也是不亚于其儿子的学识，同样令人惊叹。

后来小威特又连续被很多人考，结果无不令那些人感到吃惊。于是国王让小威特就读国内的哈雷大学或者格廷根大学。

在大学里，小威特将学习、生活和娱乐三者安排得当，可以说他的大学生活是轻松愉快的。一般说来，一个10来岁的孩子和一些20岁左右的青年一起学习，一定是相当吃力和紧张的，但小威特却恰恰相反，他在学习方面显得很轻松，还经常画画、弹琴、跳舞，进行运动锻炼，自由玩耍，有时还去采集动植物标本。在学习上，除了认真上课外，他一天也没有停止过对古典语和近代语的研究。

1812年冬，也就是小威特大学的第五个学期，小威特已经12岁了，这时他公开发表了关于螺旋线的论文，还发明了非常简便的画曲线工具，他的成果受到了国内外学者们的一致好评。

当他13岁时，他开始读大学的第六学期，这时他一面致力于政治史方面的学习，又挤出时间写出了一本有关三角术的著作。这本书没有在当时立即

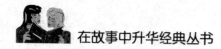

出版，而是 1815 年他离开了格廷根大学到了海得尔堡大学以后出版的。

1813 年，国王下达通知说把供给小威特的学费延长到 4 年。1814 年 4 月，小威特进行了维茨拉尔学术之旅，沿途访问了吉森大学。他受到了该大学教授和学生们的热烈欢迎，尤其是该校哲学系的教授们，他们邀请小威特一起讨论了学术上的各种问题，对他的学术水平给予了很高的评价，尤其肯定了他在 1812 年公开发表的论文价值，校长赫拉马莱博士亲自授予了他哲学博士学位。随后他又访问了马尔堡大学，同样受到了热烈欢迎。马尔堡大学还宣称如果不是吉森大学抢先一步的话，他们也准备授予小威特哲学博士的称号。

小威特从格廷根大学毕业后，他父亲老威特又开始为他计划今后的出路。如果希望小威特早日成名，最简单省力的办法是让小威特放弃其他学科，专心钻研迄今为止获得最大成绩的某个学科。但如果这样做的话，小威特就只能是某个特定领域的学者了。经过深思熟虑之后，为了让小威特获得更广泛的学习，老威特放弃了这条捷径。他决定先让小威特去学法学。一位数学教授得知此事后很不解，他不明白老威特为什么会做出这样愚蠢的决定呢？而老威特认为：18 岁之前心智还未定型应该学习所有的学科，全方面发展，18 岁以后再决定专业方向也不迟。等到了 18 岁以后，如果小威特喜欢数学的话，那就让他去潜心研究数学。

之后，小威特就进入了海得尔堡大学专修法学，两年后，即小威特 16 岁时获得了法学博士学位，同时还被柏林大学任命为法学教授。

小威特任命的教授头衔还未到，便又接到了普鲁士国王派他去意大利留学的赏金。留学期间，小威特无意中发现了但丁文献的神奇性并为之着迷，于是他疯狂地投入了对但丁及其文学的研究。经过一段短时间的研究，他发觉国际上对但丁的研究有很多地方都解释不通，存在很多谬误。经过深入研究，1823 年，年仅 23 岁的小威特便写出了《但丁的误解》一书。此书的公开出版指出了当时研究但丁的学者们的谬误，并为世界对但丁的研究开辟了一条正确的道路。

小威特深知普鲁士国王让他去意大利留学的深意：是让他在他国潜心研究法学，学成归国后能为自己的国家做出更大的贡献。因此，他在意大利一直积极热衷于研究法学，并获得了很大的成绩。1820 年小威特顺利学成归国，并于翌年被任命为格拉斯哥大学的法学教授，讲授法学。在那里工作了十几年后，他于 1834 年转入哈雷大学任教。小威特教授由于知识面广，在他的课上，他还会引入其他领域的知识来丰富该学科，便于学生理解，因此受到很多学生的喜爱。就这样，他在学生们一年年的鼓掌声中讲学，一直到 1883 年逝世时为止，享年 83 岁。

已经晚了两年半

达尔文不仅对物种起源研究情深，而且对育儿更有其独到的见解。

一次，一位年轻的母亲抱着自己的孩子去找达尔文，向他询问一些关于育儿的事宜。

"上帝，多漂亮的孩子啊！小家伙多大了？"看到这么漂亮可爱的孩子，还没等年轻的母亲开口，达尔文就不禁高兴地问道。

"今天正好两岁半。"年轻的母亲诚恳地对达尔文说，"做父母的总是希望孩子能够成才。请问先生，从什么时候开始对孩子进行教育才好呢？"

"可惜啊，夫人，您已经晚了两年半。"达尔文惋惜地回答。

从出生那天起，孩子就会通过嘴、舌头以及其他感官来探索外界事物。也就是说，生命伊始，人就有了感知的渴望。不少父母总认为孩子还太小，教育他们就应当选择适当的年龄。然而，殊不知，生命本身就赋予了孩子求知的欲望。

教育学家一直都在提倡对孩子的教育越早越好，因为这样一来，在孩子学到知识的同时也使得孩子的大脑得到了锻炼。至于是学音乐还是学其他知识，这些都不是关键，最关键的问题在于：提前。无论是学什么，都应尽量提前。通常情况下，2 岁的幼儿就应当开始接受教育了，而这个时期，父母应当主要培养孩子的语言表达能力、身体运动能力及对周围环境的认知能力。到了三四岁的时候，就应当对其进行系统的知识训练了。

大脑感应度最强的时候是在其刚开始发育的时候，随着年龄的日益增长，大脑的感应度便开始逐步减退，如同绷紧了的弦慢慢松弛下来一样。如果说婴儿期是一个起点的话，那么随着年龄的增长，这种适应环境的灵敏度反而会日渐消退，并且适应的速度也会越来越慢。

不少人都有这样的观点：人脑的灵敏度会随着年龄的增长而增强。其实，并非如此，大脑灵敏度的增强离不开对新能力的培养。一个人一旦成人，就在不知不觉间适应了环境，生理机能上也出现了相应的变化，为适应环境的变化提前做好了准备。随着年龄的日益增长，其内在能力便会很快消失，因此，教育学家建议家长，在条件允许的情况下，对孩子的教育，能从 0 岁开始最好。倘若条件不允许，那也要根据情况尽早教育。

天才的神话

1914 年，美国哈佛大学的毕业生里有一个名叫威廉·詹姆斯·塞德兹的 15 岁少年，其父亲是美国著名心理学家塞德兹博士。威廉的学历让人感到惊奇，他在 1 岁半的时候就已经开始接受教育了，3 岁时便能用本国语言自由地阅读和书写。5 岁时，因家里的骨骼标本而对人体产生了浓厚的兴趣，因此开始学习生理学。没过多久，他便参加了行医开诊考核的初试，结果成绩合格。6 岁上了小学，入学那天，上午 9 点的时候他是被编入一年级的，结果到了中午 12 点母亲去接他时，他已经成了三年级的学生了，而后一年内便结束了小学学业。7 岁时，本想上中学，结果因为年龄小而遭到拒绝。无奈，他开始了在家里的自学生活。这期间，他主要学习高等数学，因为此时，他已经学过了古今的语言学等知识。

终于，在 8 岁那年，他上了中学，门门学科都名列前茅。因数学成绩的突出被学校允许免学，并且，还被安排帮助老师为其他同学批改数学作业。这期间，他还编写了天文学、英语语法和拉丁语语法的教科书。中学上了不久，他就又退学了，因为中学教的知识他也已经全部学过了。

这时的小威廉已经远近驰名了，总有各方各界人士前来考他。结果无一例外地令那些人赞叹不已。

威廉在家里度过了9岁和10岁的自学时光，在刚刚到11岁的时候便进入了哈佛大学。入学后不久，他便进行了一次关于第四象限的数学难题演讲，其学识让哈佛的教授们大吃一惊。

1914年，他以哈佛大学优等生的身份毕业，后来，经过几年的努力，又取得了哈佛大学的博士学位。

像威廉这样的天才儿童还有两个，一个名叫阿道夫·巴尔，其父为塔夫脱大学的神学教授巴尔博士。他13岁入哈佛大学，然后提前一年毕业；另一个是罗伯特·威纳，其父为该大学南斯拉夫语教授威纳博士。他10岁就上了塔夫脱大学，14岁毕业后便进了哈佛大学研究生院，18岁时获得了哈佛大学的博士学位。在巴尔和威纳的家里，并非只有他们两个人出色，他们的兄弟姐妹也同样出类拔萃。巴尔的姐姐15岁便进了拉德克利夫女子大学，也在1914年与巴尔一起毕业，妹妹丽安和弟弟洛得洛夫，于1914年上了大学；而威纳的两个妹妹康斯坦斯和贝鲁特，也于1914年上了拉德克利夫女子大学，那时她俩分别是14岁和12岁。

宾州匹兹堡大学语言学教授斯特娜夫人的女儿，3岁时就会写诗歌和散文，5岁时便学会了世界语，并开始在世界各地宣传和普及世界语。8岁开始学习生理学、卫生学、数学等，并担任一些团体组织的领导工作。

这些天才的神话能够活生生地摆在世人面前，一个非常关键的因素就是父母。这些天才的父母都有一个共识，那就是，一定要从幼儿开始教育子女。

仲永的故事

金溪有户人家世代以种田为业。家里有个孩子叫方仲永，孩子长到5岁了，都不曾见过书写工具，可是一天，他却哭着向父母要这些东西。父亲很惊讶，于是便向邻居借来笔墨，结果，仲永当即就写了四句诗，并且还题了自己的名字。该诗以赡养父母、团结亲友为主旨，乡里人听说后，纷纷传颂，全乡的秀才也都看了。从此很多人便考他，指定事物让他写诗，他便能当即完成，诗理和文采都有值得称道之处。同乡人都认为这是一个奇才，于是纷

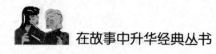

纷请方仲永和他的父亲到家里作客，甚至还有人用钱财和礼物求方仲永写诗。方仲永的父亲认为这样有利可图，便每天带着方仲永四处拜访同乡人，而不让他学习。

过了几年，大概是方仲永到了十二三岁的时候，所写的诗，就已经比幼年时的诗退步很多。又过了七八年光景，方仲永的才能已经完全消失了，同普通人没有什么两样。

我们说，方仲永的通晓、领悟能力的确是天赋。其天资也的确比一般人高很多。然而，他最终却成为众多普通人中的一员，主要就是因为他没有接受后天的教育。像他那样天资聪颖的人，因没有接受后天的教育，还最终成了普通人呢，那么，那些原本就没有很高天赋的人，倘若再不接受后天的教育，估计想成为一个普通人恐怕都很难，更不要说成为天才了。

小塞德兹与好朋友

塞德兹原是俄国人，青年时代留学美国哈佛大学，师从美国心理学之父詹姆斯博士，因才华出众，颇得赏识。

塞德兹之所以被世人熟知，就是因为他的教育思想，以及他成就少年天才的神话。塞德兹认为，是天才还是俗物，不是由先天的遗传、禀赋等因素所决定，而是由后天的环境影响和教育等因素所决定。在这种观念下，他把自己的儿子培养成了一位少年天才，小塞德兹在11岁那年就考入了哈佛大学，并最终获得了哈佛大学的博士学位。

根据教育儿子的感悟，塞德兹写成了《俗物与天才》一书。此书在当时和后世都获得了巨大的反响，成为父母教育孩子的经典之作。

在书中，塞德兹告诉大家，创造出超凡成绩的小塞德兹，并不是上帝偶然心情愉快创造出来的神童，而是由于人间的某种教育所必然形成的天才，是一种先进教育方法的必然结果。那些被按照一定标准培养起来的、言行受限制的、个性被束缚的、内心被压抑的孩子，长大成人后必然会成为俗物。这些俗物有着共同的特征：他们总是很听话，总是惟命是从，总是担心被批评，总是努力保持举动不出格、不违背礼俗，他们几乎从不怀疑别人教给的东西；并且，他们还把嫉妒、恐惧和挫折全部传给了下一代。这样的人多得数不过来，他们就散布在我们周围。

格兰特尔·哈塞是小塞德兹最要好的朋友，他就是这样一个不自由的孩子。格兰特尔的父亲哈塞先生是一位医生，也是塞德兹的朋友，因此，塞德兹非常了解他和他的家庭。

塞德兹这样讲述：

小格兰特尔从出生之日起就备受束缚。他被层层衣服包裹得像个竹笋，想踢腿时都不能自由地踢腿；他一度有吮吸手指的习惯，为帮他改掉这个坏习惯，妈妈就把儿子的手臂绑进袖筒里，或者把一些难闻的东西涂在他的手指上；一旦他趴在地板上玩耍，就会被指责"淘气"、"肮脏"之类的话。

小格兰特尔的家庭中烦人的琐事不断，父母也往往因此而大声争吵。听到争吵声的小格兰特尔总是会害怕，哭泣不止。而这种在父母看来没道理的哭喊，往往使他遭到大人的打骂。

父母最关心的是儿子不要犯错，而应做一件好事。因此，只要有亲戚或邻居前来拜访。小格兰特尔就必须表现出自己是一个非常有教养的好孩子。如果有女士们送给他礼物，他必须说声"谢谢，夫人"；当男人们命令他离开时，他也必须得毕恭毕敬地说"是的，先生"。不仅如此，他还必须要留心自己在饭桌上的举止，即使已经饿得心发慌了，也不可以狼吞虎咽，在大人们谈话的时候，一定不能插嘴。

就智力方面而言，小格兰特尔是非常正常甚至可以说是非常聪明的。他可以在毫不费力的情况下取得非常优秀的成绩，并以此来摆脱一些愚蠢的教师对他的嘲弄和责罚。然而，尽管他的成绩很好，但是他的学校生活同样毫无乐趣可言。学校一心把他培养成循规蹈矩、言听计从的好学生。即使规矩非常不合理，也不容他有丝毫的反抗。

由于成绩的关系，格兰特尔也肯定会上大学的，但是，当他即将离开学校时，他也只是掌握了一些肤浅的、没有多少用处的知识和学问，而这些东西也只能用来看看报纸、无聊的电影和流行的侦探丛书而已。

而且即使是接受了高等教育，格兰特尔也搞不清什么是自己真心想从事

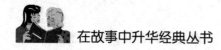

的事业。的确，他也曾有过少年时美好的梦想，希望成为一名探险家、飞行员或是画家等等，但是当他把这些美好的理想说出口时，却往往会换来人们的惊呼："上帝，难道你准备靠这种职业为生吗？你能养活得了你的妻儿吗？"因此，格兰特尔就会放弃自己的梦想，在职业的选择上，他多半会遵从父亲的意志。

与他的好朋友格兰特尔相比，小塞德兹小时候却截然相反，他反应灵敏、行动自由、顽皮可爱。当你把他举过头顶时，他的身体会像小猫一样轻盈而放松；可是当你把可怜的小格兰特尔举起来时，就好比举起了一袋笨重的马铃薯，这个可怜的小男孩不会放松自己，他的反应完全是防御性和反抗性的。

之所以有这样的差别，是因为小塞德兹从一生下来就很少受到束缚与压抑。婴儿时期，他不受襁褓的捆绑，自由地活动身体，他饿了就吃，不用担心因狼吞虎咽而遭到责骂，他可以随便在地板上打滚，不用担心被说成顽皮或不讲卫生，他只有到必需时才养成整洁的习惯；他几乎不被大声指责，也几乎没有挨过打，他总是被爱着并受到保护；他的大部分时间都是在玩耍中度过的，因为他只用两年多一点的时间就学完了其他孩子用 8 年才能学完的课程。

神奇的音乐

一天，母亲正在教小塞德兹学习一系列的形容词，当她讲到"快乐、兴奋、幸福"这些词时，小塞德兹流露出迷茫不解的表情。在他看来，这几个词都差不多，无论母亲怎么解释，他都无法领会它们之间的区别。

母亲感到单纯的解释已经行不通了，她必须再找其他的方法，让孩子领悟这些词的区别，这时，她看到了书架旁边的那把可爱的吉他。灵机一动，便拿了下来。她轻松地弹奏了一连串音符，并且主要是在吉他的一弦（E）上演奏的。

"明白了吗，我的孩子？这就是快乐的感觉。快乐是一个形容词，它就像在一弦上弹奏出来的音符。"母亲边演奏边对小塞德兹讲。

"妈妈，原来是这样啊。"小塞德兹眼睛一亮，他似乎明白了一些，"那兴奋和幸福又是什么样的呢?"

　　母亲看出了孩子的变化,她赶忙又以极快的速度演奏了几段和弦,而后又在吉他的二弦(B)和三弦(G)上演奏了一小段乐曲。

　　"这个和声就是兴奋的感觉,而二弦和三弦上的这几个音就是幸福。"母亲边演奏边给小塞德兹讲。

　　这时,小塞德兹的眼中充满了兴奋,他手舞足蹈地说:"妈妈,我明白这几个词的意思了。"然后,他从母亲的手中抢过吉他并有力地弹奏了几个和声,最后还大声说道:"瞧,妈妈,我现在很兴奋。"

好动的孩子

　　道格拉斯生活刻板严谨,极有规律,无论发生什么事,都不会改变作息时间。但是他却有一个最调皮捣蛋的儿子杰克。

　　杰克这个孩子整日精力旺盛,他总是在不知疲倦地摔碎器皿,弄坏东西,惹事生非。同父亲的性格有着天壤之别,因此父子之间的战争也总是不间断。

　　一次,杰克把祖母刚送给他的万花筒拆开了,他只是想看看里面究竟藏了些什么,当然了,这算不了什么,因为拆东西是杰克最大的爱好,但凡他觉得奇怪的东西,都逃不过被拆的命运,同时,杰克也逃不过挨揍的命运。可是父亲的打骂却丝毫不起作用。

　　还有一次,杰克竟然把家里那块金表给拆开了,这块金表是杰克已逝的爷爷留下来的遗物。道格拉斯一直都非常珍惜,常年不离身。可是就在不久前这块表出了点故障,他还没有顾上拿去修理,就被杰克翻了出来。面对散落一地的表零件,道格拉斯立即暴跳如雷,上去就给了儿子一巴掌,然后还要上去打,结果被闻声赶来的妻子拦住:"请停手,你这样打孩子太过分了。"

　　道格拉斯生气地说:"看看这个家伙把我的表弄成什么样子了?"

　　"杰克弄坏了表是不对,但是在你看来,这块表比自己的儿子还重要吗?"

　　这时,杰克哭着说:"我没弄坏表……我只是想拆开看看它到底哪里出了故障……"

　　妻子气愤地说:"不管怎样,都不应当这样打杰克,否则,一个'爱迪生'就会这样被你'扼杀'。"

道古拉斯听了一愣，然后问道："什么意思？"

"就算杰克拆坏了金表，但是，你没有听到吗，他也只是想知道金表里到底有什么，这是好奇心，是强烈的求知欲，也是一种创造的表现。一个明智的父亲，根本不该为此事打孩子的，相反，还应解放孩子的双手，给孩子提供从小就能够动手的机会。"

那天，杰克哭了很久。后来，哭累了，他便一个人坐在后院的草坪上，眼睛里却充满了9岁的孩子不该有的忧郁神情。

母亲走过去问道："亲爱的，还在生爸爸的气呢？"

他看着母亲，鼓起勇气说："没有，我只是不想再和他住在一起。我恨他！"

第二天，家人发现杰克不见了，后来得知他跟着一个马戏团跑了。当家人找到他时，他坚决不肯回家。他说自己在家里不愉快，而在马戏团却感到非常自由，非常快乐，他说他喜欢自由自在的生活。

最后，杰克实在不忍心让妈妈伤心，才不情愿地回家了。此事对道古拉斯的震动很大，他终于开始认真地对待儿子的天性了，自此，他再也不强迫孩子跟自己一样了。就这样生活了一些日子，道古拉斯和杰克都感觉自己变得轻松愉快了。

"60 分就行"

日本著名的教育学家铃木镇一之所以能形成他的教育思想，也曾得益于他那与众不同的父亲对于教育的理解。

在铃木还是个小学生的时候，日本的升学竞争就非常激烈了，所有的家长都只关心孩子的学习成绩。可是铃木的爸爸却从来不要求他必须取得多高的成绩，他总是对铃木说："我不对你要求太高，只要你每门功课考60分就行了。"

"爸爸，60分怎么可以呢？"儿子十分不解。因为分数的压力使得他认为必须取得好成绩才行，这使得他有些被一座大山压在底下喘不过气的感觉。

"60分怎么不可以呢?"爸爸反问道, "60分就代表及格了,及格就表示合格了呀。你想啊,工厂的产品合格就可以出厂了。既然你已经合格了,我的孩子,你就没有必要再在这些方面浪费你的精力了。考了第二名还非要考第一名,考了90多分还非要争100分,考了一次100分就非要次次都考100分。我的孩子啊,求知是人世间最大的欢乐,倘若你总是把精力放在考试的分数上,求知不就变成一种无尽的苦难了吗?"

铃木的父亲将求学的最高境界一语道破,就是培养孩子的求知欲。

听了爸爸的话,铃木一下子感觉轻松了很多,兴奋起来了。可是又感觉有些不妥,便忍不住问道: "不对啊,爸爸,如果这样学习就太轻松了,那么空闲的时间该做什么呢?"

"至于其他的时间嘛,你就牢记爸爸的话吧:其他时间用来博览群书,把求知的欢乐还给自己。"

爸爸的话像一枚大钢印,深深地印在了铃木的心里。从此,铃木便按照父亲的教导,不再把全部的精力花在做功课上了,学习成绩保持中等。他把剩下的时间都用在了课外阅读上,因此,他读过的课外书是全班其他同学的十几倍,并且从中体验到了其他同学都没有体验过的学习的无穷尽的愉悦。

撒娇的孩子

史密斯夫妇有一个儿子和一个女儿。儿子叫贝塔,女儿叫琳达。因为贝塔小,且又是男孩,父母难免会对他有些偏爱,当大家的观点产生冲突的时候,或者是贝塔有什么要求的时候,全家人就总是迁就他。结果,贝塔变得日益任性起来,一旦什么事情不是按照他的意思去做或是有什么要求没有被满足,他就会倒在地上大声哭叫,直到家人顺从他的意思为止。

一天,贝塔想在午饭前吃冰淇淋。可是,按照常规,冰淇淋是在饭后再过一段时间才能吃的。因此,父母没有答应他的要求,为此,他便躺在地上大声哭闹。父母见他又耍脾气了,都感到不能再这样迁就他了,因为迁就的结果就是为下一次变本加厉的任性创造条件。长此以往,孩子的不良习惯便难以改正了。于是史密斯夫妇互相使了个眼色,然后便都离开了屋子,屋里只剩下贝塔和他的小姐姐琳达了。看到爸爸妈妈出去了好一会儿都没有回来，琳达也跑出去了。于是，这时就只剩下贝塔一人了。贝塔只顾哭闹，开始的时候，也没有留意爸爸妈妈已经离开了，一个劲儿地哭闹，并且还不时地喊道："我要吃冰淇淋！现在就要吃，快点拿给我！"哭喊了几声后，他感到这次同往常不一样了，不但没有人把冰淇淋给拿来，连劝说的声音都没有。于是，他赶忙抬起头，却发现屋里除了自己一个人也没有。既然没有其他人，那就不哭了。于是他安静下来后就独自玩起了积木，玩着玩着，发现爸爸妈妈回来了，于是他又要哭。结果被父亲严厉地训斥道："倘若你依然哭的话，我们就不跟你一起住了，我和妈妈带着姐姐走，把你自己留在这里。"贝塔发现爸爸妈妈这次不但不迁就他，反而还对他进行了一番严厉地批评，因此也就不吭声了。

后来，又遇到一些事情的时候，贝塔依然会哭闹，可是他偷偷通过手指缝看到父母对他的哭闹没有丝毫关注之意，爸爸只顾看书，妈妈也照常在打扫房间，根本就不理会他。于是，他就停止了哭声。经过几次碰壁后，贝塔任性哭闹的习惯便逐渐改掉了。对此，史密斯夫妇颇有感触地说："孩子任性，随意哭闹是个坏习惯，克服得越早越好。"

教育就是培养习惯

一位科学家获得了诺贝尔奖，记者向他提问道："先生，请问您在哪所大学学到了您认为最重要的东西？"这位科学家不假思索地答道："幼儿园。""可以具体说一下，您在幼儿园学到了什么？""学到了把自己的东西分一半给小伙伴，学到了不拿别人的东西，学到了做错事要道歉，学到了得到别人的帮助要道谢……"也许各位都看出来了，这位科学家所谓的最重要的东西，就是习惯。

家庭是孩子成长的第一环境，是孩子习惯形成的摇篮，尤其是 6 岁前的儿童与家庭的关系更为密切与长久，因此，家庭便对孩子产生了更多更大的影响。于是，父母帮助培养孩子良好的习惯便显得重要而有意义。

乔治夫妇有三个可爱的孩子，他们乖巧伶俐，都非常好学，这让邻居羡慕不已。

　　这些孩子之所以有这样的好习惯，完全得益于乔治夫妇的用心教育。夫妇俩非常注重培养孩子的良好习惯。在大儿子还很小的时候，他们就常常和儿子围坐在一张桌子上，教孩子画画儿和识字，从而养成了在一起愉快游戏并学习的好习惯。

　　第二个孩子降生后，这种一起学习的好习惯依然保持着，哥哥读书时，弟弟就在旁边学画画儿，乔治夫妇一有时间也会赶来同孩子们围着桌子一起学习。

　　后来，第三个孩子出生了，随着小妹妹一天天长大，也开始跟着哥哥们自觉地学习了。当妹妹开始在桌子上学画画儿时，哥哥们就去另一张桌子上独自学习。

　　看到哥哥每天都在学习，弟弟妹妹也会向哥哥学习。因此，没过多久，老二也自己找了一张专用的桌子，每天像哥哥那样去主动学习。最后，小妹妹看到两个哥哥都这样用专用的桌子学习，自己也找了一张自己的桌子，开始独自学习起来。

　　由此可见，习惯不是天生的，作为孩子第一任老师的父母，应该积极为儿童创造适宜的家庭环境，帮助孩子在不知不觉中形成良好的习惯。需要指出的是，培养好习惯不是一蹴而就的，需要从点滴生活小事做起。儿童正处于生理、心理快速发展的关键时期，各种习惯都可能在此时形成，小孩子对于习惯好坏没有明确的认识，父母就必须承担起这个重任，帮助孩子从小就培养起好习惯，会使孩子一生受益无穷。

做儿女的榜样

　　19世纪的美国，出现了一位反对黑人奴隶制运动的杰出领袖：约翰·布朗。他认为教育孩子应该以身作则，用自己的实际行动给孩子树立榜样。

　　约翰·布朗喜欢喝苹果酒和葡萄酒，每当看到他拿着酒瓶子，孩子们都会蜂拥而上，将其团团围住，纷纷抢着要父亲给他们酒喝。约翰·布朗感到长此以往，将会非常不利于孩子们的成长，所以为了孩子们，他毅然戒酒。

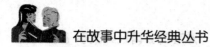

为了培养孩子认真的学习习惯，他会注重每一个小细节，朗诵时，一点小错也要指出来并改正。当然，他更注重对孩子品德的培养。

为了给孩子营造一个良好的学习环境，他首先以身作则，每天坚持读书。孩子们把这一切看在眼里，也纷纷效仿。于是他为孩子认真地指出朗诵时的错误，即使是非常小的错误都要认真指正。同时，他教育并要求孩子们务必尊老爱幼，关心他人。冬天的时候，孩子们临睡前，总是可以看到爸爸轻轻地走进祖母的卧室，帮沉睡的祖母把她周围的被子掖好，然后，还在半夜的时候起来再去查询一遍。这件事，为孩子们树立了一个好榜样。

约翰·布朗时常不忘教育孩子，不可贪图便宜，要把拾到的东西物归原主。女儿刚上学的时候，有一次，在学校的操场上捡到了一块小手帕。虽然这块小手帕并不贵重，可是女儿却认为这是一件非常宝贵的东西。

回家后，她没有告诉父亲。而是在跟朋友讲的时候被父亲听到了。

约翰把女儿叫到身边，温和地说："亲爱的，你知道那块小手帕是哪个小孩丢的吗？"

女儿说："我不知道，爸爸。"

"那么，你明天去上学的时候就带上它，看看是否能找到失主。孩子，这虽然是件小东西，但是你要记住：假如是你丢了什么珍爱的东西，即使它很小，你也都希望捡到它的人送还给你。别人也是如此。"父亲的语气突然变得很严肃。

于是，第二天，女儿找到了那块小手帕的失主，并将其送还。

医生的作用

亨利和小伙伴在外面玩耍时，发现了一只受伤的小猫。亨利赶忙抱起那个小家伙飞奔回家。

"爸爸，快来帮忙啊。"他边喊边冲进父亲的书房。

"发生什么事了，孩子？"父亲问。

"这只小猫受伤了，爸爸，它好可怜，请救救它吧。"亨利非常焦急。

看到亨利抱着的那只小猫的确是一条腿骨折了，父亲赶忙让亨利抱着那只受伤的小猫上车去，然后，他们一起驶向约瑟夫叔叔那里。亨利知道，约瑟夫叔叔是个非常出色的外科医生，对于他来说，接好一只小猫的腿骨轻而易举。

后来，小猫康复了，并成了亨利家中的一员，成了亨利的小伙伴。

就因为这件事，亨利迷上了生理学和医学，并对医学知识产生了浓厚的兴趣。

"噢，爸爸！医生实在是太伟大了！"一天下午，亨利抱着那只康复的小猫感叹道，"要是没有医生，这只小猫可能从此不能走路了。"

"是的，假如没有医生，不仅这只猫无法康复，人类也会因此而招致苦头呢。"父亲说。

"爸爸，你看我能成为一名很好的医生吗？"亨利的眼神里充满了期待。

"为什么不能呢？我的孩子，只要你通过努力学习，掌握必备的医学知识。你就一定会成为一名非常优秀的医生。"父亲微笑着鼓励儿子。

"真的吗，爸爸？"亨利开始兴奋起来。

"当然了，孩子。"

"那你能教我吗，爸爸？"亨利继续问。

"对不起孩子，这个我可做不到，因为我从来没有研究过医学，不过我倒是可以先教你一些简单的医学知识。"

"医学知识？"亨利有些不解。

"是的，医学知识是成为一名优秀的医生最基本的条件。"说着，父亲就带着亨利去了书房，并把自己珍藏多年的一副骨骼标本送给了亨利。

从此，亨利对人体的兴趣日益浓厚，并开始学习生理学。

重要的大石块

老师把一个装水的瓶子放在桌子上，然后找来一些正好可以从瓶口放进瓶子里的大石块。老师把石块放完后问学生："大家说，这瓶子是不是满的？"

"是的！"众人齐声道。

"是吗？"老师笑了笑，然后又找来一些碎石子，并把那些碎石子也从瓶

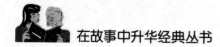

口倒进去，摇了几下后，又加了一些，又问："看看现在是不是满的?"

这次大家再没像第一次那样肯定了，含糊地说："也许没满。"

"很好!"老师说着，又找来一些细沙，慢慢地倒进瓶里。倒完后，又问道："现在请再告诉我，这个瓶子是满的吗?"

"不是。"又是异口同声，听起来都十分有把握。

"好极了!"老师又拿出一瓶水，把水倒进那个看起来已经被大石块、小碎石和细沙填满的瓶子。

倒完后，老师正色问："对此，大家有什么启发吗?"

一位学生站起来说："一个人，工作再多，行程再满，只要挤一下，就可以做更多的事情。"

老师听后点头道："不错，不过这并非我要告诉你们的关键信息。我想要大家知道的是，倘若你不先把大石块放进瓶子，也许以后你将永远没有把它们放进去的机会了。"

莫尼卡没有赚到的钱

漂亮又可爱的小女孩莫尼卡，深受大家的喜爱，可是不知何时，她养成了一个坏习惯，做事时，不是马上行动，而是准备个没完。

在她住的村庄有一位名叫布鲁斯的先生，他开了一家水果店。一天，莫尼卡在路过布鲁斯先生的水果店时被叫住了，布鲁斯对莫尼卡说："嗨，孩子，你想挣点钱吗?"

"是的，布鲁斯先生。"莫尼卡说，"我早就想买一双漂亮的舞蹈鞋了，可是妈妈说家里没有钱。"失望之情溢于言表。

"那好，莫尼卡，"布鲁斯先生说，"乔治家的牧场里有许多熟透了的草莓，他们允许人们去采摘。你也去吧，把它们摘来卖给我，5 个草莓给你 10美分，很快你漂亮的舞蹈鞋就会到手了。"

莫尼卡听了，非常高兴。她飞快地跑回家拿篮子，要马上去乔治家的牧场摘草莓。

正要跑去的时候，她突然想应该先算一下采 30 个草莓能挣多少钱。于是她便从书包里拿出笔和纸来计算，结果是 60 美分。

"要是能采 80 个呢？"她边想边算，"天哪，那样就可以挣 1 美元 60 美分了！"于是，莫尼卡继续算了下去，100 个，150 个……300 个时，布鲁斯先生会付给她多少钱。如此这番算到了中午吃饭的时间，她只好决定下午再去乔治家的牧场。

吃饭的时候，莫尼卡还在心里盘算着自己到底能挣多少钱呢。一想到即将买来的舞蹈鞋，她就兴奋不已。吃完饭后，她提起篮子匆忙赶往乔治家的牧场。到后却发现那里只剩下了一些不好的草莓。乔治先生告诉她，她去晚了，那些熟透的草莓已经在上午被很多孩子摘走了。小莫尼卡费了半天工夫，才摘了 15 个还说得过去的草莓。然后便垂头丧气地回家了，这时她想起了妈妈常说的话："凡事要趁早，不能拖拉，要做完了再去想。一个实干者顶得上一百个幻想家。"

由于没能挣到钱，朝思暮想的舞蹈鞋眼看就到手了，却终成泡影，这让莫尼卡终于意识到了自己的坏习惯，决心一定要改掉。

无用的火车

有一位母亲给四岁的儿子买了一列电动火车玩具。回家的路上，这位母亲心想："这玩具花了将近一百块钱了，那么贵重的玩具让顽皮的儿子随便玩，肯定玩不了几天就得玩坏。最好的办法就是只让儿子看，不让他上手。"因此，一回到家，她就自己把火车组装好，然后安上电池，按下开关，火车就开动了。

"哦……哦……小火车开起来了，开起来了！"儿子边欢呼边想上手去摸一下小火车，看看能不能把正在疾驰的小火车抓住。

坐在一旁的母亲见状大声吼道："别摸它，离远点儿！"

就这样，小火车跑了一会儿，儿子看了一会儿，就被母亲收进了玩具盒里，说第二天再玩。

于是，第二天的时候，儿子一个人从壁橱里把玩具盒拿了出来，准备自己来玩火车。

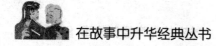

刚爬上凳子，就被这位母亲制止了："别动，让我来拿！"

拿下来后，儿子要自己开，可是这位母亲却对儿子呵斥道："你不许插手，站旁边看，我来开！"

一连几天都是这样。玩具本来是买给儿子的，但结果是儿子并没有玩这玩具的权力，倒是成了母亲的玩具。儿子和他的小伙伴只有站在一旁观看的份儿。时间久了，儿子便再也对那列玩具火车提不起兴趣了，从此，那列"火车"便很少再开动了。

桃子的轮回

一个叫亨利的小孩子，爸爸妈妈总是教育他要尊老爱幼。亨利和家里人一样喜欢吃桃子，因此爸爸妈妈时常买桃子回家。每当这时，爸爸妈妈都要教育亨利，应当把最大最好的桃子留给祖母吃。亨利果真很乖，每次都捡出最大最好的那个桃子跑到祖母跟前，递到祖母手边，这时候，祖母总是非常高兴，并夸奖亨利说："好孩子，我的牙不好，还是让我的小亨利吃吧。"然后，亨利就赶忙再跑到爸妈跟前，递上那个最大最好的桃子，这时候，爸爸妈妈也都会给出他们不吃那个桃子的各自的理由。结果，转了一圈后，最大最好的桃子始终没有离开亨利的手，亨利就开始慢慢享受最大最好的桃子了。全家人都会快乐地看着亨利吃桃子。

有一天，爸爸的同事来家里做客，懂事的亨利赶忙从水果盘里挑出了一个大桃子，跑到客人跟前，看到亨利这么乖巧，家人都很高兴。客人也惊喜地说："小家伙可真懂事！"虽然客人本身不是很喜欢吃桃子，但出于对小家伙的尊重，他还是赶忙把桃子接了过来。没想到，当他咬了一口后，就有麻烦了，只见亨利生气地冲着客人说："大人怎么这么贪吃呢，太不要脸了！"全家人都瞠目结舌，客人更是尴尬极了。咬在嘴里的那口桃子咽也不是，不咽也不是。

这最大的桃子向来是虚晃一枪，可是今天亨利没有了一点思想准备的时候就被客人真的接受了。从未遇到过这种情况的亨利便一下子跟客人急眼了。

谁都没想到会发生这样的事情，亨利的父母自然更尴尬，在吃惊地沉默了片刻后，他们赶忙向客人解释，把让桃的事情说了一番。

虽然客人没有计较，但是双方的尴尬却始终挥之不去。

儿子的作业

一天下午，儿子放学回家，边放书包边冲妈妈喊饿。

妈妈赶忙递上饼干，并问道："今天作业多吗？"

"没有作业！"儿子边吃边含糊不清地回答。

"为什么今天会没有作业呢？"妈妈有些惊讶。

"难道我还说谎吗？"儿子坚持说，"老师没有留作业，我不记得老师留了作业。"

看到儿子的行为，妈妈觉得不对劲，隐约感到儿子在骗他，但是，她并未发怒，而是说："嗯，听你的口气，好像不太确定，那就干脆给同学打个电话问一下吧，是不是真的没有作业？又不费事，也省得明天到学校后会有麻烦。"

儿子没说话，也没去打电话，看出了儿子的心思，妈妈便接着说："是不是当时你正在思考什么问题，没有注意到老师布置的作业？这种情况很有可能的。"

于是，儿子走过去拿起了电话："是我啊，咱们有作业吗？哦，可能我没有听清。"儿子问得含糊其辞。

于是，妈妈假装有什么事情没做，走开了，她似乎并未在意儿子与同学的对话。

不一会儿，儿子放下话筒，走到妈妈跟前，很不好意思地说："妈妈，真的有作业！是我没有注意。"

妈妈听后，也惋惜道："那真是有些可惜，你今天又没有时间玩了，不过没关系的，这周末妈妈带你去一些好玩的地方，到时候咱们玩个痛快。"正要离开，又回头说："如果有什么问题的话，可以来找我，我就在隔壁。"

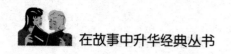
爷爷的饭桌

家长的言行是教育子女最好的榜样。

一个三口之家，爸爸、妈妈和小男孩，生活得幸福快乐。有一天，小男孩的爷爷搬来同他们一起生活，因为奶奶去世了。

随着时间一天天过去，爷爷的健康每况愈下，视力减弱，听力也不好使了。手还总是在颤抖，严重的时候甚至会把已经舀到勺子里的汤都洒出来。起初，儿子和儿媳妇还能做到耐心，可是所谓"久病床前无孝子"，时间一长，儿子和儿媳妇就感到厌烦了，尤其是每次吃饭的时候他都要洒满桌子的饭菜。

一天，早餐的时候，爷爷因为手颤抖得厉害而把一杯牛奶打翻，儿子儿媳便再也无法忍耐了。他们找来一张桌子，放在离他们很远的房子的一角，从此，老人便一个人在那儿吃饭。

小男孩把这一切看在眼里，但他并不明白这是怎么回事。有一天，妈妈在院子里洗衣服，爸爸在修剪草坪，小男孩在花园的石桌上玩积木。"妈妈，快看我给你和爸爸制造的小桌子！"妈妈高兴地走过来边看边说："亲爱的，你真是个好孩子，怎么想到要给爸爸妈妈做小桌子呢？"小男孩天真无邪地说："等我长大了，爸爸妈妈就可以用这张小桌子在角落里吃饭了。"

妈妈愣住了，爸爸也停止了修剪草坪。中午吃饭的时候，小男孩看到角落里的那张桌子不见了，爷爷同他们一起坐在了大桌子边。

从此，爷爷再把饭菜洒到桌子上，儿子和儿媳便赶忙帮他擦干净，然后继续吃饭，毫无厌烦之色。

爸爸的脚印

詹姆斯非常喜欢一个人去酒吧喝酒，这几乎成了他每天工作之前的必修课。

一天，詹姆斯起床后，发现外边银装素裹，大雪覆盖了整个世界。"这真是一场不错的雪啊，不过，外边天寒地冻，这时去喝上几口烈酒，一定爽极了。"詹姆斯边想边洗漱，待穿戴完毕，他便向妻子告别，同往常一样哼着小调儿向酒吧走去。没走多远，他突然感觉身后有人在跟着他，于是，他停下脚步，回头一看，居然是自己年幼的儿子贝迪。

贝迪是顺着爸爸的脚印一路跟来的，他异常兴奋地喊道："快看，爸爸，雪那么厚，我正在踩你的脚印呢！"

贝迪的话令詹姆斯心头一震，他想："倘若我去酒吧，儿子踩着我的脚印，也一定会找到酒吧的。"

于是，詹姆斯赶忙蹲下对儿子说："亲爱的，爸爸得去上班了，你也赶快回家去。"然后，詹姆斯便向办公室的方向走去，路上是一串拐了弯的脚印。此后，詹姆斯便改掉了嗜酒的习惯，当然也再不去酒吧了。

不同的方式

小马克 6 岁了，一直都不爱吃青豆，这天晚餐时，妈妈下决心不再纵容他挑食的习惯，坚持要他把那些湿漉漉的小东西吃下去。

就这样，拥有强大权力的父母与顽固的孩子之间的冲突产生了，任何一方都不让步。

将近一个多小时过去了，训斥、威胁、哄骗以及劝说都用尽了，小马克虽然眼泪汪汪，但依然不为所动。

妈妈真的下决心要把小马克的这个毛病改过来，于是更严厉地威胁他，把一勺豆子塞进了小马克的嘴里。可是，让人无奈的是，小马克始终不肯把它们咽下去。直到睡觉的时候，妈妈除了把他放到床上，让那些青豆仍留在他嘴里之外别无选择。

爸爸妈妈都很困惑，他们没想到孩子居然那么倔强。

第二天早晨，妈妈给小马克打扫房间的时候，在他的床底下发现了一小堆糊状的豆子。

再看另一个故事。7 岁的露西和 5 岁的弟弟约翰，都对胡萝卜深恶痛绝。在经过了无数次的白费口舌后，琼斯夫妇感到必须换一种方式了。于是这天晚饭的时候，琼斯先生坐在饭桌前给露西和约翰讲故事："有一群可爱的小兔子，它们是赛跑的健将，为了给自己补充更多的维生素，它们每天都会去拔萝卜吃，只有这样，才能使自己的双腿更强壮，才能在赛跑中得第一。我们的露西和约翰不是都喜欢跑步吗？露西的学校马上就要开运动会了，约翰也快要上学了，要是将来在举行运动会的时候落在最后，可真是一件糟糕的事情。"

两个小姐弟都不约而同地把眼睛投向了那盘胡萝卜。然后，似乎忘了他们曾经一度对胡萝卜深恶痛绝。后来，无论是再遇到什么食物，只要孩子拒绝，爸爸妈妈就都会想出各种类似的故事来讲给孩子听，妈妈甚至还特意制作了一个小不倒翁放在餐桌中央，不倒翁倒向哪个菜时，大家就都要吃那个菜。这样的故事和游戏使得餐桌上父母与孩子间剑拔弩张的气氛彻底改观，孩子们心情愉快，也彻底改掉了挑食的毛病。

儿子的玩具

卢梭是 18 世纪法国资产阶级教育家。他非常注重对儿子的教育，并且是运用教育法则去教育培养儿子。

儿子聪明伶俐，卢梭夫妇都为此而感到欣慰。

一天，卢梭夫妇带着儿子出去玩，走到一家玩具店，儿子被那些小积木、小车等玩具吸引住了。

"爸爸，可以给我买辆小马车吗？"儿子充满了期待。

"可以，不过有一个条件。"卢梭笑着说。

为了能够得到心爱的玩具，儿子当然会答应爸爸的条件了。

"好的，爸爸。"儿子欢快地说。

"玩具是为了开发智力，假如给你买了，你却不爱惜，故意弄坏或不小心丢失，我就不会再给你买了。"卢梭严肃地说。

"好的，爸爸，我一定爱惜玩具。"儿子没想到爸爸的条件如此简单易做。

"真的吗？"卢梭认真地说。

"真的，爸爸。"儿子一脸严肃。

于是，卢梭就给儿子买了包括小积木、小马车在内的许多玩具。有了这么多玩具，儿子非常兴奋。可是一段时间后，儿子对这些玩具失去了兴趣，就偷偷地故意弄坏那些玩具。

几天后，卢梭发现了儿子的这种行为，虽然心里有些恼火，但并没有马上教训儿子。

又过了一些日子，儿子开始要求妈妈给他买新玩具。起初，卢梭夫人没有答应，但是迫于儿子的哭闹，只好向卢梭提出再给儿子买玩具。

卢梭没有同意，他对妻子说："买几件玩具算不了什么，可是这样会纵容儿子故意损坏东西的毛病，这可就是大事了。"妻子也认为卢梭的话有道理。于是她也就不再理会儿子的要求。儿子终于知道了父亲的厉害，从此再也不敢随意损坏东西了。

而卢梭从这件事中也得到了很大的启示：有约在先的情况下，如果孩子还会故意损坏玩具，那就绝不给他新玩具玩；如果孩子故意打碎房间门窗的玻璃，就绝不给他安装新玻璃，让他自己受冻；如果孩子有意撕破衣服，那就让他穿那件破衣服，不给他换新的等。

责骂与表扬

在教育孩子的过程中，倘若你的观点是正确的，就务必始终保持。

史密斯太太发现女儿昨天才买的裙子弄破了，所以很生气，便对女儿大声责骂。看到妈妈生气的样子，还有妈妈严厉的语气，女儿吓哭了。女儿一哭，史密斯太太倒是有些于心不忍，于是马上拿来女儿最爱吃的巧克力。

史密斯先生正好下班回到家里，看到这一幕，便问史密斯太太："为什么要责骂女儿呢？"

"她把新穿上的裙子弄破了。"史密斯太太说。

"既然如此，你为何又给她巧克力呢？这是对她受责骂的补偿，还是对她弄破新衣服这一行为的表扬？"

史密斯太太哑口无言。

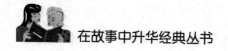

暴躁的小贝恩

贝恩是非常叛逆的小男孩，这让父母伤透了脑筋。为了给他一个教训，父母几乎用尽了所有的方法。他们打他、责骂他、惩罚他站墙角，甚至不允许他吃饭，然而，这一切都无济于事。小贝恩的暴躁脾气依然不改。

一天晚上，父母都在客厅看电视，不知道他们说了什么话使得小贝恩颇为恼怒，他立马坐在地板上大喊大叫起来，后来干脆躺到地板上，甚至开始用头撞地，挥手踢脚。看到孩子这种行为依旧不改，父母实在是很生气，他们都感到再这样下去，肯定不利于孩子的成长。虽然很恼怒，但是他们也没有再像往常那样责骂或殴打惩罚，因为事实已经证明那样的方法根本不起作用。干脆不理他好了，于是两人继续看电视，对小贝恩视而不见、置之不理。

小贝恩大闹了一会儿后感到有些异常，因为他并不期望爸爸妈妈对他置之不理的情形。然后他自己站了起来，走到电视机跟前，让爸爸妈妈看着他，再躺到地板上，重演了一下刚才的闹剧。可是，这一次小贝恩感到自己失败了。因为第二次的吵闹依然不能引起爸爸妈妈的注意，他们依然在他倒到地板上大闹的时候看他们的电视，或者偶尔说两句话，而这些话都跟小贝恩的吵闹无关。

父母的这种反映虽然让小贝恩有了失败的感觉，但他并不那么轻易就认输。他第三次重演了同样的闹剧。结果依然没有吸引父母的注意力。最后，贝恩安静了下来，过了很长时间，他自己慢慢地坐在了沙发上，安静地看起了电视。爸爸妈妈把这一切看在眼里，但是他们却假装什么都没有发生过，偶尔还会同小贝恩讨论两句电视的情节。看完电视后，小贝恩也乖乖地去睡觉了。

第二天一大早，妈妈打开卧室的门时，发现小贝恩正站在门口，他说："妈妈，我觉得自己趴在地上哭叫实在是太傻了。"

此后，小贝恩再也没有无理取闹过。

养花和养孩子

约翰有两个孩子，大的 6 岁，小的 4 岁。那天，他正在教大儿子凯恩使用瓦斯驱动的割草机时，回头跟正在洗衣服的妻子说了两句话，就几秒钟的功夫，当约翰回过头来，发现凯恩已经把割草机推到草坪边的花圃上——一部分花已经被毁坏，一片狼藉。

眼前的情景让约翰非常震惊，没想到自己投入了大量时间和精力修整的花圃就这样被毁了，想到平时邻居们对自己的花圃赞不绝口的情景，约翰几乎失控了，他冲儿子大声吼叫起来。正当他举起巴掌时，妻子走了过来，平静地说："亲爱的，请记住：我们是在养孩子，而不是在养花！"

美国的教育

一位中国留学生在帮一对美国夫妇带他们不满周岁的孩子，那个小孩总是把大拇指放在嘴里不停地吮吸，中国留学生一看到孩子吮吸手指，就赶忙把孩子的手指从孩子嘴里拔出来。女主人看到后，非常惊讶地说："怎么了，他并没有妨碍你呀！让他享受吧，不要阻止他。"中国留学生感到很奇怪，她对女主人说："吮手指是一种不卫生的坏习惯，难道您不担心孩子染上什么疾病吗？"女主人说："正是因为如此，你就应当多给孩子洗手。"女主人还告诉说，孩子们吮吸手指的习惯都是会一直持续到上小学，但是，作为父母，他们从来都不干涉，直到孩子自己认为这已经不是一种享受了为止。

还有一次，中国留学生正在陪孩子看连环画，她发现那个孩子总是把书往嘴里塞，于是她赶忙阻止，这时，女主人正好也走了过来，说："不用阻止他，就让他啃吧。这书是用棉布做的，能洗。"中国留学生这才注意到书的质地，果然，纸张都是用很厚的布做的，既咬不破，也撕不坏。女主人还说："美国有很多书都是专门为儿童设计，在抓咬时还会散发出食物的香味，以引起儿童更大的兴趣。目前，有人正在试验一种可以吃下去的书，香甜而有营养，从而为孩子用嘴撕书带来了更多乐趣。你们中国人总是对孩子限制这，限制那，这很不利于孩子个性的发展。美国的孩子从小就自由地发展，有个性、有胆量，这样才好。"

"您说的没错，是应该让孩子自由发展，但是对于一些错误的事情，总应该有个约束吧？比如撕书就不是一个好习惯。"中国留学生说。

"不，"女主人摇头道，"对于不到 1 岁的孩子，做这样的要求未免太高了。只有当他明白书是什么的时候，你才能去要求他不撕书，倘若我们根本没法让他明白这一点，还要阻止他去做，这显然无法成功，且不明智。正是因为如此，我们才创造出了这种用布做成的书，让孩子在接触书的过程中逐渐明白书是什么，同时又不必担心把书撕坏。"

中国留学生无言以对。

赏罚分明的母亲

乔治太太很注重对女儿的品德教育，她总是借助美丽、公正的"天使"娃娃来奖励或惩罚女儿。如果女儿做了好事，在第二天早晨睁开眼的时候，就会发现她的枕头边有"天使"放上的好吃的点心。而倘若她做了不好的事情，在第二天醒来的时候就看不到任何东西。倘若女儿睡觉前把衣服折叠好，"天使"娃娃就会把这些衣服换成新的；而倘若女儿把玩具乱丢一气，则"天使"娃娃就会把玩具藏起来，使得她好几天都找不到。

一次，女儿把一个玩具娃娃丢在了草坪上，当她回去找时，发现玩具娃娃已经被狗咬破了。于是，她边哭边抱着那个受损的玩具娃娃跑到妈妈面前。妈妈接过玩具娃娃，看了看，然后表示同情地说："它真是太可怜了！"可是，却并不说要给女儿再买一个新的。

又过了一会儿，乔治太太又对女儿说："你怎么可以把玩具娃娃丢在草坪上呢，假如是你被丢在了野外，被老虎或狮子吃掉的话，你说我会多么伤心啊！"

还有一次，女儿要去找小朋友玩，乔治太太让她必须在十二点以前回到家，因为她们约好一起看那部两人都很喜欢的电影。结果，女儿却晚了五分钟才回到家。

女儿进屋后，乔治太太什么都没有说，只看了看女儿，然后指了指表。女儿意识到自己没有按时回到家，便向妈妈说了声对不起，然后赶忙去换衣服。这时乔治太太又指着表对女儿说："今天已经晚了，看不成电影了。"女儿一听就哭了，她哀求妈妈带她去，可是乔治太太却不为其所动，而只是说了一句："这的确是很遗憾的事情。"

要不要试试看

一天，一个被长辈娇纵惯了的小孩子同家人一起去游乐园玩。

那里有这个小孩最喜欢的木马，于是他马上一跃而上。直到游戏已经结束，该换下一位小朋友时，这个孩子还不肯下来。

父母和服务人员都无可奈何，这时只见旁边站着两位游客，其中一位开口对另一位说："你不是儿童心理学博士吗？现在看你的吧！"

众人听后，就把目光全投向了这位博士，于是在众人的怂恿与期待下，博士走向木马上的孩子，然后贴着孩子的耳朵说了些悄悄话，说完，孩子就乖乖地下了木马。

围观的人都很佩服，纷纷向博士请教："你对那孩子说了些什么呀？怎么这么见效？"

"我只是说：'喂，小家伙，要是你还不下来的话，我就狠狠打你一顿屁股，要不要试试看？'"博士平静地说。

简洁的语言

小比尔经常爱跟哥哥吉姆一起玩耍。

一天，小比尔飞跑到妈妈身边，几乎要哭出来了，哽咽着向妈妈道出原因："妈妈，你必须找吉姆谈谈，因为只要我有朋友在这里，他就会想出很多怪招来戏弄我们。"对于这样的情况，比尔的妈妈已经见怪不怪了，以前每次比尔进来告状，她就快步走到吉姆跟前，然后冲着他大喊："吉姆，你怎么可

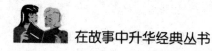

以这样呢？你是哥哥，哥哥怎么可以欺负弟弟呢！况且还有弟弟的朋友。听我说，吉姆，你今后必须改掉这个习惯。"

这样的话，恐怕孩子也都能背住了。所以，这一次，她决定换一下说话的内容，于是她走到大儿子吉姆跟前说："亲爱的，我看还是你自己选择好了，你可以像以前一样听我的教训，或者从此不再戏弄你的弟弟。"

吉姆站在那里沉默了一会儿，然后面带惭愧之色说道："妈妈，我会走开的。"

说话的艺术

杰克和埃米莉是一对兄妹，他们都很淘气。

一次，兄妹俩在花园玩，突然传来一阵响声，随后就是喊叫声和指责声。然后，妈妈就看到杰克气冲冲地跑了回来，非常生气地说："妈妈，埃米莉实在是太坏了，她把我好不容易做好的房子撞倒了。"

妈妈听后用一种十分同情的口吻说："哦，那你一定很生气了。"

"是的，妈妈，我的确很生气。"说完，杰克便看了看妈妈，可是发现妈妈没什么反应，于是就又跑回去继续玩了起来。

这是杰克的妈妈第一次尝试着不卷入孩子们的争吵。她再也不像原来那样问问题了，如果她问："埃米莉是故意的吗？"杰克很可能就会非常气愤地说："是的，她是故意的。"这就会使矛盾进一步激化，且很难收场。

汤姆的抱怨

汤姆9岁了，这天，他垂头丧气地回到家中，一进门就向妈妈抱怨道："妈妈，怎么会这样呢？老师说我是骗子，就因为我忘了写作业，他还把我叫到讲台上做检讨，还说要通知你。"

妈妈走了过来，在汤姆身边坐下，关切地问道："亲爱的，你说你今天很倒霉？"

汤姆晃着小脑袋，撅着小嘴儿说："是啊，我今天的运气实在是糟糕透了。"

妈妈看着儿子继续问道:"你被老师称作骗子很不高兴,是吗?

汤姆点了点头:"被说成是骗子当然不会高兴了。"

"我想那个时候你一定在心里骂了他几句!对吗?"妈妈神秘地说。

汤姆惊讶地说:"是的,妈妈!不过你怎么会知道这些呢?"

妈妈摸着汤姆的头说:"当我们受到一些人的伤害时,我们通常都会这么做的。"

汤姆"腾"地一下站了起来,高兴地说:"妈妈,我突然感觉没有那么生气了,是的,感觉轻松多了。"

让孩子身临其境

很多父母都遇到过这样的难题:每天早上叫孩子起床。多数孩子都赖床,多数父母也都习惯了一次次地催促孩子起床上学,温柔叫唤也好,直接掀开孩子的被子也罢,都会让孩子感到很不爽,于是他们总是牢骚满腹。对于父母总是打扰他们的睡眠、破坏他们的美梦的行为,孩子们感到厌烦极了。然而,父母却不厌其烦,使得早起的好心情随着吵吵闹闹烟消云散。

梅兰妮快8岁了,她特别喜欢睡懒觉。每天早晨,她都希望能够在床上多呆几分钟,而这几分钟总是一再拖延,直到误点。为此,妈妈甚至都会大发雷霆,使得梅兰妮在不得不起床后,总是闷闷不乐地吃早饭。

妈妈也疲于每天的叫喊,而梅兰妮呢,因为每天都迟到而感到很难堪,她甚至认为都是因为妈妈的原因才让自己迟到了,倘若妈妈不再那样催促,自己肯定就能很早就起床的。

梅兰妮生日那天,妈妈特意为她买了一个小闹钟作为生日礼物,并且还在礼物盒子里附了一张小纸条,上面写道:亲爱的梅兰妮,妈妈知道你不喜欢太早被别人叫醒。现在你可以自己做主了。爱你的妈妈。

第二天早上,闹钟一响,梅兰妮便一下子坐了起来,然后迅速穿衣。妈妈对梅兰妮说:"亲爱的,今天还很早呢,为什么不再多睡会儿呢?"

梅兰妮边穿衣服边说:"不了妈妈,我该上学了,不然就要迟到了。"

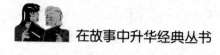
从此，一直困扰着母女俩的早上起床问题得到圆满解决，并且梅兰妮同妈妈之间的关系也更加融洽了。

给孩子一个宽松的生活环境吧，每个孩子都能从生活中获得体验。

带刺的玫瑰

玛丽是个特别爱哭的小女孩，她如果想要一件东西，就会哭着说："我要得到它。"假如不能满足她的要求，她会哭得更厉害。

一天，妈妈带她去修草坪，这次她答应妈妈做个好孩子。玛丽脸上布满了微笑说："妈妈，让我拔干草吧。"

妈妈欣喜地答应了，于是她们开始拔干草，玛丽卖力地工作着，虽然很累，但她感到非常快乐。

"你现在肯定累了吧，"妈妈说，"在这儿坐一会儿，妈妈送给你一件奖品。"于是妈妈拿来一支红玫瑰给了她。

"谢谢你，妈妈！"她非常喜欢这支花，不住地把玩着，还不时深深吸几下醉人的香气。这时看到妈妈手上还有一支粉色的玫瑰花，那支粉色的似乎更漂亮，于是央求妈妈："妈妈，请把这支粉色的给我行吗？"

妈妈说："亲爱的宝贝，你没看见它枝上有很多刺吗？千万不要摸它，不然你的手一定会被弄伤的。"

得不到自己想要的粉玫瑰，玛丽便大喊大叫起来，而且还伸手去抓它。但是她马上就后悔了，因为这支玫瑰上的刺非常厉害，刚一碰到花梗，手指就被刺伤了，而且马上就流出了血，疼痛难忍。

自从这件事以后，当她每次想要不该要的东西时，就会想到自己受伤的手，她终于学会了做她该做的事情。

幽默的力量

前苏联著名诗人米哈依尔·斯维特洛夫教子的故事一直在教育界广为流传。

一天，斯维特洛夫回到家，看到儿子舒拉正坐在沙发上得意地吐着黑黑的舌头。全家人乱作一团，不停地打电话到不同的医院求救。原来，儿子别出心裁地喝了半瓶墨水！

看到爸爸进门，舒拉还冲爸爸做了个鬼脸。

看着儿子得意的表情，诗人明白了：儿子是想用这种方式来成为全家的焦点。喝下的那种墨水不至于使孩子中毒，因此不必惊慌。这正是一个教育儿子的好时机！

于是，他走到舒拉跟前问："小伙子，你真的喝了墨水啦？"

舒拉根本没回答，他只是依然十分得意地坐在沙发上伸出黑黑的舌头。

诗人一声不响地转身走进书房，然后拿出一叠吸墨水的纸来对儿子说："既然如此，也只好这样了。请你把这些纸用力嚼碎吞下去吧。"

家人的惊慌也被诗人这句幽默的话冲淡了，大家知道没有什么危险，便笑着散开，做各自的事情去了。此后，舒拉再没犯过类似出风头的错误。

孩子，特别是男孩子，有时往往会故意打破常规做出异常的举动。他们这样做，只是为了证明自己勇敢，并以此来吸引他人的目光。

这个时候，倘若父母采用"硬碰硬"的方式，则往往会使孩子变得更加蛮不讲理。倘若用幽默轻松的口吻指出他不通情理之处，则会使他自己明白错误所在，会自觉避免此类错误。

被窝里的泡面

◇ 东南菱动

他，一个单身爸爸，独自抚养一个七岁的小男孩。

每当孩子和朋友玩耍受伤回来，他对过世妻子留下的遗憾，便感受尤深，心底不免传来阵阵悲凉的低鸣。

因为工作的繁忙，对孩子的照顾便是少之又少。

这是他留下孩子出差当天发生的事。因为要赶着办事，没时间陪孩子吃晚餐，他便匆匆离开了家门。一路上担心着孩子有没有吃饭，会不会哭，心老是放不下。即使抵达了办事地点，也不时打电话回家，可孩子总是很懂事地要他不要担心。

然而，因为心里牵挂不安，便草草处理完事情，踏上归途。回到家时孩子已经睡着了，他这才松了口气。旅途上的疲惫，工作上的烦忧，让他全身无力。

正准备就寝时突然大吃一惊：棉被下，竟然有一碗打翻了的泡面！

"这孩子！"他在盛怒之下，朝熟睡孩子的屁股，一阵狠打。"你为什么不乖，惹爸爸生气？你这样调皮，把棉被弄脏要谁洗？"这是妻子故世之后，他第一次体罚孩子。

"我没有……"孩子抽咽着辩解，"我没有调皮，这……这是给爸爸准备的晚餐……"原来孩子为了配合爸爸回家的时间，特地泡了两碗面，一碗自己吃，一碗留给爸爸。可是因为怕爸爸的面凉掉，所以放进了棉被底下保温。

爸爸呆了，不发一语地紧紧抱住孩子。看着碗里那一半已经泡胀的泡面，泪已不再是男人的奢侈……

被窝里的泡面！这是世界上最美味的泡面啊！

请把我埋得浅些

◇ 费　明

二战时期，在一座纳粹德国的集中营里，关押着很多犹太人。他们遭受着纳粹无情的折磨和杀害，人数在不断减少。

有一个天真、活泼的小女孩和她的母亲一起被关在集中营里。一天，她的母亲和另一些妇女被纳粹士兵带走了，从此，再也没有回到她的身边。但当小女孩问大人她的妈妈哪里去了？大人们流着泪对小女孩说，你的妈妈去寻找你的爸爸了，不久就会回来的。小女孩相信了，她不再哭泣和询问，而是唱起妈妈教给她的许多儿歌。她还不时爬上囚室的小窗，向外张望着，希望看到妈妈回来。

小女孩没有等到妈妈回来，就在一天清晨被纳粹士兵用刺刀驱赶着，将她和数万名犹太人逼上了刑场。刑场上早就挖好了很大的深坑，他们将一起被活活埋葬在这里。

人们一个接一个地被纳粹士兵残酷地推下深坑，当一个纳粹士兵伸手要将小女孩推进深坑中去的时侯，她睁大漂亮的眼睛对纳粹士兵说："叔叔，请你把我埋得浅一点好吗？要不，等我妈妈来找我的时候，就找不到了。"纳粹士兵伸出的手僵在了那里，刑场上顿时响起一片抽泣声，接着是一阵愤怒的呼喊……

人们最后谁也没能逃出纳粹的魔掌。但小女孩天真无邪的话语却撞痛了人们的心，让人们在死亡之前找回了人性的尊严和力量。

暴力真的能摧毁一切？不，在天真无邪的爱和人性面前，暴力让暴力者看到了自己的丑恶和渺小。刽子手们在这颗爱的童心面前颤抖着，因为他们也看到了自己的结局。

两个女人，两种人生

◇ 田原百合

一个女人，她在读初中时，作文极好而数学极差，几次考试都不及格。为了对得起父母和老师，她硬生生地把数学题死背下来，3 次小考，数学都得了满分。数学老师则认为她成绩的提高百分之百是因为作弊。她是个倔强而又敏感的女孩，并不懂得适度的忍耐更能保护自己，就直言不讳地对老师说："作弊，对我来说是不可能的，就算你是老师，也不能这样侮辱我。"

结果，被冒犯了的老师气急败坏，单独给她发了一张她根本没有学过的方程式试题，让她当场吃了鸭蛋，之后拿蘸了墨汁的毛笔，在她的眼眶四周涂了两个大圆饼，然后让她转身给全班同学看，又让她去大楼的走廊上走了一圈。

这一事件的结果是：其一，让她休学在家，自闭了七八年，严重时，连与家人同坐一桌吃饭的勇气都没有；其二，养成了她终生悲观、敏感、孤独的性格。尽管她一生走过 48 个国家，写了 26 部作品，用她的作品帮助很多

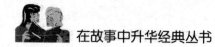

人树立起豁达、坚强的人生信念，但她自己始终走不出心灵的阴影。

另一个女人，她读初中时，国文出奇地好，曾在年级的国文阅读测验中得过第一名。但数学相当糟糕，面对数学课本，就像面对天书，数学老师教过的知识，她没有一样能懂。她戏称自己为天生的"数学盲"，并且断言这种盲永远无药可救。

她跌跌撞撞地读到初三时，数学要补考才能参加毕业考试。她知道事态的严重，却无法左右事态的发展，只好整晚不睡觉，把一本《几何》从头背到尾。

第二天，上数学课的时候，老师讲到一半，忽然停了下来，在黑板上写了4道题让全班同学演算。这没头没脑的4道题在下午补考之前出现在黑板上，又与正在讲的内容毫无关系，再笨的学生也会明白老师的良苦用心。

于是，她忽然就成了全班最受怜爱的人，几位同学边笑边叹气，并把4道题的标准答案写出来让她背。她背会了3道题，在下午的补考中得了75分，终于能够参加毕业考试，并最终毕了业。后来，初中最后的那堂数学课连同数学老师关切和怜爱的眼神，一并成为她生命中温馨美丽的记忆。

第一个故事的主人公是三毛，第二个故事的主人公是席慕蓉，她俩都是我深爱并曾为之痴迷的女作家。因为爱，所以好奇。为什么美丽倔强的三毛总让人心痛又让人绝望，而外表平常的席慕蓉却既让人心怡又令人神往？我坚信这与她们年少时在数学课上的经历有很大的关系。

三毛很不幸，她碰到的是一位看重成绩而忽视人格的、具有强烈的权威意识的数学老师。他为了维护自己可怜的尊严而滥用权力，给完全没有防范能力的三毛在精神上以致命的一击，让她用尽毕生精力都无法从那种伤害中复原。

席慕蓉则非常幸运，她的数学老师并没有因为她在数学方面的不足而全盘否定她，于不动声色中放了她一马，让她有条件在更适合自己的领域里振翅高飞。在自己最不擅长的领域里，得到的都是发自内心的怜爱与关怀，难怪她对生命充满眷恋，对人世充满信心。作为一个极富才情的女子，她既有能力去爱丈夫，爱孩子，充分享受亲情之乐，又用自己的诗、画和文章吸引和陶冶了无数的人。

沃尔顿的命运之神

◇　姜　　隆　　摘编

　　沃尔顿收到了著名的耶鲁大学的录取通知书。但是，因为家里穷，他交不起学费，面临失学的危机。于是他决定趁假期去打工，像父亲一样做名油漆工。

　　沃尔顿接到一笔为一栋大房子做油漆的业务，尽管房子的主人迈克尔很挑剔，但付给的报酬很高，沃尔顿很高兴地接受了这桩生意。在工作中，沃尔顿自然是一丝不苟，他认真和负责的态度让几次来查验的迈克尔感到很满意。这天，是即将完工的日子，沃尔顿为拆下来的一扇门板刷完最后一道漆，刚刚把它支起来晾晒。做完这一切，沃尔顿长舒了一口气，想出去歇息一下，不想却被脚下的砖头绊了个趔趄。这下子坏了，沃尔顿碰倒了支起来的门板，门板则倒在刚粉刷好的墙壁上，墙上立马出现了一道清晰的痕迹，还带着红色的漆印。沃尔顿立即用切刀把漆印切掉，又调了一些涂料补上。可是，做好这些后，他怎么看都觉得补上去的涂料色调和原来的不一样，那新补的一块和周围的区域也显得不协调。怎么办？沃尔顿决定把那面墙再重新刷一遍。

　　大约用了半天时间，沃尔顿把那面墙刷完了。可是第二天，沃尔顿又沮丧地发现新刷的那面墙壁又显得色调不一致，而且越看越明显。沃尔顿叹了一口气，决定再去买些材料，将所有的墙重刷。尽管他知道这样做，他要比原来多花近一倍的本钱，他就赚不了多少钱了，可是，沃尔顿还是决定要重新刷一遍。因为他心中想的是，要对自己的工作负责。

　　他刚把所需要的材料买回来，迈克尔就来验工了。沃尔顿向他说了抱歉，并如实地将事情和自己内心的想法说了出来。迈克尔听后，不仅没有生气，反而对沃尔顿竖起了大拇指。作为对沃尔顿负责态度的奖励，迈克尔愿意赞助他读完大学。最终，沃尔顿接受了资助。后来，他不仅顺利读完大学，毕业后还娶了迈克尔的女儿为妻，进入了迈克尔的公司。十年后他成了这家公

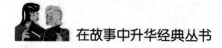

司的董事长。现在提起世界上最大的沃尔玛零售公司无人不知，可是没有多少人知道，现在公司的董事长就是当年刷墙的穷小子。一面墙改变了沃尔顿的命运，更确切地说，是他对工作的负责态度改变了他的命运。

面对挨骂的勇气

◇ 尚 地 摘编

张艺谋这个名字，在影艺界乃至广大观众中，算得上是真正的"震耳欲聋"。他在影片《黄土地》中担任摄影，初出茅庐第一功，摘取了当年的摄影"金鸡奖"。1987 年，在电影《老井》中扮演男主人公旺泉，第一次上银幕却技压群雄，在首届东京国际电影节上获得了最佳男演员奖。他导演的《红高粱》、《菊豆》连获第 37 届西柏林国际电影节"金熊奖"、法国第 43 届戛纳电影节特别奖。

真是一个奇才。

天才源于勤奋。在电影学院期间，他废寝忘食，博览群书，不断探索。笔记写了一本又一本，还储存了大量的摄影佳作卡片。一次，书店到了一批有关摄影、表演、导演的书，他很想全部买下来，但口袋里的钱又差许多，怎么办？一咬牙，他去医院卖了血，终于把书买到了手。读到二年级，学校以"到了正常考生毕业的年龄"为由，劝他离校，作肄业处理。张艺谋不肯放弃深造的机会，于是硬着头皮给学校领导写了一封长长的决心书。就这样，他总算在夹缝中学满了 4 年，熬到了毕业。

在《红高粱》引起激烈争端之际，作家冯骥才曾请人向张艺谋索要几封他自己挨骂的信，并且告诉他，要把他的照片扯碎后刊登在《艺术家》杂志的封面上。对此，张艺谋欣然同意，并专门挑出几封骂得最凶的信转交上去。冯骥才由衷地笑了，他深沉地表示：张艺谋导演肯把他挨骂的信公之于众，同意撕碎他的照片，这体现了他令人钦羡的自信。因为撕碎他照片的不是本刊，而是舆论，是一种现实。面对这种现实依然充满勇气的艺术家，必定心中有自己一个独特的艺术世界；而这样做的本身，也是对浅薄的艺术、功利者和目前庸俗的文化批评现象的一种挑战。

周润发曾语重心长地表述心曲：作为演员，能够取得荣誉和成绩并不稀奇，这方面最了不起的是张艺谋。他既能凭《黄土地》获摄影奖，又能凭《老井》获最佳男主角，更以自己导演的《红高粱》赢得国际大奖，张艺谋堪称中国电影史上的全才和奇才。

张艺谋说："这几年路走得比较顺，有了点荣誉，但我从不忘记自己是一个从平民家庭走出来的孩子，我的许多朋友、同学让'文革'耽误了。我的成功是机遇，是幸运，不是每个人都能得到这样的机遇，我没有任何理由对此不倍加珍惜，没有任何理由不拼命把每件事都往好里做。"他感到自己的心太高太大，自信非同一般，也许会因此而累死，但这种心境是无法改变的。

不要祈祷

◇（美）奥古斯丁

四岁的小克莱门斯上学了。教书的霍尔太太是一位虔诚的基督徒，每次上课之前，她都要领着孩子们进行祈祷。有一天，霍尔太太给孩子们讲解《圣经》，当讲到"祈祷，就会获得一切"的时候，小克莱门斯忍不住站了起来，他问道："如果我祈祷上帝呢？他会给我想要的东西吗？""是的，孩子，只要你愿意虔诚地祈祷，你就会得到你想要的东西。"

小克莱门斯特别想得到一块很大很大的面包，因为他从来没有吃过那样诱人的面包。而他的同桌———一个金头发的小姑娘每天都会带着一块这么诱人的面包来到学校。她常常问小克莱门斯要不要尝一口，小克莱门斯每次都坚定地摇头，但他的心是痛苦的。放学的时候，小克莱门斯对小姑娘说："明天我也会有一块大面包。"回到家后，小克莱门斯关起门，无比虔诚地进行祈祷，他相信上帝已经看见了自己的表情，上帝一定会被自己的诚心感动的！然而，第二天起床后，当他把手伸进书包的时候，除了一本破旧的课本什么也没有发现。他决定每天晚上坚持祈祷，一定要等到面包降临。一个月后，金头发的小姑娘笑着问小克莱门斯："你的面包呢？"

　　小克莱门斯已经无法继续自己的祈祷了。他告诉小姑娘，上帝也许根本就没有看见自己在进行多么虔诚的祈祷，因为，每天肯定有无数的孩子都进行着这样的祈祷，而上帝只有一个，他怎么会忙得过来？小姑娘笑着说："原来祈祷的人都是为了一块面包，但一块面包用几个硬币就可以买到了，人们为什么要花费这么多的时间去祈祷，而不是去赚钱买面包呢？"

　　小克莱门斯决定不再祈祷。他相信小姑娘所说的正是自己想要知道的——只有通过实际的工作来获得自己想要的东西。而祈祷，永远只能让你停留在等待中。小克莱门斯对自己说："我不要再为一件卑微的小东西祈祷了。"他带着对生活的坚定信心走向了新的道路。

　　多年以后，小克莱门斯长大成人，当他用笔名马克·吐温发表作品的时候，他已经是一名为了理想勇敢战斗的作家了。他再没有祈祷上帝，因为在无数个艰难的日子中，他都记着：不要为卑微的东西祈祷！只有奋斗和努力是真实的，只有自己的汗水是真实的。祈祷天堂里的上帝，不如相信真实的自己；祈祷虚无的上帝，不如付出诚实的劳动。

人生的第一课

◇　孙　欣　摘编

　　鲜花与掌声从来都被年轻人全力追逐。在茶楼当过跑堂、在电子厂当过工人的周星驰也不例外，中学时期就梦想有一天能主演一部电影。然而现实与梦想之间的距离总是很遥远，周星驰在电影剧组的第一个工作是杂役，做些诸如帮人买早点、洗杯子之类的事情，根本没有机会参加演出。

　　3年之后，周星驰才开始饰演一些仅有几句台词或根本就没有台词的小角色，如果在今天仔细观看那部曾轰动一时的古装武打连续剧《射雕英雄传》，就会在里面找到他的影子：一个只在画面上闪现了几秒钟的无名侍卫，最后以死亡结束了他匆匆的亮相。

　　没有导演看重外型瘦弱另类的他，因为观众的鲜花与掌声只献给了美女与英雄，失落之余，他转行做儿童节目主持人，一做就是4年，他以独特的主持风格获得孩子们的喜欢。但是，当时却有记者写了一篇题为《周星驰只适合做儿童节目主持人》的报道，讽刺他只会做鬼脸、瞎蹦乱跳，根本没有演电影的天赋。这篇报道深深刺激了周星驰，他把报道贴在墙头，时刻提醒和勉励自己一定要演一部像样的电影。于是他重新走上了跑龙套的道路。虽仍要忍受冷眼与呼来唤去，仍是演出那些一闪而过的小角色，但他紧紧抓住每次出演的机会，拼尽全力展示最独特的自己，就像一束一束的瑰丽烟火冲向漆黑的夜空。一年之后，也就是 1987 年，他在真正意义上参演了第一部剧集《生命之旅》，虽然差不多还是跑龙套，但是终于有了飞翔的空间。从此，他开始用一身小人物的卑微与善良演绎自己的人生传奇。

经历过最底层的挣扎，拍完五十多部喜剧作品之后，周星驰成为大众心目中的喜剧之王。从上个世纪 90 年代至今，他的影片年年入选十大票房，而他也成为香港片酬最高的演员之一。好莱坞翻拍他的电影，意大利举办周星驰电影周向他致敬，他独创的"无厘头"表演风格，成为香港甚至全世界通俗文化的重要一环。

在央视专访节目中，周星驰不无自嘲地回忆了走过的路程：有些人说我最辛酸的经历是扮演《射雕英雄传》里面一个被人打死的小兵，但是我记得这好像不是，还有更小的角色，剧名至今也不清楚，只知道应该不是现代的，因为穿古装，一大帮人，我站在后面，镜头只拍到帽子与后脑勺。那种感觉对我来说相当重要，因为这使我对小人物的百情百味刻骨铭心。

人生其实就是这样，充满了光荣与失落、梦想与挫折、奇迹与艰辛。没有人生下来就是大明星，即使是扮演再普通的小角色，也要用心把他演得最出色。饱尝世事辛酸最后终于站在自己梦想舞台巅峰之上的周星驰，用他的经历告诉我们：卑微是人生的第一堂课，只有上好这一堂课，才有机会使自己的人生光彩夺目。

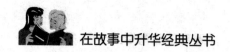
集体舞惹的祸

◇ 张　凯

自从我接手初三（5）班以来，最让我头疼的就是我们班的阿伟。他是学校里有名的"惹不起"，初一、初二时就经常旷课、打架，他的班主任老师也大都被气哭过。

阿伟的父亲就是本地一个颇有名气的社会泼皮，在这样的家庭环境里成长起来的阿伟也多多少少沾染了些恶习和不良嗜好。学校对他的违纪行为往往也只好睁一只眼闭一只眼，不敢有过多的指责和批评。今年，阿伟却偏偏分到了我的班，我心里不由自主地好像压了块石头。开学两个多月以来，他没少给我惹麻烦，真是一波未平一波又起，令我颇感疲惫却又想不出什么好办法来。

一天下午，我刚上完课，正准备坐下喝水歇一歇。这时，我班的阿峰闯了进来，眼里含着泪，满身尘土，说道："老师，你给我换一个舞伴吧……"（自从今年九月份以来，我们学校也开始学起了校园集体舞，由男生和女生结成舞伴共同来完成。）

"为什么呀？"我有些不解地问道。"老师，我的舞伴正好是阿伟的'女朋友'，他不让我跟那个女生跳．否则，他就要打我。"我不知说什么好，陷入了沉思。

经过了解，我发现所谓阿伟的"女朋友"正是我们班的学习委员小叶。她是一个活泼开朗的女孩，从不羞涩于男女生之间的正常交往，而且学习也特棒。我找来了小叶，问她是怎么回事。"老师，您也知道阿伟是什么样的人，我从不愿搭理他。……"对于小叶的话，我相信无疑，因为她是老师们公认的好孩子。但是，我眼前又忽然一亮：何不借助小叶的影响去纠正阿伟的不良嗜好呢？我说服了小叶去试着帮助和改变阿伟。

"阿伟，老师给你换一个舞伴，怎么样？"

"无所谓。"他对我的话似乎有些不屑，一副懒散的样子。

"让小叶当你的舞伴，你看怎么样？"听到这句话，他刚才那副无所谓的表情立刻来了个180度大转弯。因为在他的心里，老师是不可能让一个学习特棒而且又是"班花"的女同学来做他的舞伴的。所以，他立刻来了精神，像吃了兴奋剂似的。我心里暗暗高兴，因为我找到了他的"死穴"，但又故作镇静地说道："不过，我有一个前提，就是你必须服从小叶的要求，否则……""行，没问题。我一定照办。"说完，他高兴地跑走了。

这之后，阿伟像变了一个人似的，不再逃学旷课、找别人打架。从小叶的汇报中，我感受到了阿伟的巨大改变和进步。同时，我也似乎找到了坚持教育好阿伟的办法和信心。

阿伟之所以有了这么多的进步，其实都是校园集体舞惹的"祸"，但愿阿伟能从这"祸"中种下人生中的许多快乐。

善　念

◇　释家仁

第一个故事：

他是个潜逃多年的杀人犯，因思念妻儿，又偷偷潜回这个小城，但他一下火车，就被警察盯上了。

情急之下，他拦住一辆出租车，蛮横地将司机拽下来，疯了一样地开车在大街小巷横冲直撞，闯了红灯。

撞翻了一个个小摊。

他很清楚自己被抓到后等待他的是什么，他成了一头受惊后丧失理智的公牛。

身后的警笛越来越刺耳，他把油门踩到了底。

正狂逃间，前面的路口有红灯，所有的车都停了下来。

他也猛然间狠踩下了刹车——前面的人行道上，一队小学生正列队而过。

这些孩子，穿着统一的蓝白相间的衣服，一人手里提着一个小马扎，好像要去哪里集会，队伍很长，看样子是全校倾巢而出了。

他猛地想起来，今天是"六一"儿童节。

天罗地网他都敢闯，但现在他没了勇气。

默默注视着孩子们横过马路，直到警察追上来铐住了他，他仍然目不转睛地看着这些孩子。

第二个故事：

他是个小偷，一天下午，在一个偏僻的小区，他撬开一户人家，一进门就闻到一股浓浓的煤气味。

直觉告诉他这家煤气泄漏了。

他快速冲进里屋，发现一个小男孩正蜷在床上，两眼翻白，喉咙里发出框重的呼吸声：孩子煤气中毒了！

他几乎什么也没想，抱起孩子就向屋外跑，向医院跑。

因为抢救及时，孩子保住了性命。

当孩子父母赶到医院，想见恩人一面时，他们的恩人——那个不速之客，正在派出所里录口供——他投案自首了。

第三个故事：

他曾是个拦路抢劫的少年，潜逃到内蒙古隐姓埋名四年。然而，前些天他被抓获了，却是因为一个见义勇为的壮举。

在那个寒冷的早春，他跳入冰冷的湖里，接连救起了两个落水的儿童。

他的义举暴露了自己，自然就被捕了。

记者问他："当时是怎么想的，想没想过那样会暴露自己，还是想这是一次立功赎罪的机会？"

他摇摇头说："当时什么也没想，只是想赶快去救人。"

第一个故事，就发生在我身边，那个路口，在我单位临街的窗外。

第二个故事，是从报纸上看到的。

第三个故事，是前不久中央电视台《新闻联播》里播的一则新闻。

三个人，都是犯罪嫌疑人，他们触犯了法律，但并未完全丧失理智，没有失去人本性的善良。这样的人，同样值得人们去注目，去尊重。

公主裙的遗憾

◇ 席　楷

随着时间的走远，记忆慢慢在脑海中沉淀，当打开记忆闸门时，往事就浮在眼前。其中，有一件事直到现在还记忆犹新，让我悔恨莫及。

记得我上小学四年级的时候，有一天妈妈去外地出差给我买回一件漂亮的公主裙，我兴奋不已，尤其是在那个童话般的年龄。虽然很小，却懂得炫耀自己的美丽。

第二天一早，我就穿上漂亮的公主裙去上学了。那天心情真好，我觉得天很蓝，阳光很温暖，鸟儿很可爱，世界都变得美丽了。

走进学校，就有几个同学转过头来看我的裙子，还在说着什么很漂亮。下课了，平时玩得要好的朋友都过来看我的公主裙，还问我在哪儿买的，老师也说我今天特别可爱。我被大家的夸奖和羡慕包围着，像掉进蜜罐一样甜，仿佛自己真的就成了传说中的公主……

透过人群，我看到小雨一个人默默地趴在桌子上。我想拥有全部的肯定和所有的羡慕。我走过去问道："小雨，看我今天漂亮不？快看，看我这裙子，新买的，要外地才买得到的。"小雨不经意地看了我一眼，冷冷地说："颜色太鲜艳了，我不喜欢！"她这一句话，似乎把我从蜜罐一下子坠进了寒潭，所有的称赞都抵不过她冷语带给我的冰凉。我气极了，说："是啊，我的裙子不好看，可是你不好看的裙子都没有，你买不起。你连妈妈都没有，谁给你买呢？……"

我像机关枪一样倾吐着自己的不快。"我有，我有妈妈！"小雨哭着争辩，跑出了教室。"她哪有妈妈？"我问旁边的同学。"好像没有吧，从来都没听她说起。"林琳说。"反正没有看到过她妈妈。"王小很肯定地说。

从那以后，我心里就埋下了对小雨恨的种子，事事都针对她，不但自己不跟她玩，还叫同学疏远她。同学都不理她，甚至欺负她，说她是没有妈妈的小狼孩。因为小雨穿得不怎么好，所以大家都叫她丐帮"帮主"。大家都以

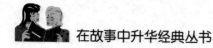

游戏的心态，看着她如何孤单地站在人群之外。有时候我觉得她挺可怜的，但又想想，活该，谁叫她说我的裙子不好看！

不久，小雨就没来上学了。

在小雨走后的一次作文课，老师给全班同学念了一篇作文，名字叫《我的妈妈》。老师念道："有人说我没有妈妈。其实，我有妈妈。只是她不能说话，不会笑，不能陪我一起玩，也不能给我买漂亮的公主裙。"

老师哽咽了，"因为我妈妈是一个植物人。3年前的一场车祸使妈妈失去了意识，她一睡就是3年。其实，我真的好想跟别的小朋友一样，有妈妈陪我玩，可以在妈妈怀里撒娇，可以穿妈妈买的公主裙。可是，那场车祸使这简单的愿望变得好难好难，像是一个遥远的梦。有时候我因为很羡慕同学穿的漂亮衣服，自己也想拥有，可是我却不能，就故意说同学的衣服不好看。很多同学以为我没有妈妈就不跟我玩，就欺负我。我觉得自己是那样卑微和渺小，也觉得自己根本就没有想象的那么坚强。"

老师的泪水像铅球般沉重掉落在作文本上，"这里我有几句话想对妈妈说，虽然她听不到：'妈妈，您知道吗？小雨长大了也高了许多，她很乖也很懂事，不像以前那样淘气了，她再也不会惹您生气了。妈妈，我和爸爸都好想您。难道您就不想我们吗？难道您就不想看看您的小雨吗？求您了，妈妈，快醒过来吧！……'"

当老师念完这篇作文时，脸颊模糊了，同学们也变成了一个个小泪人，有的还哭出了声，我蓄了很久的眼泪开始泛滥了……

老师读完了小雨的作文，同时也从同学们的泪眼里读出了自责和后悔。那天，我们找到了小雨，原来她因为怕受到同学的歧视和嘲弄而不敢去上学，这几天她用上学的时间守候在她妈妈的床前，陪妈妈说话，帮妈妈做按摩。那天以后，小雨重新回到了课堂。

小雨虽然回到了课堂，可是我仍旧没有原谅自己，心里依然充满着懊悔和歉疚。我讨厌自己的自以为是而不考虑别人的感受，我讨厌自己的虚荣心给小雨造成的伤害。有好几次我都想把那条公主裙送给小雨，可是我又怕她不领情而犹豫了。后来有一天，我终于鼓起勇气把我最爱的公主裙悄悄塞进小雨的课桌里，但是那天，小雨始终没有来上课，以后再也没有来。

原来，小雨的爸爸每天白天上班，晚上去医院帮她妈妈做按摩，没时间照顾小雨，就把小雨送到外地的姑姑家里住。

直到小雨离开我都没来得及跟她道歉，甚至没有说一声对不起，没来得及把我最爱的公主裙送给她，这是我永远的遗憾。对小雨造成的伤害也成了我心里永远抹不去的痛。

每个人的一生里持有的是一张有去无回的单程车票，所以做错了的事，就永远无法回头。我只能在以后的日子里，慢慢承受着来自于内心深处对自己曾经错误的惩罚和对小雨一家的祈祷。多少年过去了，小雨的妈妈一定醒过来了吧？他们全家一定很幸福吧？我多少年来的祈祷也应该实现了吧？

假如时光可以倒流

◇ 齐美利

那是 4 年前我担任初一班主任时发生的一件事。接手新班 3 个星期后，学校安排班主任为学生建立学籍档案。以往的经验告诉我，建立学生个人档案是一项非常细致的工作，稍有不慎，就会出错。于是一开始，我便作了严格的要求，翻来覆去强调了许多遍，告诫学生一定要细心，千万别漏填、错填。随后，我便将印有学生姓名、家长姓名、家庭住址等内容的《学生个人档案表》发到学生手中，让学生填好后交上来，由我一一审验。

十几分钟后，我便开始检查学生填写的《个人档案表》，查了没几份，就发现一份"不合格"的表格：家长姓名一栏中只有母亲姓名而没有填写父亲姓名！再一看学生姓名：徐倩。我想竟有这样粗心的女学生，非给她个下马威不可！

"徐倩！谁叫徐倩？过来！"一个非常漂亮、个子高挑、面带忧郁的女孩走到了我跟前。看着她那双忧郁的眼睛，我的气稍稍消了几分："难道你只有母亲吗？没有父亲，这个世界上怎么会有你？"班上的同学哄然大笑，她一声没出，眼里一下子噙满了泪水，我很快意识到了自己的话有些过头。"谁让你这么粗心，自讨苦吃!"我暗暗地安慰自己。

下课后，有个同学告诉我徐倩的父亲犯了抢劫罪，同她妈妈离婚了，一说到她爸爸，她就泪流满面，而且一辈子都不想认这个父亲。我一下子懵了：自己当时为什么就那么冲动呢!

随后的日子里，每当我看到日益消沉的她，心里就有一份内疚感，也曾想找个机会向她道歉。可当时自己年轻气盛，要面子，总觉得随着时光的流逝，这份"不愉快"逐渐就会被淡忘掉。

可是我又错了。几个月后徐倩退学了，同社会上一些不三不四的青年混到了一起。当我在她姥姥家找到她时，她显得与我非常生疏。不管我怎么劝说，她都无动于衷。最后，她扔下一句话："我恨学校!"便冲出了家门。

多少年来，"我恨学校"这句话就像块巨石一样压在我的心头，让我在自责、痛苦中度过每一天。夜不能寝时，我常想：假如时光能倒流，我绝不会那么鲁莽和冲动，绝不会将自己的"快感"建立在学生的痛苦上；假如时光倒流，我一定会像保护"荷叶上欲坠的露珠"一样保护好学生的自尊心；假如时光倒流，当我知道自己错了时，我一定会当面向学生认个错。

标准答案

◇ 陈　吉

儿子正读一年级。

一次语文考试后，我发现儿子试卷上有道看图写话题被扣了分。

题目的画面上，有一个男孩正在给小树苗浇水。儿子写的话是"哥哥在种树"。老师在上面打了一个"X"，题下订正为"哥哥在浇水"。

其实，我觉得根据画面显示的内容，这道题不能算错。于是，我把孩子叫到身边，问道："哥哥在种树是正确的，为什么没有得分?"儿子吞吞吐吐地说："老师说，她说的答案是标准答案。"

我没有再和儿子说下去，因为在孩子眼里，老师是绝对正确的。我不在乎儿子的分数，但心里想：老师的一个标准答案，使儿子原本正确的思维方式得到了否定，儿子就没有勇气再展开思维了。思维，可是孩子的一个重要素质。

于是，我思考如何让儿子认为自己的答案也是正确的。我和儿子一道研究那幅栽树图，温和地告诉他："画面可以说'哥哥在浇水'，也可以说'哥哥在种树'，还可以说'弟弟在浇水'。"

儿子跟着说："也可以说'弟弟在种树'。"

我连忙点点头，并告诉儿子一道题可能存在多个正确答案，叫儿子再想想。

儿子想了一会儿，说："小树长高了。"

接着又说："我和小树一起长大。"

"真不错！"我看着儿子冥思苦想、跃跃欲试的神情，感到十分欣慰。因为他渐渐摆脱了教师标准答案的束缚，生出一种求异思维的勇气。

但是末了，儿子疑惑地问我："老师会不会批评我想了多种答案？"

我摸着孩子的头说："老师说的是标准答案，你想的是参考答案，都是正确的，老师一定会表扬你的。"

儿子听后满意地笑了。

刁老师和关老师

◇ 沂蒙娃娃

傅强是初一班里的一个男学生。和同学们在一起时，看相貌就知道他是个"旧社会"的人，衣衫破烂陈旧。如果他学习好，老师们则会另眼相看，只可惜他的学习成绩一直居中游并且摇摇欲坠，这就不能怪老师们不青睐他了。冬天到了，同学们都穿戴暖暖和和的，唯独傅强衣着单薄，还光着脚板。那天班主任老师发一张统计表，让全班同学记录，家长姓名、工作单位、职务、手机……可傅强那栏最简单，只注明父亲名字，工作单位呢，种地。其他的手机电话一无了之。刁老师看了统计表说："哎呀呀，傅强啊傅强，你的家根本不富强，太贫困了啊太贫困了。"一语说罢，傅强潸然泪下。

同学们这才知道。傅强的父亲是懒汉，母亲常年生病卧床。他还有一个妹妹。由于父亲酗酒，弄得家底朝天。傅强在读小学的时候最后那年赶上了国家好政策的首班车，减免了他的学杂费，并且还发到了些许的补助，那天他捧着钱泪如泉涌。在校园里、回家的路上，他高声唱着："社会主义好，社会主义好，社会主义国家人民地位高……"

初中，刁老师开始报贫困生了。刁老师说："我们班有4个名额。由于学校缺乏对同学们的了解，请大家把自己的家庭状况写得具体一些，就算作为一个申请吧，然后由校方斟酌定板。"王雷说："老师，既然是申请，我觉得没必要都写，谁贫困平时不就看见了吗？"王雷的妈妈开了家日用化妆品公司。

李同说："对啊，老师，我们没必要都写啊。"李同的伯父就是本校的校长，李同的爸爸在村子里建了一个庞大的养殖场。刁老师望了望他们，有些生气地说："学校就这么安排的，少说话，都写！"傅强也写了，他写得很真实具体，末尾还加了一句："社会主义就是好啊！"

结果出来了，刁老师公布时，大家都大吃一惊，4个贫困生是王雷、李同，还有两个漂亮的女生，他们均属于富农。贫下中农傅强还不够格。没有人提出异议。只是大家在背后说，从我们班的贫困生来看，我们的中国已经是相当发达的国家了！大家都在侧目看傅强，知道他这个冬天将是格外凄寒。

沮丧的傅强成绩每况愈下，竟然旷课、逃学、上网吧，时而和社会小青年在一起喝酒，对老师的管教置之不理。那天早晨得到贫困生名额的两个女生在书包里都发现了两条死蛇，吓得她们魂飞魄散，刁老师审讯傅强，一无所获。傅强又染上了盗窃，不过次次成功，没露出蛛丝马迹。一次傅强跟踪刁老师，刁老师被王雷的妈妈邀请吃西餐。原来他们是大学的同学，浪漫的夜里还有那么一腿，傅强把刁老师的摩托车放空了气。

刁老师做了两年的班主任，傅强做了两年的"人渣"（刁老师语）。刁老师年年被评为优秀教师、优秀班主任。最后这年刁老师被调往县教委做领导。傅强闻讯，在半夜里携刀撬开了刁老师的门，准备血洗这个"人类灵魂的工程师"。刁老师奋起还击，声嘶力竭地喊邻居关老师救命，关老师穿着裤衩飞速过来擒住了傅强。刁老师拿起菜刀就要砍断傅强的手臂，关老师立刻拦住了。刁老师又要拨打110，关老师又拦住了。关老师问明了情况，说算了吧，把他交给我吧，明天我就是他的班主任了。刁老师要关老师写出保证书，如果刁老师再有危险，关老师甘当一切后果。

关老师刚从大学毕业分配来这个学校。

这天夜里，关老师没有睡，和傅强做了一次长谈。关老师静静地听着傅强的诉说。第二天，关老师和傅强一起洗澡，又一起吃饭，然后关老师又给傅强买了一些鞋袜。傅强只是哭。

傅强在这一年里把前两年的功课都补了回来，稳稳地考上了高中。后来关老师又给傅强的父亲找了一个稳定的工作。在高中，傅强一直泪眼汪汪地盯着母校的方向，最后考上了大学。

那天傅强举着青岛大学的录取通知书从校门口跪着一步步挪进了学校，轰动了整个学校。我们1000多名师生纷纷过来看。直至关老师慌慌张张地从办公室里跑过来，厉声喝道："傅强，你这是干什么？你太让我失望了……"傅强望着清瘦的关老师泪水夺眶而出，他抱住关老师放声大哭，关老师也泪雨纷飞。

后来我们才知道了事情的真相。

从此，我们都渴望着能在校园里碰着关老师，虽然他不是我们的任课教师，虽然他没有优秀教师、优秀班主任的荣誉称号，我们都想恭敬地喊他一声："关老师好！"

猫和碟子

◇ 李兴春

有一个笑话大家都很熟悉，讲的是一户乡下人家，养了一只猫，用一个小碟子当猫食碟。

一天，一个古董贩子到他家，发现这只碟子是明代弘治年间青花瓷，能值不少钱。这户人家看来并不知道碟子的价值，竟然拿它当猫食碟。古董贩子起了个机心，装成很喜欢那只猫的样子，要向主人家买下它。他出的价钱可以买三只同样的猫，主人家自然很高兴，把猫卖给了他。古董贩子交了钱，把猫抱在手里，又假装漫不经心地说："这猫天天在这个碟子里吃东西，看来已经习惯了，主人家就把这个碟子搭给我吧，我继续拿它给猫喂食。"

主人家说："这可不行，靠这只碟子，我已经向你们这一行的人高价卖出了好几只猫了。"

这个笑话还没完。

又有一个古董贩子，来到了这户乡下人家，同样发现猫食碟是明代弘治年间的古董，也起了个机心，装成很喜欢主人家那只猫的样子，要出高价买下它。这回主人家不答应了："别的猫可以，这只猫恰好是我答应了儿子，特意留来送给他的。客人过几天来吧，我可以找更好的猫卖给你。"

古董贩子怕错过机会，只好不再绕弯子，直接向主人要求买他的猫食碟。主人家说："那我也不瞒你了，这碟子是我家祖传的老窑货，明代的青花，很值钱的。靠它，我已经高价卖了几只猫。客人真想买，咱们就把话说在明处，按古董行市出价吧。"

古董贩子表示同意，开口喊价六千元。这下换成主人家暗暗惊喜了，他早就请文物专家给自己的碟子作了权威的鉴定，并且也熟悉现在的古玩市场行情，知道这个碟子虽然是明代青花，却是民窑出品，最多也不过值三千元。古董贩子大概是初入此道。主人家也起了个机心，急忙一口答应下来，一手交钱，一手交货。古董贩子把碟子拿在手里，赏玩了半天，漫不经心地说："买卖凭良心，我出的价钱可是很公道，你一点不吃亏。我家里现在需要养一只猫，我把身上钱都掏给你了，别处买也不方便。主人家，既然你把碟子都卖给我了，顺便就把这只猫也搭给我吧。"

主人家已经意外得了一大笔钱，哪还在乎一只猫，又怕他反悔，就说："一只猫能值多少钱？虽然我儿子喜欢，我再给他找就是了。你把猫抱走吧。"

古董贩子拿着碟子，抱走了猫。主人的儿子这时也回家来，一问那只猫，被告知：卖碟子搭走了，碟子可卖了六千元的好价钱。他一听就急了："爸爸，我忘了交代你了，你没看出那只猫是纯种的美国短毛猫，现在在宠物市场上的卖价，零头也不止六千元。"

迟到的家长

◇ 刘慧琪

一天放学时，班主任刘老师说本周星期六上午开家长会，每位家长都必须到会。每次期中考试之后，刘老师都要召开一次家长会。刘老师还说，这次会议很重要，能增进老师与家长的交流，准确掌握学生的思想动态。

家长会当然要公布每一位同学的成绩。但小琴怕开家长会，并不是她考得不好，而是这次家长会他爸爸不能来。

刘老师问："谁的家长不能来，请举手。"没人举手。小琴犹豫再三后，还是把手举了起来。老师问："前几次你爸爸不是来了吗？为什么这次不能来？""我爸爸外出工作去了。""那叫你妈妈来吧！""不，不。"小琴有些急了，说："我妈妈不能来，因为……她从未参加过这样的会议。"老师笑了，说："这不是理由。叫你妈妈一定要来！"

小琴回到家，妈妈正在做晚饭，尽管她忙得不可开交，但还是向小琴做了个"我爱你"的手势。以前小琴会高兴地给妈妈一个吻，或者说："我也爱你。"可是这次，小琴只看了妈妈一眼，目光就慌忙地躲开了，一句话也没说就低着头走进了自己的房间。

小琴的妈妈是个哑巴，所以每次都用手势来表示她很爱小琴。小琴是爱学习的女孩，平时只要坐下就投入到课本中去。可是这天她一个字也看不进去，心里乱极了。"咚咚"，是妈妈在敲门，小琴忙收回心思，开门见妈妈做了个吃饭的手势，就起身来到饭桌边。妈妈做了很多小琴喜欢吃的菜，可小琴一口也吃不下去。妈妈见状，摸了摸她的头，小琴忙说："没事，只是心里有点不舒服。"妈妈没太在意。小琴看着妈妈，妈妈长得很漂亮。小琴听爸爸说，妈妈生下她后就得了重病，以后就再也不能说话了。

小琴轻轻叹了口气，在心里对妈妈说：过两天就要开家长会了。我多么想让你参加，可又不能让你去。如果同学们知道你是一个哑巴，会怎样看我呢？更重要的是，不能让你受到伤害——我们班的同学最会取笑人了。

到了周六的上午，家长们按时来到教室，坐到自己孩子的座位上。规定时间到了，刘老师走上讲台说："各位家长，再耽误你们几分钟，还有一位家长没到。"小琴趁等待的时间数了一下，有 49 位家长到了，班上有 50 位同学。刘老师说的莫非是……小琴想到这儿不由得紧张起来。

就在她忐忑不安时，教室门口出现了一位漂亮的中年女子。妈妈！站在门口的是妈妈。她怎么会来？小琴压根儿就没告诉妈妈今天开家长会。

"赵琴同学，请把你妈妈领到你的座位上去。"刘老师说道。小琴面红耳赤地向妈妈走去，妈妈向大家打了个手势。"赵琴，请把你妈妈的手语翻译一下。"小琴先是一愣，然后说："我妈妈向大家问好并道歉。她迟到了一会儿。"

大家立即明白这是一位哑巴妈妈，都报以友好的微笑和热烈的掌声，小琴走到妈妈面前，轻轻说："您怎么来了？"妈妈脸一红，做了一个手语，意思是："因为爱你！"

小琴的眼眶一下子湿润了，怕自己流泪，忙转过身去，牵着妈妈的手走向那唯一的空位。

遗　嘱

◇　田中苗

表姐村里有一对夫妻，丈夫是乡里一所中学的民办教师，老婆是地道的农妇，结婚30年，吵了30年，争争吵吵中生了5个娃。十多年前，老婆听不少人讲她男人可能与学校的一个女教师有男女关系，于是哭着躺在学校的操场上从上午到半夜……

一年前，丈夫被查出得了白血病，丈夫拿出 2 000 块钱给老婆掌管用于治病。住进医院不到几天，2 000 块钱就花完了。再向丈夫要钱治病，可他却说没钱了，家中就这么点钱。这下子可把一家人激怒了，被激怒的不仅仅是他老婆，还包括他的子女。一家人都确信他的钱是花在相好的女教师的身上。因为这个家一直是他掌管着经济大权，除了每月工资，还做家教帮人家补课，他既不抽烟，不喝酒，不赌博，又没有一件像样的衣服，老婆也是属于辛辛苦苦挣钱、老老实实过日子的女人，炒菜连油都舍不得放……

但任凭家人怎么猜疑、指责乃至出言不逊，他从不辩解，只是说，没有钱就不用冶了。这个病是治不好的，拿钱打水漂……

这个男人终于走到了生命的尽头。在弥留之际，他叫身边子女都出去，有话要对他们的母亲讲。子女们疑惑地走出门后，他一把抓住老婆的手，要老婆把箱子底下一本书里的一个信封拿出来。拿出后，只见里面是一个两万元的存折和一份遗嘱，上面写着：这两万是留给我老婆的，任何人不得动用。

他吃力地对老婆嗫嚅道："你不懂，我这病是治不好的，治到最后是人财两空……这钱是往水里丢……你没有劳保，自己有几个钱心里踏实……"

老婆见此，一下子扑在丈夫身上失声痛哭起来，哭得直捶自己的头，扯自己的头发……

这是一种永远惊心动魄的呵护。

卖血证书

◇ 马孝军

狗子是突然被感动的。

爹去给狗子报名，学校里的老师说狗子太难管教，成绩又是那么的差，如果想要再读书，得交 1 000 的保证金，表现好了就退，表现不好，就走人，当然，保证金呢，也得充公。

狗子是看着爹交了 1 000 的，他虽然感觉到爹交钱的时候手有点抖，但他没想那么多，爹在村里办有一个砖厂，这 1 000，还不至于伤爹的筋动爹的骨，爹有的是钱！

狗子就是狗子，他没想想，自己为什么要比别人多交 1 000 元，这 1 000元，又饱含了爹对他的多少厚望。爹的文化浅，吃了不少的亏，把他送进学

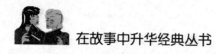
堂，就是希望他多学知识，否则，爹是不交那 1 000 的，一千元呀，不是地上的木叶，想拣就拣，想扔就扔，也够小砖厂挣上一星期半月的，尤其是村里砖厂遍地开花，卖一块砖只赚五厘钱的时候，要挣一千元，更难！

狗子在外面疯玩够了回到家里的时候，他就觉得家里的气氛有点不对劲。

家里锅冷灶熄，娘躺在床上，没有像往日一样的，一回家就给他端出来一碗热气腾腾的饭或塞给他一个新买的水果什么的。

爹呢，也是无精打采的，坐在那个沙发上，一个劲地抽闷烟，似还在为那 1 000 揪心。

狗子感觉到了饿，他去翻箱倒柜找吃的。

"不用找了，家里就快喝西北风了。"爹沉重地说。

"爹，不至于吧，你那砖厂不是好好的吗？"狗子冲爹一笑，他觉得爹挺逗的，一向沉默寡言的爹，什么时候学会了开国际玩笑。

"你以为你爹那砖厂是个常青藤，你也不睁眼的看看，你爹那半作坊似的砖厂打出来的砖，还能和人家大砖厂、全机械化的砖厂打出来的比？定好了的货人家都要退呢。"爹说，声音压抑得人都有点喘不过气的来。

狗子不相信，爹的砖厂，那个他一直引以为骄傲的砖厂，那个可以为他提供吃喝玩乐的砖厂，怎么，说垮就垮了呢！

"娘，爹说的话是不是真的？"狗子问躺在床上的娘。

娘从床上爬了起来，她的脸色比平常苍白，人也比平常虚弱许多，"真的，你爹说的话不假，砖厂里的砖卖不出去，你爹前几年向信用社贷的款，人家又不要命地追着还。"娘说着，递给狗子一个红红的本本。

狗子去看那本本，只觉得差点没昏倒的，那是乡上的血站发给娘的卖血证明书。

"要不是到了这一步，要不是家里真的拿不出钱来，娘才不会去为区区的 1 000 就那么不要命地卖血呢，这一卖呀，娘的身体不知什么时候才能恢复呢。"娘又气息恹恹有点感叹的说。

"你小子，你玩呀，你混呀。"爹将烟头扔在地上，然后狠狠的用脚踩灭，嘭的一声砸了门离去。

"狗子，你也不小了，你该懂点事了。"娘说着，就准备透迤着下床来给狗子做饭。

狗子只差没摔跟头的去扶娘，天呀，自己竟用娘卖血来的钱去上学，不，不是上学，是用来去交那无望的保证金——

娘给狗子做了饭，饭虽然还是平时的饭，都是娘的手艺，菜呢，还是前几天他狗子最爱吃的剩下的红烧肉，但他竟一点味道都没品出来。

他的心在痛！

他的心在滴血！

吃了饭，狗子将那个卖血证书好好的收藏了起来。

以后的日子，村里的吃喝玩乐的场上，就少了一个常客——狗子！

乡上的中学里呢，就多了一个爱学习的孩子——狗子！

多年以后，考上了某名牌大学的狗子，拿出那个红红的卖血证书，跪在爹娘的面前声泪俱下地说："爹，娘，我对得住这个证书，对得住这个红红的本本。"

他的爹娘一笑："你不提，我们还忘记了呢。"

接下来，爹娘告诉了他那个红本本，也就是那个卖血证书的来历："娃，为了感动你，那个本本是我们托人从乡上的血站里要来的；至于当时娘的状态，娘那段时间就为砖厂里的砖销不出去操心，脸都苍白了，身体呢，也虚弱了，只不过是——你一天到晚就顾玩没注意罢了。——当时我们的情景，虽然遇到了点挫折，但还不至于为 1 000 就去卖血。"

"你该不会责怪我们谎你吧，实在是没法子了，我们才想了那么个方法，那法子，真的是有点残酷！"他的爹和娘说完红本本的来历，又有点歉意地对他说。

他抬起头，脸上，早已是满面的泪痕……

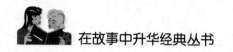

无奈的签名

◇ 李光荣

"该收的费必须保证百分之百的完成任务，同时又要确保家长自愿。"校长斩钉截铁地说，他喝了一口茶，用冷峻的眼神扫视每位班主任，声音又低沉一些："这就要辛苦各位班主任了。"

接下来是书记总结，他"慈祥"地讲了一通在"自愿征订签名表"上家长签名的重要意义之后，说："既要收齐各项费用，又要家长百分之百的同意签名，这是一对矛盾，"他的眼镜框里斜射出光来，"而如何解决这个问题，则是检测各位班主任工作能力和工作艺术的一个重要指标，一切拜托各位！"

我领着厚厚的一叠"自愿征订签名表"走出了会议室……

签名表一发下去，学生就开始小声嘀咕。我严肃地扫视了一眼全班，顿时，教室里鸦雀无声。

"……老师，我可不可以不要健康牛奶。"一个女孩犹犹豫豫地站了起来，嘴里嗫嚅着。她穿着一件上个世纪八十年代很流行的暗红色格子衣，满脸通红，低着头，看来她是鼓了很大的勇气才站起来的。

"健康牛奶是每个人都要订的，这是学校为我们每位同学的身体着想！"我拿出一套义正辞严的理由，调整出一副理直气壮的表情。但仍然掩饰不住在发烧的脸，"色厉内荏"的感觉在我的心中慢慢升起……

她仍然没有坐下去，好久好久，教室里死一般的寂静。她终于鼓起勇气，又说了一句："您能不能跟学校领导说一说……"

"原则上是人人要订购的！"我不愿再去单独面对校长冷峻的面孔和书记从眼镜框里斜射出来的目光，然后再对我晓以"大义"的场面，我必须把我的表情和态度坚持下去。

看得出，她考虑放弃，准备坐下，但似乎又有一种无形的力量使她弯下的腰又直了起来："老师，我没有父母，可不可以不签名……"她纤细的声音越来越小，近乎吞没在她的喉咙里。

"那不行，那就叫你爷爷签吧！你不是和他们生活在一起吗……"

终于下课了，我箭一般地冲进办公室，伏在桌上。啊！我流泪了！平日自诩清高的我、读书时被誉为才子的我、高呼"人生在世不称意，明朝散发弄扁舟"的我，竟然参与了这最龌龊的交易，成了这最卑鄙勾当的帮凶！

第二天，签名表交上来了，厚厚的一叠堆在我的办公桌上，其中一张上面有一个稚嫩的签名，歪歪的。那是一个无奈的女孩最沉重与最苦涩的叹息！

谁去抚慰伤痕

◇ 王文格

16年前，我调到乡下的一所小学教美术，兼任校团委书记。正当我准备在教育这片沃土上大展身手的时候，遇到了一个棘手的问题。

那是一节初中美术欣赏课，为拓展学生的审美视野，我把课前挑选的一些人物画挂图展现在孩子们面前，其中有米开朗基罗的《大卫》和几幅古希腊裸体雕塑图片。可能是头一次开眼，这些农村娃娃先是睁大眼睛晕看一阵子，继而低声私语，有的女生甚至羞得脸都红了。突然有个男生站起来说："报告老师，夏秀秀尿地下了。"随之响起哄笑声。我循着那男生的目光看去，最后一排那个叫夏秀秀的女孩脸色煞白，像一只受惊的小鸡仔那样浑身哆嗦着趴在课桌上。

我被这突如其来的情景弄得不知所措。班长说："老师别怕，她这毛病回家就好了。"我马上让两个女孩送她回去。心里琢磨着，这个农村小姑娘就封建到这等地步，见不得裸体画？为弄清她有啥毛病，我把班长叫到门外，他也不是很清楚，只说她性格孤僻，不和同学来往，尿裤子好几次了。

我那时刚调到一个新单位，承蒙领导信任被纳为干部培养对象，无论如何都不能出漏子。来不及了解许多，我就让一个学生领路，骑车到了夏秀秀家。她妈妈站在门口接待了我，没有让我进屋，我隐约明白了这是个不幸的家庭。"老师，你走吧，秀她没什么事。"我就这样被打发回来了。

后来听说夏秀秀可能受过刺激，被什么人给糟蹋过，不知是真是假。老

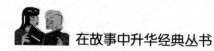

师家访也常吃闭门羹，村里人说她爸爸患有精神病，厉害了就得住院治疗。看来挽救秀秀不是一件容易的事。我觉得秀秀见到裸体画害怕，肯定与那个传言有关，而且传言很有可能是真的。

为了让秀秀彻底摆脱心灵上的阴影，我决定拿她最怕的裸体画"入药"。校艺术节，我精心设计了两个画廊——学生作品展室和教师作品展室。其中教师展室以我和其他老师的作品为主，又选择了部分中外艺术大师的作品图片（裸体画没有上墙），分别配着画家简介和他们的个人画册，内有不少人物裸体图片，目的就是让学生在看挂图时也翻弄一下那些画册。我的个人画册放在边角处，里面有几幅在上学期间画的裸体画。展览期间，我发现秀秀是和我授意的女生一块进去的。她们看得很仔细，在那些大师作品面前指指点点很陶醉的样子。当看到我的画册时，夏秀秀随着那几个女孩笑出声来。我的做法奏效了。

然而，就在我庆幸自己的教育效果时，秀秀却突然辍学了。

我带着疑惑再次来到她村里。原来，秀秀小时候生父车祸死了，她随母改嫁。没想到继父患有间歇性精神病，一发病就对女人动手脚。有一次竟然赤身追赶刚满十三岁的秀秀。在村人的帮助下虽然没受到伤害，但好长时间都不敢回家。在亲戚家住了一段时间，回来后一直跟着奶奶睡，到现在还这样。听说她继父又要去住院治疗了，家里穷得都没饭吃，更没钱上学。

当时正巧县团委实施扶贫计划，要上报一个家庭贫困生，免除一切学杂费后还给予生活补助费，直到初中毕业。我立即帮秀秀报了名。

秀秀复学了。我给她安排了一间靠近教师宿舍的房子，让她和一位教师亲戚住在一起。

以后的日子，尽管秀秀仍有些腼腆内向，但进步很快，逐渐融入班集体之中，成为了一个健康发展的好学生。每次在校园遇见我，她都会露出羞涩的笑容。而我总是抢在她前面搭腔，给这个小小年纪就遭受磨难的女孩一点点呵护。

第二年开春，秀秀突然来和我道别，说她要走了，马上要被继父的妹妹（在国外留学后定居）接到美国去读书了。时过十几年，她在大洋彼岸学习生活得幸福吗？不知她是否记得，在脆弱时给过她帮助的老师和同学？在命运多劫的童年，有一个年轻教师曾用善良和艺术的美丽挽救过她创伤的心灵？

深夜，危重病房里，癌症患者迎来了他生命中的最后一分钟，死神如期来到他的身边。

隔着氧气罩，他含糊地对死神说："再给我一分钟，就一分钟，好吗？"

死神问："你要用这一分钟干什么？"

他说："我要用这一分钟，最后一次看看天，看看地，想想我的朋友和敌人，或者听一片树叶从树枝上飞落到地上的那一声叹息。运气好的话，我也许还能看到一朵花儿由含苞到开放……"

死神说："你的想法不坏，但我不能答应你。因为这一切，我都留了时间给你欣赏，你却没有珍惜。在你的生命中，我从来没有见过你像今天珍惜这一分钟一样，珍惜任何一个小时或一天。不信，你看一下我给你列的这一份账单：

"在你60年的生命中，你有一半时间在睡觉，这不怪你，这30年仅且算是我占了你的便宜。

"在余下的30年中，你曾经叹息时间过得太慢的次数一共是10 000次，平均每天一次，这其中包括你少年时代在课堂上、青年时期在约会的长椅上、中年时期下班前和壮年时期等待升迁的仕途上。在你的生命中，你几乎每天都觉得时间太慢、太难熬，你也因此想出了许许多多排遣无聊消磨时间的办法，其明细账目大致可罗列如下：

"打麻将（以每天两小时计），从青年到老年，你一共耗去了6 500小时，折合成分钟是39万分钟。

"喝酒，每顿以一小时计（实际远非这个数），从青年到老年，也不低于打麻将的时间。

"此外，同事之间的应酬，上班时间狂侃甲A联赛以及各种臭电视剧，拿着一张报纸出神、吐烟圈，对着窗外看着行人发呆，对张三说李四的坏话、对李四又说张三的坏话，又耗去你不低于打麻将和喝酒的时间。

"除了这些，你还无数次叹息生命的无聊空虚寂寞。为此，你还强拉邻居、同事或下属打麻将、扑克，甚至强抢小孙子的电子游戏。后来，你还赶潮流学人家上网，化名"温柔帅哥"，每天十几小时地泡在聊天室和一大群真真假假的幽灵找感觉……

"你还和人煲电话粥，没事上街闲逛，在马路上看人下棋，一着迷就是数小时。

"你还开了无数有较强催眠作用的会，这使得你的睡眠时间远远超出了30年。而且，你又主持了许多类似的会，使更多的人睡眠也和你一样超标……

"还有……"

死神想继续往下念的时候，发现病人的眼中，生命之火已经熄灭了。于是长叹一口气说："如果你活着时，能想着节约一分钟的话，你就可以听完我给你记下的账单了，真可惜，我辛辛苦苦的工作又算白费了，世人怎么都是这样，总等不到我动手，就后悔得……死了。"